스토리텔링 레시피

스토리텔링 레시피

인쇄 · 2014년 7월 25일 | 발행 · 2014년 7월 30일

지은이 · 강문숙 구종상 김원우 김정희 김태훈 박선미 박수홍
　　　　박창희 안청자 윤기헌 윤지영 채영희 최성욱 (가나다순)
책임편집 · 김학수
펴낸이 · 한봉숙
펴낸곳 · 푸른사상
주간 · 맹문재 | 편집, 교정 · 김선도, 김소영

등록 · 1999년 7월 8일 제2-2876호
주소 · 서울시 중구 충무로 29(초동) 아시아미디어타워 502호
대표전화 · 02) 2268-8706(7) | 팩시밀리 · 02) 2268-8708
이메일 · prun21c@hanmail.net / prunsasang@naver.com
홈페이지 · http://www.prun21c.com

ⓒ 구종상 외, 2014

ISBN 979-11-308-0246-6　93300

값 22,000원

스토리텔링 레시피

Storytelling Recipe

구종상 외

✦ 푸른사상
PRUNSASANG

'창조경제'가 새로운 경제의 패러다임으로 제시되고 있는 가운데, 스토리텔링이라는 무형의 자원이 전세계 시장의 강력한 자원으로 급부상하고 있습니다. 창의력이 곧 경쟁력이 되는 창조경제 시대에 가장 중요한 것은 바로 소통의 기술입니다.

국가경제에서 세계경제로의 전환이 이뤄지고 있는 가운데, 광대한 네트워크에서 창의적인 아이디어가 가치 있는 자원으로 발굴되어지기 위해서는 혁신의 가능성이 효율적으로 소통될 수 있는 방법론이 요구됩니다. 사람과 사람을 이어주는 감성 커뮤니케이션 기술인 스토리텔링은 이러한 창조경제 시대에 혁신의 네트워크를 가장 역동적으로 움직이게 해 주는 방법론이라 확신합니다.

『스토리텔링 레시피』는 새로운 커뮤니케이션 기술환경에서 스토리텔링이 어떠한 개념과 가능성을 가지며, 그것을 어떻게 활용할 것인지에 대한 체계적인 논의를 제공함으로써 이러한 가능성을 매우 잘 보여주고 있습니다.

무엇보다 이 책은 창조경제시대를 살아가는 우리 사회 구성원들이 스토리텔링을 잘 활용해서 나아가 이를 기반으로 한 가치창출의 주역으로 활약할 수 있도록 도와주는 실천적 방법을 제공해 줬다는 점에서 매우 큰 의미를 가진다고 봅니다.

『스토리텔링 레시피』가 대한민국 창조경제의 미래 주역들에게 더 큰 울림과 가치를 전달해줄 수 있기를 기원합니다.

김광두

국가미래연구원 원장

21세기에 접어들면서, 우리사회는 부쩍 '새로운 패러다임'에 대한 논의로 북적이고 있습니다. 과연 무엇이 새로운 패러다임일까 고민해보는 사이, 어느새 그것은 우리의 일상생활 속에 자리잡아가고 있습니다.

가난한 소설가가 꿈꾸었던 판타지가 전세계 어린이들을 사로잡는 소설로 만들어지고, 또 그것이 할리우드의 손길을 거쳐 영화화됨으로써 문화콘텐츠 OSMU(One Source Multi Use)의 힘을 보여준 〈해리포터〉 시리즈가 그 대표적인 예가 아닐까요? 또한 지구밖 신비의 행성인 '판도라'에서 펼쳐지는 스펙터클한 영상을 바탕으로 펼쳐지는 영화 〈아바타〉가 역대 영화수익률의 새로운 기록을 경신한 사례도 그 일환이겠지요.

이제 우리는 손에 잡히는 실물경제가 아니라, 우리 눈에 보이지는 않지만 전세계 소비자들의 꿈과 미래를 제시하는 상상의 재화가 새로운 경제의 주체로 자리잡아가고 있음을 체감하고 있습니다. 그리고 그러한 상상의 재화가 만들어지는 과정에서, '스토리텔링'은 매우 창의적인 방법론이자 기교로 평가받고 있습니다.

때문에 오늘날 글로벌 시장의 일선에서 마케팅 전문가들이 가장 관심을 가지고 있는 것이 스토리텔링입니다. 단순히 이야기를 전달하는 방법론이 어떻게 경제적인 가치를 창출할 수 있느냐고 할 수 있겠지만, 〈해리포터〉와 〈아바타〉가 문화콘텐츠 시장에서 창출한 막대한 가

치는 스토리텔링이 갖는 경쟁력을 단적으로 보여주는 것이라 할 수 있
습니다.

『스토리텔링 레시피』는 차세대 글로벌 경제의 핵심적인 마케팅 수단
으로 각광받고 있는 스토리텔링을 학문과 실천적 관점에서 재평가하고
있다는 점에서, 매우 의미있는 출간이라 평가됩니다. 특히 스토리텔링
의 시대적인 화두로 제시되고 있지만, 그 본질적인 개념적 정의나 기능
등의 측면에서 체계적으로 논의되고 있지 못한 상황에서 더욱 의미있다
고 평가됩니다.

이론적 지향점과 대중적 실천방향을 동시에 제공해 줄『스토리텔링
레시피』를 통해, 대한민국의 미래경제가 더 큰 가치를 발견할 수 있기를
기원합니다.

김동호
부산국제영화제조직위원회 명예집행위원장
문화융성위원회 위원장

■ 출간사

스토리텔링이 우리 사회의 새로운 감성 키워드로 떠오르고 있지만, 그럼에도 불구하고 여전히 "스토리텔링은 도대체 무엇인가?"라는 질문이 끊임없이 제기되고 있습니다.

스토리텔링은 곧 인류의 커뮤니케이션 역사라 할 수 있을 정도로 오래된 기원을 갖고 있지만, 그럼에도 불구하고 유독 21세기의 새로운 패러다임으로 주목을 받고 있는 이유는 무엇일까요?

『스토리텔링 레시피』에서는 그러한 현상에 대한 이론적·실천적 담론을 제시함으로써, 지금 현재의 관점에서 스토리텔링이 갖는 의미와 가치, 그리고 활용 방안에 대한 관점을 제시하고자 합니다.

우리 시대의 새로운 담론으로 자리잡아가고 있는 스토리텔링은 디지털 기술이라는 역동적인 소통의 기술과 조우하게 되면서 문화와 예술분야뿐만 아니라 정치, 경제 등 사회 전반에 걸쳐 그 영향력을 확장해가고 있습니다.

『스토리텔링 레시피』는 이와 같은 변화를 분석함으로써 스토리텔링이 어떻게 활용돼야 할 것인지에 대한 방향성을 도출하고자 합니다.

이를 위해 1부에서는 디지털 시대 스토리텔링의 개념을 정치-시장-시민사회의 관점에서 살펴보고, 스토리텔링의 구성요소들을 분석해봄으로써 그 현재적 의의를 제시하고자 합니다.

2부에서는 엔터테인먼트산업과 방송영역에서 스토리텔링이 어떠한 용도로 활용되어지는지를 살펴봄으로써 스토리텔링의 기능적 측면을 살펴보았으며, 3부에서는 창조경제 시대 스토리텔링의 가치를 기반으로 한 다양한 실천적 방향을 제시해보았습니다.

그리고 4부에서는 도시브랜드 구축 과정에 있어서 스토리텔링의 활용방안을 국내외 풍부한 사례와 함께 분석해봄으로써 스토리텔링의 현재적 개념과 가치, 그리고 역할 및 기능에 대한 논의를 체계적으로 구성하였습니다.

스토리텔링의 주인공은 과거의 역사적 인물이 아니며, 그렇다고 미래의 신기루 같은 존재도 아닙니다. 바로 지금 이곳에서, 오늘을 살아가며 끊임없이 소통하고 있는 여러분들이 스토리텔링의 주역입니다.

『스토리텔링 레시피』를 통해 사람과 사람을 이어주는 스토리텔링의 매력이 더 많이 전파될 수 있기를 기원합니다.

구종상
동서대학교 스토리텔링연구소 소장

제2부　스토리텔링, 콘텐츠산업과 통하였느냐

제3부 스토리, 디지털과 만나다

제4부 스토리의 신세계

제5부 도시에 스토리텔링을 입히다

제1부

—

여는 장

우리 시대의 담론, 스토리텔링
Discourse of Our Time, Storytelling

구종상

1. 들어가며

스토리텔링이 이 시대의 새로운 화두로 제시되고 있는 가운데, 여전히 "도대체 스토리텔링이란 무엇인가?"라는 질문도 끊임없이 병행되고 있다. 스토리텔링이란 도대체 무엇이길래, 오늘날 전세계 곳곳에서 우리 시대의 '핫 트렌드(hot trend)'로 회자되는 것일까?

논의에 앞서, 재미있는 사례 한 가지를 소개하고자 한다.

> 기업컨설턴트 다이애나 하틀리(Diana Hartley)는 세계 최고의 한 반도체 기업 연수 현장에서 "동화책을 읽으며 연수를 시작하자"는 제안을 했고, 회사의 최고경영자 중 한 사람은 "이야기란 어린이들을 위한 것"이라며 그녀의 제안을 거부했다. 하지만 다이애나는 『해럴드와 자주색 크레파스』라는 동화책의 이야기를 노래를 부르는 듯한 어조로 읽어내려갔고, 한 페이지가 끝날 때마다 연수생들에게 책에 담긴 삽화를 보여주었다. 그사이 연수생들은 그녀에 대한 적대적 태도가 누그러지는 태도를 보였고, 다이애나는 그들이 지성이 아닌 마음으로 간직했던 어린 시절에 기대어 이야기를 듣고 있다는 것을 알 수 있었다. 그녀에게 회의적이던 최고경영자 역시 얼굴에 화색이 돌았고, 마치 유년시절의 기억이 되살아나는 영감을 받은 듯한 모습을 보였다.[1]

---

1   크리스티앙 살몽, 『스토리텔링—이야기를 만들어 정신을 포맷하는 장치』, 현실문화, 2008, 19~20쪽.

이야기 속 다이애나 하틀리의 직업은 명시됐듯이 동화 구연가가 아니라 기업 컨설턴트이다. 그런 그녀가 수많은 경영 연수자들을 앞에 두고 던진 화두는, '전략'이나 '비즈니스 모델'과 같은 개념이 아니라 크레파스를 든 소년의 이야기였다. 그녀가 세계 최고 기술의 IT회사에서 이와 같은 스토리텔링을 도입한 이유는 무엇이었을까? 미루어 짐작해보자면, '소비자'와 '생산자'를 연계해주는 최고의 방법론을 알려주기 위해서였을 것이다. 무릇 경영자란 기업과 시장 소비자, 경영자와 근로자들 간 소통의 기술을 고민해야 하는 직업이다. 그런 경영자를 꿈꾸는 연수자들에게 하틀리는 소통과 공감대의 훌륭한 방법론을 소개해준 것일 테다.

이처럼 스토리텔링은 화자와 청자 간 교감과 상호작용을 목표로 한다. 내가 가진 메시지를 상대방에게 가장 효율적으로 전달하고, 이를 통해 상대방이 나의 메시지 속에 적극적으로 참여함으로써 공감대를 형성하는 이가 곧 최고의 스토리텔러가 될 수 있다.

그렇다면 이러한 스토리텔링은 언제부터 존재해왔던 것일까?

굳이 그 역사적 근원을 찾고자 한다면, 스토리텔링은 인류가 존재하는 이래 지속적으로 공존해왔다. 예수와 석가모니는 인류 최고의 스토리텔러이며, 그들의 '이야기하기' 기법은 오랜 시간이 지난 지금까지도 사람들의 몸과 마음을 움직이게 만든다.

인류의 일상과 늘 함께 해 온 그와 같은 스토리텔링이 오늘날 갑자기 재조명을 받고 있는 이유는, 바로 '디지털화'되는 오늘날의 커뮤니케이션 환경에서 기인한다. 살몽은 오늘날 우리는 인터넷 덕분에 10년 전에는 접근 불가능했던 풍요로운 정보의 혜택을 누리고 있으며, 인터넷에서 '스토리텔링'의 출현 빈도는 3배나 늘었음에 주목했다.[2] 『드림 소사이

---

2 앞의 책.

어티』의 저자이자 덴마크의 미래학자인 롤프 옌센(Ralf Jensen)은 지금 우리의 세상은 '꿈'을 파는 상상력의 세계로 전환되고 있으며, 모든 사물과 서비스들이 '스토리텔링'으로 사고 파는 세계가 될 것임을 예견해 화제를 모은 바 있다.

스토리텔링이 '이야기(story)'와 '말하기(telling)'의 복합어라는 점은 누구나 알고 있을 것이다. 굳이 문법적으로 따지자면, '이야기'는 명사이며 '말하기'는 동사이다. 하나의 이야기가 어떠한 효과를 창출할 것인지는 바로 '말하기'라는 방법론에 달려 있다. 스토리텔링이 화자와 청자가 이야기의 맥락에 참여하는 상호작용의 과정이라는 점에 비춰본다면, 오늘날 디지털 커뮤니케이션 기술은 그러한 상호작용성을 극대화한 일등공신이라 할 수 있다. 최근 들어 '페이스북 스토리', '카카오 스토리'와 같은 스토리텔링 기반 SNS 서비스들이 전지구적으로 인기를 끌고 있는 것은 이러한 특성에 기인하는 현상이라 할 수 있다.

그렇다면 디지털 시대를 살아가는 우리들에게 새로운 담론으로 영향력을 행사하고 있는 스토리텔링은 과연 어떠한 개념으로 인지해야 할까? 우리 사회에서 스토리텔링은 어떠한 가치로 활용되어야 할 것인가?

본 장에서는 우선 스토리텔링이 지향하는 가치의 개념에 대해서 살펴보고자 한다.

그리고 현대 사회의 주된 구성체라 할 수 있는 정부와 시장, 시민공동체의 영역에서 스토리텔링의 활용 방안을 논의해보도록 하겠다. 특히 스토리텔링은 상호작용을 기반으로 한 효율적인 의사소통의 방법론으로 활용되어지기에, 사회적 갈등 비용을 줄이고 합리적인 선택의 결과물을 도출할 수 있도록 도움을 준다. 이러한 스토리텔링의 특징이 오늘날 정부와 시장, 그리고 시민공동체에서 어떻게 활용되어지는지를 살펴봄으로써 그 가능성의 폭을 넓혀보고자 한다.

2. 디지털 시대 스토리텔링이란?

'이야기가 갖는 힘'이 디지털 사회를 빠르게 변화시키고 있는 가운데, 스토리텔링에 대한 다양한 개념정의가 내려지고 있다.

우선 스토리텔링과 관련해 가장 많이 언급되고 있는 단어가 '상호작용(interaction)'이라는 점에 주목하고자 한다.

화자와 청자 간 감정의 교류로 이해되는 스토리텔링의 상호작용성은 다양한 영역에서 맥락에 따라 활용되어지고 있다.

정책과 의제(agenda)를 생산하는 정부 차원에서 스토리텔링은 가장 적극적인 이념의 전파자로, 비즈니스 모델을 지향하는 시장 영역에서는 감성 마케팅 전략의 방법론으로, 그리고 시민공동체 영역에서는 구성원들의 화합과 연대를 도모하는 사회적 자본으로 활용되고 있다.

이처럼 스토리텔링은 생산자와 소비자가 누구인지, 어떠한 네트워크를 통해 유통되는지, 그리고 무엇을 목표로 활용되는지에 따라 각각 상이하게 개념화된다.

그럼에도 불구하고 변하지 않는 핵심적 요소가 바로 '상호작용'이다.

비록 스토리텔링이 내포하고 있는 뜻과 실제 사용된 의미가 상이(相異)한 것은 사실이나, 이야기의 새로운 면모를 포착하고 논의했다는 점에서 의미가 있기에 스토리텔링은 이야기를 시청각이나 디지털 등 새로운 매체로 표현하는 데 있어 기법이나 과정을 지칭한다[3]는 개념 정의가 이를 잘 보여준다. 김광욱은 이와 관련해 〈그림 1〉[4]과 같은 스토리텔링의 개념도를 제시한 바 있다.

〈그림 1〉은 오늘날의 디지털 환경을 기반으로 한 스토리텔링의 구성

---

3 김광욱, 「스토리텔링의 개념」, 『겨레어문학』, 2008, 1~13쪽.

4 위의 논문, 269쪽.

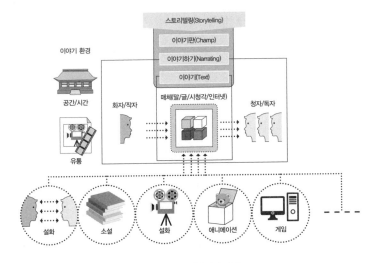

〈그림 1〉 스토리텔링의 개념도

요소들을 총망라한 것으로 볼 수 있다. 우선 이야기와 매체의 결합을 통해 '스토리'가 만들어지고, 이를 활용해 화자와 청자가 상호작용의 과정을 거치는 '이야기하기'가 형성되고, '스토리'와 '화자', 그리고 '청자'가 공존하고 참여할 수 있는 '이야기판', 즉 네트워크가 만들어질 때 스토리텔링의 개념이 형성될 수 있다는 것이다.

이러한 스토리텔링이 만들어지고, 유통되고, 소비되어지는 일련의 과정이 진행되는 네트워크가 '디지털'이라는 기술과 접목되게 된다면, 그 순환구도는 더욱 빨라지고 상호작용 또한 역동적으로 이뤄지게 된다.

현존하는 최고의 상호작용 기술과 스토리텔링을 접목한 '디지털 스토리텔링'이 국내외 많은 학자들에 의해 논의되고 있는 이유도 이러한 측면에서 이해해야 할 것이다.

한혜원은 디지털 기술을 매체 환경 또는 표현 수단으로 수용해 이뤄지는 창작기술을 디지털 스토리텔링으로 개념화하고, 이와 유사한 개념인 인터랙티브 스토리텔링(interactice storytelling), 인터랙티브 디지털 스토리텔링(interactive digital storytelling), 디지털 스토리빌딩(digital story building), 디지털 픽션(digital fiction), 디지테일(digitale) 등 다양한 용어가 존재하고 있음에 주목했다.[5]

밀러[6]는 디지털 스토리텔링을 '내러티브 엔터테인먼트(Narrative Entertainment)'라 정의내리고, 그것이 디지털 테크놀로지와 미디어를 통해 소비자에게 전달되는 과정을 중요하게 보았다. 그리고 그러한 과정에서 소비자와 소재 사이를 오가는 커뮤니케이션인 상호성(interactivity)이 핵심임을 강조함으로써, 이러한 상호성이 존재하지 않았던 아날로그 미디어 시대 스토리텔링이 활성화되지 못했던 이유를 제시했다.

조은하는 주어진 콘텐츠에서 모든 장르와 매체가 고르게 배열 혹은 분포됨으로써 독자(청자/관객/사용자)에게 공감각적으로 감상되는 점이 기존의 스토리텔링과 디지털 스토리텔링의 차이점이라 구분한 바 있다.[7]

디지털 스토리텔링 협회는 "'이야기하기'의 현대적인 디지털 미디어를 통한 재해석이며, 이미지와 음악과 내러티브와 음성을 서로 엮어가면서 디지털 미디어를 통해 이야기에 생생한 색과 더 깊은 의미, 통찰력을 부여하는 활동이다"라고 스토리텔링을 개념화했다.[8]

이처럼 디지털 시대 스토리텔링이 전세계적인 화두로 제시되고 있는 이유는 바로 '언제 어디서나(ubiquitous)' 원하는 콘텐츠에 원하는 방식으로 접근하고, 여기에 적극적으로 참여가능한 상호작용의 네트워크가 존재하기 때문이다.

---

5 한혜원, 「디지털 스토리텔링 활용방안 연구」, 『디지털스토리텔링연구』, 2007.

6 Miller, *Digital Storytelling*, Elsevier, 2001.

7 조은하, 「디지털스토리텔링」, 『한국근대문학연구』, 2007, 257~281쪽.

8 이지연, 「디지털스토리텔링의 이론과 실제」, 『미술교육논총』, 2011, 123~146쪽.

디지털 시대 스토리텔링을 활용한 대표적 콘텐츠로 손꼽히고 있는 '다중접속역할게임(MMORPG: massive(ly) multiplayer online role—playing game)'이 이러한 특징을 가장 잘 보여준다. MMORPG에서 접속자들이 수행해야 하는 목표를 '임무(mission)'가 아니라 '탐구(quest)'라고 명명하는 이유는, 그들은 단순히 누군가로부터 주어진 과제를 수행하는 존재가 아니라 스스로 게임 속 공간 구석구석을 누비며 다른 다중접속 이용자들과 함께 게임 전체의 이야기를 만들어나가는 존재이기 때문이다. MMORPG에서 매력적인 이야기를 만들어나가는 사람은 바로 '이용자'이며, 더 많은 다중 접속자들이 몰리면 몰릴수록 보다 스펙터클한 이야기가 게임 속 공간에서 만들어지게 된다. 즉, 게임의 이용자들은 단순히 게임을 하는 것이 아니라 게임 속 스토리텔링을 '만들어가는' 주체로 존재한다.

이처럼 디지털 시대는 언제 어디서나 원하는 정보에 대한 접근과 활용이 가능한 환경을 기반으로 하기에, 정보의 생산자와 소비자 사이 매우 활발한 상호작용이 이뤄진다. 스토리텔링은 더 많은 사람들이 그러한 상호작용의 과정에 참여하게 함으로써, 더 큰 가치를 창출하는 기제로 활용되어지고 있다.

3. 정치적 담론과 스토리텔링

앞서 살펴본 바와 같이, 스토리텔링은 상호작용의 과정을 통해 화자와 청자 간 감정의 공유를 형성하는 커뮤니케이션 방법론이다. 때문에 화자가 자신의 메시지를 상대방에게 이해시키고, 조화롭고 효율적인 의사결정을 목표로 한 정치 커뮤니케이션 영역에서도 많이 활용되어지고 있다.

정책이나 의제 설정의 과정은 가장 대표적인 의사소통 갈등의 유형

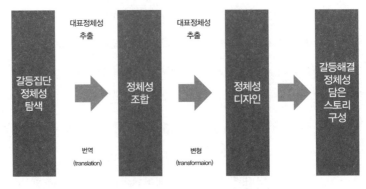

<그림 2> 조직의사소통 스토리텔링 모델

이라 할 수 있다. 김한창은 최근 들어 부각되고 있는 '조직의사소통 스토리텔링 모델'을 소해가면서, 스토리텔링을 통해 이질적인 조직간의 가치를 이해시키고, 이는 행동지향적인 모습을 나타내며 조직 다양성을 하나의 연속체화할 수 있다는 장점에 주목했다.[9] 이러한 연속체화의 과정을 통해 긍정적 변화가 일어나 조직의 의사소통이 향상됨으로써 강한 결속력이 형성된다는 것이다. 이러한 '조직의사소통 스토리텔링 모델'을 활용해 김한창은 다음과 같은 정책갈등해결 스토리텔링 구성모형을 제시한 바 있다.

<그림 2>[10]는 하나의 정책이나 의제를 선정하는 과정에 있어서 갈등을 일으키는 집단의 정체성을 이끌어내고, 그러한 정체성을 조합하는 과정에서 스토리텔링형 구성이 활용되고, 이렇게 만들어진 '연속체'가 갈등을 해결하기 위한 긍정적 정체성을 만들어내는 과정을 보여주고 있다.

예를 들어 문화적 배경이 다른 두 지역을 아우르는 하나의 정책안이 만들어졌을 때, 이에 대한 지역민들 간 갈등이 고조되고 있는 상황이 발

---

9 김한창, 「정책갈등에 있어서의 스토리텔링의 유용성에 관한 사례연구」, 『공공정책과 국정관리』, 2011, 63~84쪽.

10 위의 논문, 70쪽.

생한다는 상황을 그려보자. 우선 정책 담당자들은 지역민들이 정책에 반대해서가 아니라, 그들이 지향하는 가치관과 정책이 제시하는 비전의 합의점을 찾지 못해서라는 점을 인지해야 한다. 이 과정에서 갈등을 해결하기 위한 가장 첫 번째 단계는, 대립되는 두 지역의 주민들이 지향하는 가치란 과연 무엇인지를 도출하는 작업이 이뤄져야 한다. 그리고 이러한 각각의 가치관이 도출됐다면, 이들 사이를 연계할 수 있는 '공통분모'나 유사점을 찾아내는 과정이 필요하다. 두 지역 주민들 간 가치관을 '연계(bridging)'할 수 있는 지점을 찾아냈다면, 여기에서 스토리텔링 디자인이 요구된다. A지역 주민들이 '빼어난 자연환경'을 지역의 가치로 인지하고 있고, B지역 주민들이 '우수한 관광자원'을 지역의 가치로 인지하고 있다면 이들 두 가치의 연계점을 스토리텔링을 통해 디자인해주는 작업이 이 과정의 핵심이다. A지역의 '빼어난 자연환경'과 B지역의 '우수한 관광자원'을 접목시킨 스토리텔링을 정책과 결부시킨다면, 지역 간 갈등이 완화될 수 있다는 것이 〈그림 2〉의 목표이다.

이와 같은 스토리텔링의 힘은 선거 캠페인에서 더 적극적으로 활용되고 있다.

"Yes! We can!"이라는 문구로 미국 역사상 최초의 흑인대통령이자 재선까지 성공한 버락 오바마(Barack Obama) 또한 스토리텔링을 적극적인 전략으로 활용한 것으로 유명하다.

"오바마" 대통령은 존 F. 케네디(John F. Kennedy) 전 대통령과 자주 비교대상이 되고는 한다. 정치적 경력이 그리 많지 않은 젊은 엘리트 대통령, 화목한 가정과 인자한 아버지의 모습 등은 여러모로 케네디와 겹치는 부분이 있다. 그리고 정치캠페인에 있어서 스토리텔링을 활용한 전략 또한 유사하다.

존 F. 케네디는 당시 미국을 지배하는 대중매체였던 텔레비전을 통해 자신의 젊고 준수한 이미지를 적극적으로 활용하는 '비주얼 스토리텔링(visual storytelling)' 전략을 활용했다. 당시 미국 시민들은 혁신적이고 역동적인 리더십을 간절히 원하고 있었고, 신뢰를 자아내는 외모에 빼어난 언변을 가진 케네디의 이미지는 대중을 사로잡기에 충분했다. 무엇보다 당시 케네디는 자신이 타고난 부유층 자제라는 점, 그리고 천주교 신자라는 점이 정치적 장애물이 될 수 있음을 누구보다 잘 알고 있었다. 하지만 그는 이러한 요소를 '유머'로 전환시켰다. 1960년 선거운동에서 케네디는 자신의 '자상하신 아버지'로부터 받은 전보라며 큰 소리로 읽기 시작했다. "불필요한 돈은 한푼도 써선 안된다. 네가 압승을 거두기 위해 돈을 쓰면 지옥에 떨어질 테니까."[11] 그의 이러한 유머에 유권자들은 크게 웃었지만, 그 웃음이 이면에는 이미 케네디에 대한 이미지 전환이 이뤄지고 있었을 것이다. 즉, 그들이 케네디의 단점으로 여겼던 '부유층 자제', '천주교적 신앙'이라는 요소가 장점으로 인식전환된 것이다. 케네디는 미국 역대 대통령 중 유일한 천주교 신자다.

버락 오바마 역시 "Yes! We can!"이라는 짧은 스토리텔링으로 미국의 유권자들을 움직였다. 오바마의 성공 스토리는 세계적으로 꽤 유명하다. 백인 어머니와 흑인 아버지, 2살 때 겪어야 했던 부모님의 이혼, 청소년기의 술과 마약, 그리고 인권 변호사에서 정치권으로의 입문. 이는 우리가 흔히 영웅적 서사기에서 발견할 수 있는 스토리텔링의 전형적인 내러티브를 갖춘 것으로, 미국인들의 정서적 공감대를 이끌어낼 수 있었던 가장 큰 요인이다. 때문에 "오바마는 백악관에서 길을 잃어버릴 정도이다"라며 정치적 경력이 짧음을 비난한 상대편 후보들의 흑색선전은 오히려 유권자들에게 그를 더욱 친근하게 만드는 요소가

---

11 Denning, *The Leader's Guide to Storytelling*, John Wiley & Sons Inc., 『스토리텔링으로 성공하라』, 안유환 역, 을유문화사, 2008, 116쪽.

될 수 있었다.

오바마가 내건 "Yes! We can!"이라는 짧은 문장 안에는 이와 같은 그의 성공스토리가 담겨 있었고, 미국 국민들에게 새로운 '아메리칸 드림'을 불어넣어주는 효과를 자아냈다. 선거 기간 동안 블랙 아이드 피스(The Black Eyed Peas)[12]의 리더 '윌.아이.엠(Will.i.am)'이 "Yes! We can!"이라는 노래를 만들어 인기를 얻은 것도 오바마 스토리텔링의 확산을 이끌었다.

존 F. 케네디와 버락 오바마는 미국 유권자들에게 '새로운 대통령'의 이미지를 심어준 인물들이었으며, 그들의 캠페인 전략에는 스토리텔링이 적극적으로 활용했다. 이들은 스스로의 단점을 대중들에게 장점이자 하나의 가능성을 보여주는 기제로 전환시킬 필요가 있었고, 스토리텔링은 그러한 전략적 방법론으로 큰 힘을 발휘한 것이다.

하지만 스토리텔링은 그 재료인 '이야기'가 창작되어지는 과정에서 상당부분 허구(fiction)적 요소가 개입될 수 있는 만큼, 정치 커뮤니케이션 영역에서 악용되어질 소지도 높다. 그럼에도 불구하고 정책과 의제 생산자들이 이러한 스토리텔링을 '합리적 커뮤니케이션 방법론'이자 '갈등의 완화 기제'라는 긍정적 측면으로 활용한다면 민주주의의 지평을 더욱 확대할 수 있는 공론장이 조성될 수 있을 것이다.

4. 스토리텔링의 경제적 가치 구현

소위 '감성 마케팅'의 시대인 지금, 이윤이 오고 가는 시장의 영역에서도 스토리텔링이 점점 영향력을 확장해나가고 있다.

---

12 흑인으로 구성된 미국의 팝그룹.

좋은 이야기는 항상 갈등, 드라마, 서스펜스, 구성의 꼬임, 상징, 캐릭터 등으로 조합된다. 이러한 과정을 통해 이야기는 듣는 이의 감성과 연결되고, 기억 속에 의미있는 것으로 저장되게 된다. 이것이 곧 스토리텔링이 '통합 마케팅 전략'으로 각광받는 이유이다. 스토리텔링은 '개인적 차원'에서 전략을 이해하게 만드는 기술이다.[13]

때문에 오늘날 시장에서 활용되는 스토리텔링 전략은 '기업' 차원이 아니라 '소비자' 차원에서 어떻게 마케팅의 기술을 이해시킬 것인가가 고민되고 있다.

21세기 핵심 산업분야인 문화콘텐츠 시장을 중심으로 이를 살펴보도록 하자.

'징화홍련', '춘향전', '주몽'. 한국인이라면 누구나 한번쯤 들어보고, 이용해보았을 이야기들이다. 이들의 공통점은 구전돼온 옛날 이야기가 영화와 드라마, 애니메이션 등 다양한 장르로 가공되어졌다는 점이다. 예부터 전해오는 설화들이 수세기가 지난 지금도 여전히 사람들과 정서적 공감대를 형성하는 내러티브로 재생산되고 있으며, 시장에서 경쟁력을 확보하고 있다. 이는 잘 가공된 이야기의 경우 시대와 세대를 초월한 흡인력을 갖고 있음을 보여준다.

이러한 흡인력의 원천은 바로 생산자와 소비자의 소통과 교감이다. 어린 시절 할머니의 무릎을 베고 들었던 옛 이야기들은 그저 '호랑이 담배 피던' 오래전 이야기가 아니다. 이야기 속 등장인물들의 슬픔과 기쁨, 고난과 성취를 스토리텔러로부터 실감나게 전해들을 수 있는 '지금 현재' 내가 느끼는 이야기가 된다.

미디어 기술이 발전하면서, 스토리텔링의 공간은 할머니의 무릎을

---

13 Adamson et al, "How storytelling can drive strategic change", *Strategy & Leadership*, 2006, pp. 36~41.

벗어나 다양한 분야로 확장됐다. 우리는 이제 청각뿐만 아니라 시각과 촉각, 후각, 나아가 3D나 4D와 같은 공감각적 교감을 통해 이야기 속 등장인물들과의 소통이 가능해지고 있다. 가상 게임 속 아바타와 '우정'을 나누고, 3D 입체 영상을 통해 영화 속 주인공과 함께 모험을 즐기고, 4D로 가상의 빗줄기와 꽃향기도 공유하게 된다. 마치 실존하는 것과 같은 이야기 속 등장인물들과의 교감은 사람들에게 더욱 적극적인 문화적 소비의 동기를 부여한다.

이처럼 오늘날 문화산업의 영역에서 '스토리'는 생산자와 소비자의 긴밀한 감정적 연대를 형성해주는 매개체이며, 문화콘텐츠가 가치사슬을 형성하는 데 핵심적인 역할을 수행한다.

이 과정에서 '좋은 스토리'의 발굴은 단지 필요조건일 뿐이다. 발굴된 좋은 스토리가 어떻게 소비자들과 교감할 것인가, 즉 '어떻게 전달(telling)될 것인가?'에 대한 해답을 찾았을 때, 비로소 그 스토리는 OSMU(One Source Multi Use)로서의 부가가치를 창출할 수 있게 된다. 중국 고대 서사시의 주인공 '화목란(花木兰, Huāmùlán)'을 리메이크해 1억 2,000만 달러의 가치를 창출한 것은 중국이 아니라 미국의 월트디즈니(Walt Disney)사였다는 사실이 이를 잘 입증해주고 있다.

이처럼 스토리텔링이 막대한 부가가치를 창출한다는 것은 문화콘텐츠 시장에 있어서 일반화된 공식이라 할 수 있다. 그리고 이러한 가치창출을 위해서는 '우수한 스토리'와 '소통의 전략'이 동시적으로 구현돼야 한다.

특히 이러한 스토리텔링을 활용한 시장 가치 구현은 물리적·지리적 경계를 필요로 하지 않는다는 점이 가장 큰 장점이다.

20세기 산업의 혁신모델이 '클러스터형 산업단지'였다면, 21세기 문화콘텐츠 산업은 '언제 어디서나' 시장을 창출한다. 조선시대 왕실의 이름 없는 궁인을 주인공으로 한 드라마 〈대장금〉이 한국과 문화적·정서적으로 전혀 다른 아프리카와 아랍 지역에서까지 높은 시청률을 보였다는 점이 이를 잘 보여준다. 스토리텔링을 기반으로 한 문화콘텐츠산업 시장에서는 기존 산업 구도에서 발견됐던 '문화적 할인율'[14]이 더 이상 작동하지 않는다.

이러한 가운데 급부상하고 있는 영역이 바로 지역 문화콘텐츠 시장이다. 특히 한국의 경우, 오랜 중앙집중식 산업 구도로 인해 대부분의 주요 산업 인프라는 서울과 수도권에 밀집돼왔다.

하지만 디지털 네트워크를 통해 물리적·지리적 경계가 와해되고, 무형의 재화를 통해 소비를 창출할 수 있는 스토리텔링은 지역의 문화콘텐츠 산업이 국내를 벗어나 글로벌 경쟁력까지도 확보할 수 있는 가능성을 제공하고 있다.

최근 전세계 곳곳에서 '창조도시' 열풍이 확산되고 있고, 미국 산업의 새로운 중심지로 '실리콘밸리'[15]가 아니라 '실리콘앨리'[16]가 급부상하고 있는 것도 이러한 일환이라 할 수 있다.

이와 관련, 창조도시에 대한 이론적 지평을 연 리처드 플로리다는 창조도시 구현을 위해서는 창조적인 계급, 즉 창조인력이 많이 밀집돼야 함을 강조한 바 있다.[17]

---

14 한 문화권의 문화상품이 다른 문화권으로 진입하였을 때 문화적 차이로 인하여 어느 정도 가치가 떨어지는 현상을 문화적 할인이라고 하며, 그 할인되는 비율을 문화할인율(文化割引率, cultural discount rate)이라고 한다.

15 미국의 캘리포니아주(州) 샌프란시스코만(灣)을 둘러싼 샌프란시스코반도 초입에 위치하는 샌타클래라 일대의 첨단기술 연구단지.

16 미국 뉴욕의 맨해튼에 자리잡은 인터넷 뉴미디어 콘텐츠 업체들이 밀집한 지역. 전자상거래와 콘텐츠 산업과 관련된 많은 뉴미디어 업체들이 모여들어 미국의 뉴미디어 산업을 주도하고 있다. 앨리란 뒷골목 또는 골목길을 뜻한다.

17 Florida, *Cities and the creative class*, 2005.

뉴욕의 맨해튼이 21세기 문화콘텐츠 선도 도시인 '실리콘앨리'로 급부상할 수 있었던 주된 이유는 인터넷서비스 종사자, 디자이너, 작가, 예술가 등 창조산업의 다양한 인력들이 빈 사무실에 터를 잡고 창작촌을 형성했기 때문이다.

최근 국내에서도 각 지방자치단체를 중심으로 '문화관광', '도시재생' 등 문화콘텐츠 시장 개척에 적극적으로 동참하고 있으며, 스토리텔링에 대한 관심도 고조되고 있다.

지원사업(기관)	지원내용	규모
남해안관광 클러스터 문화콘텐츠 개발사업 (창원시)	창원 관광산업 육성을 위해서 기존 관광콘텐츠를 재해석하고, 스토리텔링을 통한 융합문화상품 개발	국비-시비 150억 원
한옥마을 선비의 길 스토리텔링 개발사업 (전주시-전북대)	지역 문화자원(전주권 왕조와 선비문화, 한옥)을 스토리텔링화해 개발함으로써 2011년 지역문화산업 컨설팅 우수기관으로 선정됨	50백만 원
대전 근대사 아카이브 구축과 활용사업 (대전시-목원대)	대전의 근대사를 스토리텔링화해 아카이브로 조성하는 사업	50백만 원
1930년대 근대군산, 시간 여행 (군산시)	군산의 근대사 스토리텔링 개발사업이 문화체육관광부 도시관광활성화사업 선정	국비-시비 32.6억 원
생태관광 스토리텔링 개발 (파주시)	'민통선'을 대상으로 한 생태관광사업 활성화를 위한 스토리텔링 개발사업으로 문화체육관광부 전국 10대 생태관광사업 선정	사업비 65% 국비 지원
창작뮤지컬 '묵호이야기' (동해문화원)	창작뮤지컬 '묵호이야기' 스토리텔링 개발로 한국문화원연합회 사업비 지원	800만 원
누리길 스토리텔링 개발 (부천시)	'향토유적과 숲'을 테마로 한 둘레길 개발사업이 국토해양부 누리길 사업 대상자 선정	국비 5억 원
성안마을 '역사와 문화' 스토리텔링 개발 (화순군)	'역사와 문화'라는 테마로 한 마을관광사업이 문화체육관광부 공모 선정	국비 1.25억 원

지원사업(기관)	지원내용	규모
누리길 스토리텔링 개발 (고양시)	문화역사적 볼거리가 많은 행주누리길과 서삼릉누리길 문화관광자원 개발	국비 4.83억 원
우수한식 스토리텔링 개발 (순창군)	식문화와 문화적 스토리텔링을 결합한 명품 문화관광자원 개발에 농림수산기획평가원 사업비 지원	국비 4억 원
연어특구 문화관광자원 개발 (양양군)	'연어'를 테마로 한 스토리텔링 등 문화관광자원 개발사업이 지식경제부 지원사업 선정	국비포함 200억 원
문화관광형 시장 개발 (울주군)	남창공설시장을 스토리텔링 등을 활용한 문화관광형 시장으로 개발	중기청– 울산시 20억 원

중앙정부 차원에서도 이러한 분야에 대한 정책적 지원을 적극적으로 시행하고 있다. 문화체육관광부는 지난 2009년부터 '지역 근대문화유산 활용 예술창작벨트 조성사업'을 통해 5개소[18]에 186.6억원을 지원해 오고 있으며, 국토해양부는 4대강을 중심으로 한 강별 역사문화 이야기 발굴을 통해 '스토리텔링 문화관광사업'을 지속적으로 지원해오고 있다. 한국콘텐츠진흥원 또한 2012년 주요사업으로 '이야기산업 활성화'를 선정해 9.8억원을 지원해오고 있다.

하지만 이러한 정책적 지원과 실천방안들은 대부분 스토리의 '개발'에만 치중됨으로써 그 경제적 효과가 사실은 미미한 편이다.

홍정순이 제주 관광의 고부가가치를 위한 스토리텔링 활성화 방안에 대한 연구보고에서 선진국에 비해 문화산업분야 경쟁력을 확보하지 못한 한국의 지역 단위에서는 스토리가 아닌 스토리텔링 개발이 급선무라

---

18 2009년 시범단지로 선정된 5개소는 전북 군산의 '내항 근대유산', 전남 신안의 '염전, 소금창고', 경기 포천의 '폐채석장', 대구의 '구 KT&G 연초장', 충남 아산의 '구 장항선' 등이다.

〈그림 3〉 '창동·오동동 이야기'의 지역스토리텔링사이트 메인화면

고 강조한 것도 이러한 점을 지적한 것이라 할 수 있다.[19]

　반면 스토리텔링을 활용한 지역경제 활성화와 관련해 주목할 만한 사례들도 있다. 경남도민일보 부설 지역스토리텔링연구소가 주관하는 '창동·오동동 이야기' 프로젝트는 지역 원도심과 상권을 활성화시키기 위해 SNS 등을 활용한 스토리텔링으로 눈길을 끌고 있다. 무엇보다 지역에 대한 추억을 갖고 있거나 현재 거주중인 주민 등 지역과의 긴밀한 감정적 유대관계를 확보한 이들이 직접 스토리를 게재하고, 이것이 SNS를 통해 네트워크를 기반으로 한 전파 효과를 누림으로써 지역 스토리텔링의 모범적 사례를 제시하고 있다. 특히 향후 지역 상점과 예술품, 특산품에 대한 소셜 마케팅을 구축한다는 계획을 세움으로써 지역 스토리텔링의 산업적 가치를 실험적으로 제시하고 있다.

　'스토리텔링 인천여행'이라는 어플리케이션을 개발해 개항장과 차이나타운을 문화관광 중심지로 홍보하고 있는 인천광역시 또한 좋은 사례라 할 수 있다. 세계 항공과 물류의 허브 역할을 하고 있는 도시의 특징

19 홍정순, 「제주관광의 고부가가치화를 위한 스토리텔링 활성화 방안」, 제주발전연구원, 2011.

을 살려 한국어와 영어, 중국어, 일본어 등 4개 언어로 서비스를 제공하고 있으며, 한중일의 근현대사와 더불어 인천 최초이자 유일의 역사 및 동인천·월미도 등 개항장 부근 7개 지역의 숨은 이야기를 스토리텔링을 통해 발굴하고, 이를 사진과 오디오 및 텍스트로 가공해 현장감 있는 문화관광 콘텐츠를 제공하고 있다.

이들 사례들의 공통점은 양질의 스토리를 개발했다는 점에서 그치지 않는다. 부산도 경남이나 인천과 비교해볼 때 충분히 경쟁력을 가질 수 있는 특화된 스토리는 무궁무진하다. 다만 이들 사례들에서 주목해야 할 점은, 변화하는 문화산업 시장의 구조와 소비자의 수요(needs)를 전략적으로 수용할 수 있는 플랫폼을 개발했다는 점이다. '창동·오동동 이야기'의 경우 SNS라는 네트워크 확산력을, '스토리텔링 인천여행'은 모바일 어플리케이션을 통해 소비자의 실시간 접근성과 소비창구를 확대시켰다는 점에서 그 의미를 발견할 수 있다.

다음으로 스토리텔링의 필요성을 강조하는 대부분의 접근에서 공통적으로 발견되는 또 하나의 문제점은 바로 해외 스토리텔링 성공사례들을 본보기로 삼으려는 시도다. 하지만 이러한 접근은 지역경제 활성화를 위한 스토리텔링의 관점에서 볼 때 무의미하다. 부산지역만의 특성과 자원을 가장 잘 스토리텔링해줄 수 있는 인적·물적 자원이 무엇인가에 대한 논의가 부족하다.

이와 관련, 지역 특화 스토리텔링을 통해 스토리노믹스를 창출하고자 하는 윤지영의 제안은 지역적 관점에서의 방향을 잘 제시하고 있다.[20] 우선 발굴자원을 D/B화하기 위한 '지역 스토리텔링 원형 디지털 구축사업'을 추진하고, 이를 활용한 사업 추진 전문기관을 설립하며, 무

---

20 윤지영, 「도시콘텐츠를 스토리텔링하자」, 『BDI포커스』, 2012.

엇보다 스토리텔링 활성화를 위한 인력양성사업을 추진함으로써 스토리텔러를 육성해야 할 필요성을 제기하고 있다. 또한 민간 중심 네트워크를 통해 관 주도 추진사업보다 효율성을 추구하고, 시민 참여와 의사반영을 위한 커뮤니티 중심의 '스토리텔링 사랑방'을 운영함으로써 시민들과 소통하고 교류하는 스토리텔링 활성화 전략이 마련돼야 한다는 점은 매우 중요한 부분이라 할 수 있다.

지역의 '스토리'가 지역경제 창출을 위한 전략적 목표로 '텔링'되기 위해서는 이러한 지향점을 구체적으로 실행가능한 전략적 모델 개발이 필요하다.

스토리가 갖는 가장 큰 경쟁력은 OSMU가 무한대로 가능하다는 것이다. 하나의 재료이지만 레시피(recipe)에 따라 다양한 요리가 만들어지는 것과 같은 원리이다. 여기에서 관건은 바로 만들어지는 '과정'이다. 누가 어떻게 전달하느냐, 무엇에 의해 전달되느냐에 따라 스토리는 다양한 콘텐츠로 끊임없이 확대 재생산된다.

지역이 이러한 매력적인 재화를 활용해 지역경제를 창출하기 위해서는 지역만의 '레시피'가 필요하다.

이와 관련, 지역 시장 활성화를 위한 스토리노믹스 구현을 위한 실행 모델로 인적 · 물적 인프라의 측면에서 두 가지 모델을 제안하고자 한다.

우선 지역의 스토리에 대해 가장 전문가라 할 수 있는 시민을 적극적으로 참여시키는 인적 인프라 육성 정책이 필요하다. 서울시가 지역 문화유적지에 얽힌 다양한 이야기 소재를 개발하고, 문화상품 기획을 통해 지역사회 발전에 기여할 수 있는 전문가 육성을 위해 문화스토리텔링 전문가 육성 과정을 개설한 것은 본받을 만한 사례라고 평가한다. 특히 50대 이상 무직 지역여성들을 대상으로 함으로써 고령자 고용 창출과도 연계한 프로그램이라는 점은 더욱 시사하는 바가 크다.

지역이 스토리텔링을 활용한 지역경제 창출 효과를 구현하기 위해서도 이러한 인적 자원 개발을 위한 프로그램이 선행돼야 한다.

둘째, 단순히 인적 자원만을 확보한다고 해서 스토리노믹스가 구현되는 것은 아니다. 스토리텔러의 메시지가 소비자에게 효율적으로 연결되어질 수 있는 '소통 전략'으로서의 플랫폼 구축이 더욱 중요하다. 싸이의 〈강남스타일〉이 단숨에 세계 시장 으뜸의 문화콘텐츠로 자리매김하게 된 것은 전세계 네티즌들의 놀이터인 '유튜브(Youtube)'라는 플랫폼을 잘 활용했기 때문이다.

교육심리학자이자 다중지능이론가인 하워드 가드너는 이 시대 진정한 리더는 다름 아닌 '스토리텔러'임을 강조했다.[21] 해박한 지식을 보유한 지식인보다는, 타인에게 효율적으로 스토리를 전달하는 능력을 가짐으로써 이야기를 듣는 사람들의 잠재적인 창조력을 발휘케 하는 것이 진정한 리더라는 점을 그는 강조하고 있다.

때문에 성공한 스토리텔링은 생산자의 관점에서 이뤄져서는 안 된다. 그것을 이용하는 소비자들이 어떠한 잠재적 가치를 확보하고 있으며, 어떠한 수요를 갖고 있는지, 그리고 이것을 어떻게 충족시켜줄 것인지를 목적으로 할 때 가치의 창출로 연결된다. 이를 위해서는 생산자와 이용자 간 지속적인 소통과 교류가 이뤄져야만 할 것이다.

우리 눈에 보이지 않는 무형의 재화이지만, 지역과 국경을 넘나들며 무한한 가치를 창출할 '보고(寶庫)'인 스토리텔링. 그 창조력의 근원은 바로 사람과 사람의 관계와 소통 속에서 발견된다. 창조력을 결집시킴으로써 글로벌 경쟁력이 확보되는 '스토리노믹스(storinomics)'를 구현하기 위해서는, 바로 그러한 소통의 실천이 선행돼야 할 것이다.

---

21 Gardner, *Leading Mind*, BasicBooks, 1996.

5. 시민공동체와 스토리텔링

디지털 시대 상호작용의 방법론으로서 각광받고 있는 스토리텔링. 그렇다면 그것이 시민공동체에서는 어떠한 영향력을 행사할 수 있을까? 정치와 시장까지도 변화시킨 무형의 재화가 시민공동체에서는 어떻게 활용될 수 있을까?

이를 위해 우선 〈해리포터〉 이야기부터 하고자 한다.

21세기 킬러콘텐츠 〈해리포터〉의 성공 스토리 이면에는 영국의 활성화된 지역 스토리텔링클럽이 자리잡고 있다.

500년의 역사를 갖는 영국의 스토리텔링클럽은 일종의 사회문화운동이다. 이야기를 통해 자신을 실현하고, 이웃을 만나고, 건강한 사회공동체를 만들고, 의도하지는 않았지만 엄청난 국가문화역량을 증대시켰다.[22]

사실 문화와 예술을 기반으로 형성되는 공동체는 한국적 정서와는 다소 거리가 있다. 매우 내밀한 혈연과 지연을 중심으로 형성된 공동체에 익숙해있기 때문이다. 그렇기에 한국의 공동체는 독일의 사회학자 퇴니스가 제시한 '게마인샤프트(Gemeinschaft)'[23]형에 가깝다.

물론 한국형 공동체에도 이야기의 뿌리는 매우 깊다. 각 지역별로 전해내려오는 설화와 민담, 민요와 춤 등 다양한 지역문화콘텐츠에는 각각 흥미있는 이야기들이 깃들어있다.

하지만 이러한 오래전 이야기들은 '스토리'가 될 수는 있지만, 지금

---

22 차재근, 「자신을 실현하고 이웃을 만나고, 지역공동체를 복원하는 밑거름」, 『부산발전포럼』, 2012.

23 게마인샤프트(Gemeinschaft, 커뮤니티)는 가족 · 친족 · 민족 · 마을처럼 혈연이나 지연 등 애정을 기초로 하여 이루어진 공동사회(共同社會)를 뜻한다. 이 사회의 특징은 비타산적이다. 반면 회사 · 도시 · 국가 · 조합 · 정당 등과 같이 계약이나 조약, 협정에 의해 인위적이고 타산적 이해에 얽혀 이루어진 집단을 이익사회(利益社會) 즉, 게젤샤프트(Gesellschaft, 사회)라고 한다.

현재를 살아가는 공동체 구성원들에게 '텔링'이 되고 있지는 못하다.

이러한 가운데, 스토리텔링을 활용해 지역공동체의 연대의식을 강화하고, 유대관계를 공고히 함으로써 지역사회 당면 과제와 현안의 해법을 모색해보고자 하는 움직임이 활성화되고 있다.

미디어 의존이론[24]의 창시자로 유명한 산드라 볼로키치는 최근 공동체 스토리텔링에 대한 연구로 자신의 이론을 더욱 내밀하게 발전시키고 있다.[25] '이웃 스토리텔링(Storytelling Neighborhood)'이라는 주제의 연구에서 그녀는 다양한 도시환경에서 사람들이 어떻게 함께 어울리는지에 대한 경로를 탐색했고, 그 결과 스토리텔링이 공동체 네트워크에 매우 중요한 역할을 수행하고 있다는 결과를 도출한 바 있다. 이는 〈그림 4〉와 같이 제시된다.

〈그림 4〉[26]는 아시아, 아프리카, 라틴, 코카서스 등 다양한 문화적 배경을 가진 이들이 함께 어울려 사는 공동체에서 스토리텔링이 어떻게 상호작용(interpersonal storytelling)의 기제로 작동하며, 이를 기반으로 공동체 구성원으로서의 인지(belonging)를 거치게 되는지를 보여주고자 한 모델이다.

"어떻게 하면 공공 정책에 있어서 다양성을 추구하게 할 것인가"라는 질문에 대해 볼로키치의 연구 결과는 다음과 같은 해법을 제시한다. 더 많은 스토리텔링이 결집될수록, 더 많은 사람들이 '소속감'을 느끼게 되고, 이로써 공동체 사회를 구성하고 만들어나가는 데 더 많은 참여를 하

---

24 미디어, 개인, 그리고 사회적 환경이 모두 상호 의존적 관계(dependency relationships)를 형성하고 있다는 이론. 미디어 이용에 의해 충족되는 욕구에 의존하면 할수록 미디어가 사람들의 생활에 미치는 역할은 더욱 중요해지고, 그렇게 되면 미디어의 영향력은 더욱 커지게 된다고 본다.

25 Ball—Rokeach et al, "Storytelling Neighborhood—Path to belonging in deverse urban environment", *Communication Research*, 2001, pp. 392~428.

26 ibid, p. 403.

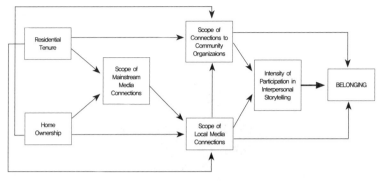

〈그림 4〉 이웃 스토리텔링 모델

게 된다는 것이다. 이러한 스토리텔링 기반 공동체 구성이 네트워크는 특히 아시아계 구성원들에게 더 많은 수요가 요구되는 것으로 나타났다.

볼로키치와 공동연구를 수행해 온 김영찬은 이러한 연구의 결과를 더욱 발전시켰다.[27] '커뮤니케이션 인프라를 활용한 시민참여(Civic en-gagement from a communication infrastructure perspective)'라는 주제의 연구에서 그는 시민공동체가 활성화되기 위해서는 시민 참여를 이끌어내는 커뮤니케이션 인프라가 매우 중요하며, 이를 위한 하나의 해법으로 '스토리텔링 공동체' 모델을 〈그림 5〉[28]와 같이 제시했다.

볼로키치의 연구가 다양한 문화적 배경을 가진 이민자들이 거주하는 공동체라는 미국적 관점에서의 시민사회를 전제로 한 접근[29]이었다면, 김영찬의 연구는 공동체의 공적 문제 해결에 있어서 어떻게 하면 시민들의 참여를 이끌어낼 것인가라는 관점에서 스토리텔링의 활용 방안을 모색한 것[30]이다.

27 Kim et al, "Civic engagement from a communication infrastructure perspective", *Communication Theory*, 2004, pp. 173~197.

28 ibid, p. 176.

29 Ball-Rokeach et al, op. cit.

30 Kim et al, op. cit.

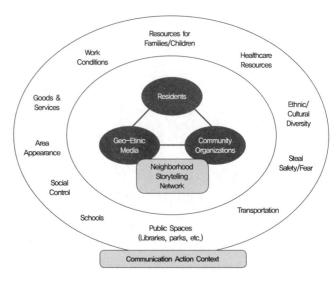

〈그림 5〉 커뮤니케이션 인프라구조: 커뮤니케이션 행위 맥락 상황에서 이웃 스토리텔링 네트워크

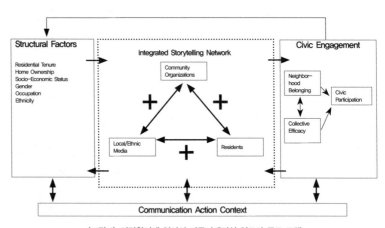

〈그림 6〉 시민참여에 있어서 커뮤니케이션 인프라 구조 모델

그러한 관점에서 제시된 〈그림 5〉와 〈그림 6〉[31]은 공동체 구성원(resident)뿐만 아니라 지역사회 단체, 지역기반 미디어 등이 반드시 공존의

네트워크를 구성해야 함을 강조했다. 그리고 이러한 네트워크가 곧 '이웃 스토리텔링 네트워크'로서의 기능을 수행함으로써, 다양한 지역 문제의 해법이 모색될 수 있을 것이라는 점을 강조한 것이 특징이다.

이는 곧 〈그림5〉와 〈그림6〉을 활용한 시민공동체 네트워크가 조성되기 위해서는 단순히 공동체 구성원들만의 역할이 부각되어서는 안 된다는 것이다. 지역에 기반을 둔 미디어가 그러한 스토리텔링을 확산시키는 네트워크로서의 역할을 수행하고, 지역 NGO나 비영리단체와 같은 조직들이 지속적으로 지역 당면 과제 및 현안에 대한 이슈와 의제를 산출하고, 여기에 공동체 구성원들이 공감대를 형성할 수 있는 스토리텔링이 곁들여질 때 비로소 시민 참여 커뮤니케이션 인프라가 제 역할을 수행할 수 있는 것이다.

스토리텔링이 이 시대의 새로운 화두로 제시되고는 있으나, 그것은 반드시 생산자와 소비자 간 적극적인 상호작용의 결과물임을 결코 간과해서는 안 된다. 특히 정부나 시장이 해결해주지 못하는 다양한 공적 현안들이 산재하고 있는 시민공동체 사회에서, 스토리텔링이 유일한 해법이라고 일방적으로 의존하는 것은 자칫 '지역이기주의'와 같은 잘못된 결과물을 산출하는 우를 범할 수도 있을 것이다. 스토리텔링에 있어서 '상호작용성'이란 메시지가 아니라 그 주체인 사람에게 적용되는 것이라는 점을 우리는 반드시 유념해야 할 것이다.

6. 소결

본 장에서는 우리 사회의 주요 구성체인 정부와 시장, 그리고 시민공동체에서 스토리텔링이 각각 어떠한 개념으로 수용되며, 그 활용 방안은 어떠한지 살펴보았다.

아침에 눈을 떠 잠자리에 들기 전까지 우리는 끊임없이 누군가와 소통한다. 커뮤니케이션의 물리적 장벽을 대폭 완화시킨 디지털 기술이 등장한 이후부터는 내가 잠든 시간에도 나의 커뮤니케이션 네트워크는 쉴 새 없이 새로운 데이터를 생산하고, 전파한다.

스토리텔링은 이와 같은 '언제 어디서나'의 디지털 기술을 기반으로 우리의 감성 네트워크를 확대해나가고 있다.

그만큼 창조적이고 역동적인 매력을 가진 스토리텔링이지만, 그러한 잠재적 가능성을 제대로 구현시키는 주체적 역량 또한 매우 중요하다.

모든 사회현상에는 '장점'과 '단점'의 양면성이 존재한다. 스토리텔링 역시 그러하다. 어떠한 맥락적 상황에서, 누구에 의해, 무엇을 소재로 어떻게 전달되느냐에 따라 그 결과물이 '정(正, positive)'이 될 수도, '부(否, negative)'가 될 수도 있다.

때문에 스토리텔링이라는 무형의 재화가 펼쳐주는 미래에 대한 구상도 중요하지만, 그러한 구상의 주체는 바로 우리 스스로라는 점을 반드시 명심해야 할 것이다.

지금껏 인류의 가치를 업그레이드시켜 온 다양한 기술 중 스토리텔링만큼 '사람다운' 기술은 없었다는 점을 잊지 않았으면 한다.

• 참고문헌

구종상, 「'좋은 스토리' 발굴해 부가가치 창출로 연결」, 『부산발전포럼』, 2012.

김광욱, 「스토리텔링의 개념」, 『겨레어문학』 제41집, 2008.

김한창, 「정채갈등에 있어서의 스토리텔링의 유용성에 관한 사례연구」, 『공공정책과 국정관리』 제5권 제2호, 2011.

윤지영, 「도시콘텐츠를 스토리텔링하자」, 『BDI포커스』 제149호, 2012.

이지연, 「디지털스토리텔링의 이론과 실제」. 『미술교육논총』 제25권 3호, 2011.

조은하, 「디지털 스토리텔링」, 『한국근대문학연구』 제15호, 2007.

차재근, 「자신을 실현하고, 이웃을 만나고, 지역공동체를 복원하는 밑거름」, 『부산발전포럼』, 2012.

한혜원, 「디지털 스토리텔링 활용방안 연구」, 『디지털스토리텔링연구』 제2권, 2007.

홍정순, 「제주관광의 고부가가치화를 위한 스토리텔링 활성화 방안」, 제주발전연구원, 2011.

Adamson, G., Pine, J., Steenhoven, T., & Kroupa, J. "How storytelling can drive strategic change", *Strategy & Leadership* 34(1), 2006, pp. 36~41.

Ball-Rokeach, S., Kim, Y. C., & Matei, S. "Storytelling Neighborhood - Path to belonging in deverse urban environment", *Communication Research* 28(4), 2001.

Denning, S. *The Leader's Guide to Storytelling*, John Wiley & Sons Inc. 『스토리텔링으로 성공하라』, 안유환 역, 을유문화사, 2008.

Florida, R. *Cities and the creative class*, Rouledge, 2005.

Kim, Y. C., Ball-Rokeach, S. "Civic engagement from a communication infrastructure perspective", *Communication Theory* 16, 2004.

Miller, C. H. *Digital Storytelling*, Elsevier, 2001.

Salmon, C. Storytelling : *La machine a fabriquer des historires et a formater les esprits*, La Decouverte. 『스토리텔링-이야기를 만들어 정신을 포맷하는 장치』, 류은영 역, 현실문화, 2010.

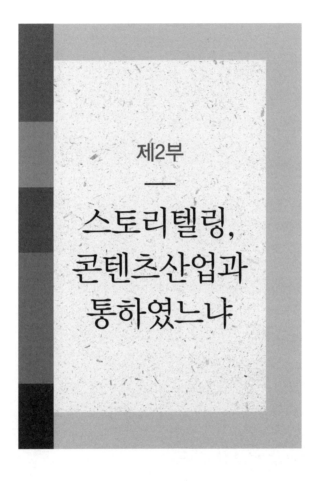

제2부
—
스토리텔링,
콘텐츠산업과
통하였느냐

문화산업과 스토리텔링

Cultural Industry and Storytelling

채영희

1. 스토리텔링 소재 찾기

우리들의 일상은 늘 이야기로 가득하다. 귀 기울여 들어보면 늘 우리 주위에는 어떤 영화가 재미있었다든가, 사귀던 친구와 헤어져 슬픔에 빠져 있다든가, 아이가 학교 운동회에서 넘어졌다고 하는 이야기부터 시작해 3대째 내려오는 장 담는 비법과 같은 이야기들로 늘 넘쳐난다. 그런데 이 많은 이야기 중에 어떤 이야기는 우리에게 울림이 되어 남고 어떤 이야기는 우리의 기억에서 비껴가는 것일까?

호기심과 관찰력이 뛰어난 작가는 떠도는 이야기들을 자신의 노련한 솜씨로 이야기를 가공하기도 하고 재구성하기도 해서 그들만의 특유한 담금질 작업으로 우리의 마음을 울리는 명작을 만들어낸다. 우리가 살면서 겪는 온갖 시련과 욕망, 좌절들도 이야기의 좋은 소재이지만 공동체가 겪는 독립이나, 전쟁 등도 장엄한 이야기의 소재가 된다. 전해져 내려오는 많은 이야기 속에 숨어있는 사람들의 놀라운 깨달음들이 우리에게 자양분이 되어 이야기의 깊이를 더한다. 살아가면서 생기는 온갖 종류의 욕망과 우리가 겪게 되는 다양한 시련들, 그리고 경험으로부터 얻는 깨달음의 횟수와 깊이는 효과적인 이야기꾼으로서의 능력을 기르게 하는 중요한 토양이 될 것이다.

1) 스토리의 인지

인간의 삶은 늘 처리할 수 없는 너무 많은 이야기로 가득하다. 인간의 두뇌는 그 많은 이야기들을 다 기억하기에는 기능부담량이 많아져서 어떤 경험을 하거나 이야기를 들으면 즉시 작은 기억 마디로 이야기를 구성하게 되는데 이때 자신이 겪은 경험 중에서 아주 극적이거나 끊임없이 이야기를 해야 할 특별한 이유가 있지 않으면 저장해 둘 필요가 없기 때문에 즉시 소멸되고 만다.

적은 수의 구성원으로 이루어진 공동체일 때는 마을이 지켜야 할 규약이나 공동체의 유지에 필요한 가치들을 속담이나 교훈이 있는 설화를 암송하거나 구전하면서 그들이 공유해야 할 신념들을 이야기 형식 속에 숨겨서 보존해 왔다. 그러나 점점 구성원이 확장되고 시간과 공간에 대한 제약이 없어지게 되면서 우리는 점점 많은 무의미한 이야기의 파편 속에서 살게 되었다. 그래서 곳곳에 널려 있고 때때로 엉겨붙은 이야기 소재들을 찾아 긴장감을 주면서 이야기로서의 통일감과 감동을 주는 뛰어난 스토리텔러가 주목받게 되었다.

스토리텔링은 이런 많은 이야기들 속에서 소재를 찾아 효과적으로 여과하고, 필요한 색인을 붙이고, 가치를 부여하여 감동으로 포장하는 도구를 개발한 사람들이 구사하는 이야기 방식이다. 뛰어난 스토리텔러는 통일성 있는 스토리를 구성하기 위해서 자신의 기억의 체계적인 부분에 기초하여 적절한 이야기를 만들어내기도 하지만 자신의 전문 분야가 아닌 다른 영역에서도 소재를 끌어 와서 사람들에게 이미지나, 소리, 그리고 다른 표상들을 통해 우리가 보다 완전한 기억을 재구성하도록 해주고, 우리가 사용할 수 있는 스토리의 소재를 확장해주는 사람들이다.

2) 스토리텔러의 등장

최근 들어 문화산업에 대한 관심이 증폭되면서 전문적이고 숙련된 스토리 생산자가 그 어느 때보다 중시되고 콘텐츠의 중요성이 부각되고 있다. 이것은 우리가 인간으로서 스토리가 지닌 엄청난 힘에 대한 직관이 있기 때문에 가능하다. 과거 우리의 전통 속에도 스토리텔러의 존재를 확인할 수 있다.

> 이야기책 읽어주는 노인(傳奇叟)은 동대문 밖에 살았다. 그는 책 없이 입으로 국문패설을 읽는 바, 『숙향전』, 『소대성전』, 『심청전』, 『설인귀전』 등의 전기와 같은 것이었다. 매달 초하루는 제일교 아래, 초이틀은 제이교 아래, 초사흘은 배오개에, 초나흘은 교동 입구에, 초닷새는 대사동 입구에, 초엿새는 종각 앞에 앉는다. 이렇게 올라갔다가 초이레부터는 도로 내려 온다. 이처럼 아래에서 위로, 위에서 다시 아래로 옮겨 한 달을 마친다. 다음 달에도 또 그렇게 하였다. 책 읽기를 잘하기 때문에 곁에서 듣는 사람들은 겹겹이 둘러싸게 된다. 노인은 읽다가 가장 재미난 대목을 앞에 놓고 입을 다문다. 잠잠하여 말이 없으면 듣던 사람들은 그 다음 이야기를 듣기 위하여 다투어 돈을 노인에게 던져준다. 이것을 일컬어 요전법(邀錢法, 돈을 얻는 방법)이라 한다.
> — 조수삼(1762~1849), 「추재집」, 『이야기책 읽어주는 노인』, 2005, 171쪽.

책 읽어주는 사람들에 대한 기록을 재미있게 기술한 조선 선비들의 문집의 자료에서 보듯이 그 시대에도 이야기꾼의 존재가 인기 있는 직업임을 알게 해준다. 조선시대 전기수에 해당하는 이야기꾼을 요즘 청계천에서 만날 수 있다. 서울의 역사를 전기수라는 조선시대 스토리텔러를 다시 살려내어 현재 우리에게 이야기를 들려주고 있는 것이다. 이러한 사례들을 통해 보더라도 우리 선조들도 잘 만들어진 이야기의 힘에 대해 이미 알고 있었다는 것을 확인할 수 있다.

이야기 생산자로서의 막강한 권력을 누리고 있는 미디어가 요즈음은 전기수의 역할을 대신하고 있다. 미디어가 만들어주는 이야기에 장시간 노출되면서 사람들은 이제 자신들의 이야기를 하기보다는 매체에 나오는 광고나 드라마 속 사람들의 이야기에 몰두하는 경향이 강해지면서 스스로 이야기를 만들어 낼 수 있는 능력을 점점 상실하고 있다. 자신의 삶이 얼마나 감동적이었는지 설명하기보다 이미 만들어진 이야기에 우리 모두 도취되어 있다.

2. 스토리텔링하기

1) 스토리텔링 소재

스토리를 만들 원 자료가 미리 주어진 경우라면 일은 이미 반 이상 된 것이다. 사실들을 수집하고 그것을 분석하는 데 많은 시간을 허비하지 않아도 되기 때문이다. 그러나 대부분 무엇을 대상으로 어떻게 이야기를 구성할 것인지에 대한 사전 기획 없이 일이 주어지기 마련이다. 이야기 소재는 주변에 많이 널려 있지만 막상 필요한 소재를 찾기란 쉽지 않다. 그래서 늘 사실 확인과 소재 수집을 위한 안테나를 높이 세워두고 있어야 한다.

우리나라도 지방 자치 단체 마다 장소성에 대한 각별한 관심과 도시 고유의 브랜드 스토리를 만들기 위해 스토리텔링 공모전을 많이 하고 있다. 여기서 주의해야 할 것은 이야기를 인위적으로 만들어 배포하기보다는 자연스럽게 이야기가 돋아나도록 기획해야 한다는 데 있다. 사람들이 낯선 곳으로 여행을 떠나는 이유 중 하나는 매일 같은 일상으로부터 벗어나 생생한 기억을 얻고자 하는 욕망 때문이기도 하다. 여행하거나 새로운 일에 도전하는 것은 자신의 삶에 대한 관점을 바꾸거나 재평가하게 해준다. 여행에서 돌아와서 여행지에서 겪은 이야기를 하는 과정은 자신이 방문한 장소에서 느꼈던 아름다움, 재미와 함께 그 때의 깨달음을 함께 나누는 것이다. 성공적인 도시 스토리텔링은 여행자로 하여금 스스로 이러한 깨달음의 기회를 가지도록 하는 데 있다. 세계 인구의 90%가 자신이 태어난 반경 10마일을 벗어나지 않고 살다가 죽는다고 한다. 장소성에 대한 기억은 이야기의 기초가 된다. 초기의 상호작용적 스토리텔링 웹사이트는 독일의 프로젝트였던 1000개의 방에서 시작되었다. 이 사이트는 사람들에게 자신들의 방에 대한 사진을 보내도록 하였는데, 그 방과 자신들의 관계를 설명하도록 하였다. 많은 사람들이 자신의 개인적인 이야기를 담은 사진들을 보냈으며 자신들의 집에 대한 이야기, 조상이 살았던 집, 마을 공원, 자신이 좋아하는 숲이나 식당, 모임 장소들에 대한 이야기를 공유했다.

지금 우리나라 웹사이트에도 이런 이야기들로 넘쳐난다. 어떤 곳을 가 보았고, 어디의 음식이 맛있다는 등의 장소들에 대한 개인의 의견은 자신이 살고 있거나 가본 적이 있는 장소에 대해 자신이 경험한 것에 기초한 새로운 가치에 대해 알 수 있게 해주고, 지역사회와 자신이 연결되어 있다는 느낌을 만들어 줄 것이다. 도시 스토리텔링이 성공하기 위해서는 이 장소와의 관계에서 방문자가 스스로 경험으로부터 무엇인가를 끌어낼 수 있는 교훈을 만들도록 기획되어야 한다. 이 책에서는 이러한 내용에 대해 뒷장에서 상세하게 다룰 것이다.

2) 스토리텔링 구조

영화에서부터 신화까지 세상에 존재하는 모든 스토리들을 모아 귀납적으로 살펴보면 이유는 알 수 없지만 하나의 기본적인 서술 구조가 나타난다. 미국의 저명한 비교신화학자 조셉 캠벨(Joseph Campbell)은 세상의 신화들을 분석해서『천의 얼굴을 가진 영웅(A Hero with Thousand Faces)』(1972)에서 공통된 패턴을 찾아냈다. 그는 이것을 영웅의 이야기 구조라고 했다. 영웅 스토리는 가장 드라마틱하고 흥미진진한 이야기 소재로 평범한 일상에서 특별한 세상으로의 모험을 소명으로 부여 받은 자들의 여정에 대한 이야기 구조이다. 주인공이 되는 영웅은 무엇인가 결핍된 상태로 시작하거나 자신이 영웅임을 인식하지 못한 상태에서 출발한다. 자신에게 부여된 소명을 해결하고자 여행을 떠나면서 만나게 되는 조력자나 악당들의 힘이 영웅보다 더 강할 때 사람들은 긴장하게 되고 주인공이 문제를 해결해 나가는 과정에 몰입하게 된다. 모든 영웅 스토리는 주인공이 자신에게 결여된 무엇인가를 찾기 위해 온갖 시련을 극복하면서 이를 해결해가는 과정에 대한 스토리이다. 헐리우드의 저명한 스토리 감독인 크리스토퍼 보글러(Christopher Vogler)는 신화와 설화, 민담에 기초한 캠벨의 스토리 이론을 영화와 소설, 게임과 같은 보다 현대적인 스토리의 창작에 도움을 줄 수 있는 각색버전으로 발전시켰다. 그의 저서『작가의 여행(Writer's Journey)』(1998)에 따르면 모든 스토리의 서술 구조는 '영웅의 탐색'을 지향하면서 아래와 같은 3막(act) 12단계(stage)로 이루어진다고 했다.

Act	Time	Stage	Theme
I	30	1	Ordinary World (일상적인 세상)
		2	Call to Adventure (소명 부여)
		3	Refusal of the Call (소명 거부)
		4	Meeting With the Mentor (조력자와의 만남)
		5	Crossing the 1st Threshold (1차 시련)

Act	Time	Stage	Theme
II	60	6	Test, Allies, Enemies (시련 ,동맹, 적대자)
		7	Approach to the Inmost Caves (심연으로의 도달)
		8	Supreme Ordeal (위기)
		9	Reward (보상)
III	30	10	The Road Back (회귀)
		11	Resurrection (부활)
		12	Return with Elixir (귀환)

크리스토퍼 보글러가 정리한 위의 12단계의 서술 구조는 인류가 무의식적으로 공유하고 있는 스토리 기억 구조이다. 각각의 모티프들이 흥미진진한 스토리로 확장될 수 있는 서사적 잠재력을 가지고 있고 이러한 모티프들의 연쇄로 스토리가 만들어지고 모든 모티프들은 위의 12단계의 서술 구조로 구성된다.

(1) 일상적인 세상

모든 이야기는 영웅을 우리에게 익숙한 일상적 세계에서 낯설고 특수하고 모험에 가득 찬 세상으로 진입하면서 시작된다. 〈오즈의 마법사〉의 '도로시'는 캔자스에 사는 평범한 소녀였으나 토네이도로 집이 날아가면서 새로운 모험이 시작된다. 일본 애니메이션 〈센과 치히로의 행방불명〉도 가족이 함께 이사하면서 이야기는 시작되고 있다. 갈등이 고조화되는 부분을 더 도드라지게 하기 위해서 평범하고 사실적인 일상의 세계로 도입부는 시작한다. 최근 상영되었던 영화 〈관상〉에서도 주인공 '김내경'의 일상을 남루하고 보잘것없는 산골에서 시작하는 것도 같은 이유이다.

(2) 소명 부여

영웅은 모험을 떠나기 전에 자신에게 부여된 소명에 직면한다. '셜록 홈스'는 살인사건이 발생하면서 이를 해결하기 위한 사건에 개입하게 되고, 〈바람계곡의 나우시카〉의 주인공 '나우시카'는 자신이 사는 마을을 구해야 하는 소명에 맞닥뜨리게 된다. 사랑을 주제로 하든가 복수를 주제로 하든가 재앙이 주제가 되든가 여기서는 영웅에게 자신이 가야할 길을 목표를 제시해주며 앞으로 영웅에게 일어날 변화와 시련의 정도를 가늠하게 한다.

(3) 소명 거절

내부분 주인공은 소명을 부여받자마자 모험에 나서지는 않는다. 독자나 관객과의 심리적 거리감과 몰입도를 고려하여 영웅은 위험한 모험 앞에서 잠시 망설이거나, 주어진 임무를 거부한다. 그래야만 이야기 속의 영웅에 대해 관객은 자신보다 우월한 인물에 대한 부러움과 자기와 비슷한 인물에 대한 동질감, 자신보다 열등한 인물에 대한 측은함 등의 마음을 투사하여 몰입도를 높일 기회를 가지는 것이다. 처음에는 자신에게 부여된 소명을 거절했던 주인공이 어떤 계기가 주어지게 되어 자신에게 주어진 임무를 수행하게 되면서 스토리는 사실성을 지니게 된다.

(4) 조력자와의 만남

모험에 나선 주인공은 그를 도와줄 조력자를 만난다. 〈센과 치히로의 행방불명〉에서는 '하쿠'가 조언자가 된다. 조력자는 다양한 모습을 하고 있다. 이들은 주인공에게 유익한 정보를 제공하거나 여행에 반드시 필요한 물건들을 제공한다. 〈알라딘〉의 '지니', 〈해리포터〉 시리즈의 '덤블도어', 〈오즈의 마법사〉의 '허수아비'와 '나뭇꾼', '사자' 등이 조력자가 된다. 조력자의 역할은 주인공이 일상세계에서 완전하게 특별한 세계로 진입하게 하는 데 있다.

(5) 1차 시련

영웅이 특별한 세계에 진입하는 표지가 이 첫 번째 시련을 통과하는 데서 시작한다. 시련은 약탈자, 적대자, 괴물 등의 형태로 등장한다. 주어진 장애를 이겨내는 힘은 주인공 자신의 능력이거나, 우연한 행운으로 주어지기도 하며 원조자의 도움 등으로 시련을 극복한다.

(6) 2차 시련

1차 시련을 무사히 통과한 영웅은 두번째 새로운 시련에 직면하게 되면서 다양한 감정의 변화를 경험한다. 여정의 과정에서 아군과 적군을 만들면서 이제 자신의 어느 편에 속하는지를 인식하게 된다. 〈관상〉에서 주인공은 '김종서'와 '수양대군'에 대한 자신의 생각을 정하게 되고 조정에서 살아남는 방법도 익히게 된다. 〈센과 치히로의 행방불명〉에서도 주인공은 신들의 세계에서 일하면서 자신의 부모를 구할 소명에 대한 명확한 인식을 하게 된다.

(7) 심연으로의 도달

1, 2차 관문을 통과해야만 영웅은 심연의 깊은 곳에 도착하게 된다. 〈바리공주〉설화에서도 아버지를 구하기 위해 '바리'가 가게 된 지옥이 여기에 해당한다. 영웅에게는 이곳이 임무가 부여된 특별한 세계 중에서도 가장 위험한 심연이다. 영웅에게는 대적하기 힘든 가장 큰 적이 나타나기도 한다.

(8) 위기

여기서 영웅은 죽음의 가능성에 직면하게 되어 관객은 긴장과 흥분을 경험하게 된다. 주인공에 몰입된 관객은 전체 스토리 중 이 부분에 대한 기억이 가장 강렬하게 남는다. 사랑이 이루어지지 못할 위기에 처하거나 헤어지게 되고 가족이 붕괴되기도 한다. 미국 드라마 〈하우스〉에서는 주인공인 의사가 잘못된 판단으로 환자가 죽게 되거나 상황이 악화되기도 한다. 힘든 위기 상황은 영웅이 더 강해질 수 있는 계기가 되고 위기 상황이 고조될수록 구조되는 기쁨과 감동은 증폭된다.

(9) 보상

가장 힘들고 어려운 시련을 극복한 영웅에게는 그에 걸맞은 보상이 주어진다. 주인공이 여행을 통해 결핍된 무엇인가를 획득하거나, 사건을 해결하거나, 환자가 치유되거나 하는 형태로 보상이 주어진다. 때때로 보상은 자신이 만나고자 하는 사람이거나, 얻기 힘든 약이나 보물이거나, 자신만의 공간적 세계이거나 적대자와의 화해이거나 막강한 전투 능력의 획득 등의 모습으로 구현된다.

(10) 회귀

영웅의 여정에서 보상이 주어진다고 스토리가 끝나지는 않는다. 영웅에게는 여전히 풀어야 할 숙제가 남아 있다. 〈센과 치히로의 행방불명〉에서 '센'은 많은 돼지 중에서 자신의 부모님을 찾아야 하는 마지막 숙제에 처하게 된다. 전투 중인 경우는 적대자와의 관계를 완전하게 정리하지 못해 마지막 반격에 처하게 될 수도 있다. 주인공은 자신이 처음 여정을 시작한 곳으로 돌아가야 할 이유를 찾게 된다.

(11) 부활

주인공이 평범한 일상세계로 돌아오기 위해서는 힘겨운 마지막 시련이 주어진다. 여기서 살아남아야 자신의 소명이 완전하게 해결되며 자신에 대한 인식이 수정되는 기회가 된다. 〈해리포터〉 시리즈의 '볼트 모트'와의 마지막 싸움이나 〈아바타〉에서 주인공이 자신의 육체를 버리고 아바타의 세계로 들어오기 위해 갈등하는 장면을 떠올리면 된다. 겉으로는 위기상황의 재현처럼 보이지만 영웅에게 있어서 마지막 시험이며 이 영웅 여정에서 얻는 가치있는 교훈에 대한 각성이 제시되는 곳이다.

(12) 귀환

마지막으로 주인공은 자신의 모험의 결과로 얻은 보물이나 보상을 안고 자신이 속한 세계로 귀환하게 된다. 〈바리공주〉의 스토리에서는 자신을 버린 아버지를 구할 영약을 얻어 아버지를 살리고 자신을 버린 아버지를 용서한다. 보상으로 주어진 신분의 복귀를 거부하고 버려진 자신을 거두어 준 약초 캐는 할머니의 일상세계로 돌아간다.

이렇게 영웅의 탐색이 끝나고 일상세계로 돌아오면 그 세계는 모험 이전의 세계는 아니다. 모험을 통해 우리들의 주인공은 성장했으며 그로 인해 세계가 바뀌었으며 문제가 해결되었다. 우리의 삶도 이러한 12가지 단계를 몇 차례 경험하면서 살아간다. 결핍을 인식하는 순간 변화를 바라게 되고 이 변화가 동기가 되어 새로운 경험의 세계로 내몰리게 된다.

매일 보도되는 뉴스는 질서와 무질서의 대립이고 코미디극은 정상과 비정상의 대립을 통해 안정된 상태로의 지향을 보여준다. 이와 같이 모든 스토리에는 '일정한 구조'가 있다. 기존의 문학 연구에서도 이야기의 원형에 대한 논의는 있었으나 이러한 원형을 추출하고, 그 틀을 익혀 응용한다면 스토리텔링의 반은 이룬 것이다.

디지털 스토리텔링의 또 다른 중요한 측면은 디지털이라는 미디어매체가 전달할 수 있는 내용이 인간의 오감을 모두 자극할 수 있다는 점과 관련이 있다. 이제까지의 문자 텍스트에서의 스토리텔링이나, 구술 형태의 스토리텔링 양쪽 모두 근본적으로는 원형적 의미의 텍스트를 기반으로 하는 서사에 스토리텔링의 내용이 집중되어 있었다면, 디지털 스토리텔링에서는 서사를 중요한 요소로 포함하기는 하지만 음악, 음성, 이미지, 비주얼, 그리고 곧 아마 후각까지도 포함하는 다양한 요소들을 염두에 두어야 할 것이다. 이때 서사는 이러한 다양한 요소들을 엮는 중심 요소로 작용할 수도 있지만, 거꾸로 음악 혹은 이미지가 불러일으키는 생각들 때문에 만들어지기도 한다. 기존의 스토리텔링에서 혹시 이미지나 비주얼, 음악 등이 사용된다고 하너라노 이때에는 서사를 중심축으로 하고 나머지 것들이 주변적이거나 보조적 형태로 작용하였다면, 디지털 스토리텔링에서는 어떤 하나의 요소가 주도적이거나 중심적인 역할을 하는 것이 아니다. 이미지는 서사를 불러일으키고, 그 서사는 이에 맞는 음악이나 비주얼을 찾아내고, 그러한 음악, 비주얼은 또 다른 서사를 만들어내는 식으로 끝없이 이야기의 고리는 이어진다.

3. 문화산업과 스토리텔링

1) 문화산업에서 스토리텔링의 중요성

공학 기술의 놀라운 발전은 우리 생활 전반에 영향을 주고 나아가 개인과 사회 전반의 소통의 축을 형성하면서 현재 우리 사회의 새로운 문화산업의 동력이 되고 있다. 스마트 기기의 사용으로 한결 편리한 정보 접근성으로 무장한 현대인은 감성과 상상력과 창의력으로 더 스마트한 새로운 문화콘텐츠를 끊임없이 원하고 있다. 흥미롭고 다양한 문화콘텐츠에 대한 요구는 문화산업을 고부가가치 산업으로 주목받게 하면서 문화콘텐츠의 생산이나 전문 인력 양성이 국가경쟁력의 핵심으로 부상하게 되었다. 그러다 보니 양질의 문화콘텐츠의 생산을 위해 잘 구성된 이야기의 필요성이 절실해졌으며 이제 이야기를 가공하고 확대 재생산하는 인력이 절실한 시점이 된 것이다. 디지털 미디어시대는 공학적 기술은 물론이고 풍부한 예술적 감성과, 흡인력을 지닌 인문학적 상상력이 갖추어진 전문화된 인력을 요구하고 있는 것이다. 문화콘텐츠는 여러 매체를 통해 끊임없이 확대 재생산과 변형이 가능하다. 문화콘텐츠가 사회 전반에 미치는 막대한 영향력을 생각하면 문화콘텐츠를 산출할 수 있는 기술인력 양성은 이제 국가 핵심산업이라 해도 과언이 아니다.

고대 문학에서 트로이전쟁 이야기가 구전으로 전해질 때, 등장인물들의 에피소드가 끝없이 확장되고 변주되고 합종되어 다시 새로운 이야기를 만들고 그 이야기를 바탕으로 다른 새로운 이야기가 탄생하여 거대한 서사를 만들어내던 것과 유사하다. 기존에 음악, 영상, 서사 이런 식으로 명확하게 구분된 영역을 갖고 있던 다양한 요소들이 함께 이야기하기의 구성 요소, 혹은 창출 요소의 지위를 획득하게 되는 것이다. 이렇게 본다면 디지털 스토리텔링에서의 스토리텔링은 전통적인 의미에서의 이야기하기보다 훨씬 더 포괄적이며, 언어적 요소 이외의 다른 요소들을 모두 아울러서 다시 새로운 이야기를 만들어낸다는 의미로서 사용될 수 있을 것이다. 시각적, 청각적 이미지와 서사가 동시에 작용할 뿐 아니라 그러한 구분이 오히려 무의미해지는 다중성, 다감각성, 다매체성이 디지털 스토리텔링의 중요한 측면이라 할 수 있다.

울산 반구대의 고대 그림의 경우에도 고래와 동물 수렵에 대한 이야기가 그려져 있지만 그것을 돌에 새긴 석공의 정교한 기술이 없었다면 오늘날까지 전해지지 못했을 것이다. 마찬가지로 문화콘텐츠를 만들어 가는 과정에는 다양하고 정교한 현대의 기술적 요소가 더욱 필요하다. 문화콘텐츠의 상품적 가치는 전통적 문화유산에 대한 재해석과 창의적 아이디어를 덧입혀 고부가가치 산업으로 만들 때 상품으로 소비되고 감동을 주게 된다.

문화는 복잡한 구조를 가지고 있으며 유기적으로 여러 삶의 요소들과 밀접한 연관을 가지고 끊임없이 수정하고 변형해 가며 지속되어가는 정체성의 문제이기 때문에 연구 대상으로 삼기 위해서는 혜안이 필요하다. 그러나 어떤 공동체가 유지하고 있는 문화를 이해하기 위해서는 이야기를 놓치고는 그들의 정체성을 이해할 수 없다. 스토리의 구조가 구비 전승되던 시대에서부터 형식적인 기표가 점점 더 내용이 복잡해지고 의미론적이고 통사론적 양상을 지닌 구문론적 기교의 체계로 발전해 간다 하더라도 서사 양식의 큰 틀에는 변함이 없다는 사실에 주목해야 한다. 그러므로 문화콘텐츠의 구성에서도 전통 문화적 요소에 대한 기반 조사연구와 철저한 고증을 통한 이야기성의 발굴이 전제되고 여기에 문화원형 분석을 기반으로 하는 기획과 디지털 기술의 조합을 통한 콘텐츠 구성을 보태어 이를 산업적으로 유통 제작하는 마케팅이 성립한다면 성공적인 스토리산업의 모델이 될 것이다. 스토리텔링은 기획 단계의 작업에 참여하여 이야기 구조를 이끌어 나가는 핵심적 역할을 수행한다. 미국과 영국, 일본은 이미 문화산업의 중요성을 인식하고 창의적 인재 육성과 다양한 학문 분야의 융합을 통한 시도를 하고 있다. 성공적인 문화콘텐츠산업을 육성하기 위해서는 디지털 기반 기술과 첨단 과학 그리고 인간 감성에 호소하는 예술 등의 융합적 노력이 필요하다. 산업적 측면에서 콘텐츠산업은 네트워크사회로의 발전으로 양질의 콘텐츠 수요가 급증하고 있으며 미디어 믹스, 홈시어터 기술, 유비쿼터스 기술 등의 눈부신 과학 기술의 발전으로 콘텐츠 인프라 구축의 가속화가 필요하다. 실제로 미국 루카스 필름의 경우 장면당 CG 청구 금액이 10만 달러인 데 반해 영화 〈반지의 제왕〉으로 성공한 뉴질랜드 WETA는 장면당 만 8천 달러로 헐리우드 수준의 특수 효과를 이루었고 지역관광 수익까지 창출하여 2만 명 이상의 고용 효과를 누리기도 했다.

사실 누구나 스토리텔러가 될 수 있지만 어떤 사람은 특정 매체를 통해 말, 글, 시각적 부호, 음악으로 자신의 이야기를 더욱 잘 풀어내는 사람이 있다. 이제 자신의 전문 분야에서 기술을 서로 주고받으면서 산업적인 측면에서 한 차원 높은 디지털 미디어를 이용한 감성엔터테인먼트 산업을 구축해야 할 시점이 되었다.

2) 문화산업의 스토리텔링 양식

문화산업의 측면에서 스토리텔링은 새롭게 등장한 디지털매체 속에서 어떤 식의 이야기 전개가 가장 자연스러우며 소비자나 관객 혹은 청중의 호응을 받을 것인가에 대한 궁리이다. 역사적으로 인간은 여러 차례 이런 질문에 부딪치면서 새로운 기술에 적응해 왔다. 예를 들면 단지 구전으로만 전해져 오던 이야기 형식은 구술자가 암기하기 좋은 형태의 이야기로 변형되었으며, 이후 인쇄술의 발달은 인쇄매체를 이용한 새로운 스토리텔링 문법으로 귀착되었다. 이렇게 되기까지 부단한 시행착오의 과정이 있었으며 지금과 같은 서사구조로 정착하는 데에는 반세기가 걸렸다. 이후 카메라 기술의 발전으로 유성 영화라는 새로운 매체가 등장했는데 영화라는 매체의 스토리텔링에 적응하는데 걸린 시간도 몇십 년이 된다.

디지털매체를 플랫폼으로 하는 소프트웨어 테크놀로지는 멀티미디어의 새로운 매체에 맞는 이야기 기법의 탄생을 예고했으며 이미 여기에 적응하기 위한 노력들이 다양하게 시도되고 있다. 컴퓨터 게임 그래픽스와 입체 음향 등 기술적인 면은 이미 상당한 수준이지만 이러한 장르의 플롯의 전개는 기술 진보의 측면을 따라가지 못하고 있다는 생각이 든다. 앞으로 누구든지 먼저 이 새로운 매체에 맞는 이야기 기법을 찾아낸다면 사업적 측면에서 선두주자가 될 것이다. 헐리우드가 상업영화의 선두주자가 된 것은 영화라는 상업매체에 가장 잘 맞는 스토리텔링을 가장 능숙하게 구사하는 작품들을 제작하여 사람의 마음을 움직였기 때문이다.

국가적 차원에서 반도체산업을 발전시키기 위해 자본을 투자한 것처럼 우리나라가 스토리텔링산업에 대한 투자 지원을 한다면 문화산업의 선두에 서게 될 것이다.

산업이 디지털 영화, 애니메이션, 컴퓨터 게임 등의 개발에 절대적으로 필요한 것은 스토리이다. 허구적인 양식에 대한 자발적인 믿음은 저절로 나오는 것이 아니라 잘 짜여진 '스토리 구조'를 바탕으로 나오는 것이다. 인류 역사상 민담과 설화에서 모티브를 가져와 많은 스토리들이 변형되고 발전해 온 것을 보면, 스토리의 원형이 되는 모티브의 연구가 필수적이다. 프롭(Propp)이 정리한 민담의 형태들은 과거 구술적인 전통의 민담과 전설들을 정리하기에는 편리한 측면을 지니고 있으나, 복잡다단한 다중 형식의 플롯을 사용하는 디지털 콘텐츠의 이야기를 분류하는 데는 적합하지 않다. 스토리는 그 자체의 원형만으로도 가치를 지니기는 하지만, 현대 소설과 영화의 기법에 익숙한 관객들을 만족시키려면 변형을 거쳐야 하는 것이다. 관객들은 자신이 선호하는 형식으로 변형된 모티브를 통해 원형 모티브의 이야기적 재미를 그대로 경험하면서도 동시에 시대와 역사, 상황에 맞는 흥미진진함을 그대로 맛볼 수 있게 되는 것이다.

　기존의 서사 양식에서 담화는 곧 서술이나 서술자의 몫으로 해석되었다. 이는 기존의 서사 양식들이 주로 시간을 바탕으로 창작되었기 때문에, 플롯의 선후 관계를 뒤바꾸거나 인물의 내면을 현재적으로 재현하는 것이 목표가 되었던 것이다. 그러나 디지털 스토리텔링에서는 시간적 배치도 중요하지만, 시각적 영상의 역할이 강화되면서 공간적인 배치와 대상의 묘사가 더욱 중요해진다. 따라서 주어진 내용을 디자인하고, 인터페이스를 사용자의 환경에 맞도록 개선하는 작업 자체가 새로운 담화 방식의 실천이 되는 것이다.

　또한 디지털 스토리텔링은 사용자의 참여가 보장되는 상호작용적인 환경이 조성되어 있다. 따라서 문자와 이미지, 영상, 상호작용성이 복합적으로 작용하는 새로운 매체에 대한 다양한 담화 방식이 연구, 개발되어야 하고 그들을 위한 인력 풀을 구성해 상호보완되는 지식 교류의 활성화가 가시화되도록 네트워크가 구축되어야 한다. 또한 이 인력 풀에 끊임없이 새로운 창의적 인재가 넘쳐나도록 교육의 적극적 지원이 필요하다.

　지금까지는 미디어 전공자들을 중심으로 문화산업과 각 장르별 문화콘텐츠의 실태와 시장 동향이나 문화 정책 등에 걸친 연구가 진행되어왔으나 이제는 인문학적 연구 방법을 통해 디지털 기술의 발전과 맥을 같이하는 예술적 가치를 지닌 문화 생산에 도움이 되는 전략을 구상할 필요가 있다. 그러기 위해서는 디지털 미디어 스토리텔링의 성격을 규명하고 각각의 장르가 요구하는 관습과 공식에 맞는 서사 구조 생산이 필요하다. 앞으로 다양한 장르의 이야기에 대한 연구 결과물이 축적된다면 각 분야의 문화콘텐츠 산출에 도움이 될 것이다. 그렇게 된다면 서사 구조 변형과 가공을 통한 감성적인 창작 방법론을 제시할 수 있게 되어 여러 문화산업 활성화에 도움이 될 것으로 기대한다.

• 참고문헌

조수삼 저,『이야기책 읽어주는 노인』, 박세영 역, 보리, 2005.

조은하 · 이대범 저,『스토리텔링』, (주)북스힐, 2006.

Владимир Пропп,『민담 형태론』, 어건주 역, 지만지, 2013.

Christopher Vogler,『신화, 영웅 그리고 시나리오 쓰기(The Writer's Journey)』, 함춘성 역, 무우수, 2005.

Joseph Campbell,『천의 얼굴을 가진 영웅(A Hero with Thousand Faces』, 이윤기 역, 민음사, 2004.

Klaus Fog 외,『스토리텔링의 기술(Storytelling-Branding in Practice)』, 멘트로출판사, 2008.

엔터테인먼트산업과 스토리텔링

Entertainment Industry and Storytelling

윤기헌

1. 엔터테인먼트산업과 스토리텔링

엔터테인먼트(entertainment). 오락, 여흥(餘興), 연예로 바꾸어 말할 수 있는 오락산업은 21세기 더욱 중요하게 부각되는 문화이자 흐름이다. 전통적인 산업사회에서 사치스럽게만 느껴졌던 여가시간의 활용이 이제 현대에게는 없어서는 안 될 삶의 중요한 부분을 차지하고 있다.

이것은 '지식, 정보, 문화, 서비스, 저작물과 같은 지적 자산이 핵심적 가치로 인정받는 지식정보사회'로 변화했다는 것이며, 그것이 정보기술의 발달로 '디지털과 만나 우리 삶의 중요한 요소로 자리'[1]잡았다고 설명할 수 있다.

엔터테인먼트산업은 어떤 특징을 갖는가, 이에 대한 정리는 고정민(2009)의 5가지 정리가 가장 적합해 보인다.

하이리스크-하이리턴(high risk-high return)
▶ 위험성과 고수익의 양면성, 부익부 빈익빈 구조.

공공재(public goods)
▶ 동시 소비하고 편익을 제공받는 공공재와 준공공재 성격.

1　김선진, 「디지털엔터테인먼트-엔터테인먼트 환경변화」(http://www.kocw.net/home/common/contents/document/lec/2010/34/01/01_digital.pdf), 경성대, 2011, 3쪽.

규모의 경제(economic of scale)

▶ 복제를 통해 생산비(초기 비용 부담) 절감, 생산과 유통의 통합 유도.

문화적 할인율(cultural discount)

▶ 국가 간 문화적 장벽(국가 간 언어, 관습, 선호의 차이 등)의 크기에 따라 할인율이 높거나 낮다. 게임, 애니 등은 국가 간 문화적 장벽이 낮아 할인율이 낮고 드라마, 가요, 영화는 문화 할인율이 높다.

창구효과(windowing effect)

▶ 하나의 엔터테인먼트상품을 다양한 채널에 시차를 두고 다른 가격에 출시함으로써 유통창구의 다각화 및 이윤의 극대화 전략.[2]

사람들은 갈수록 여가와 플레이에 집중하고 있다. 오락은 이제 삶과 유리될 수 없는 한 부분이 되고 있다. 따라서 엔터테인먼트의 가치는 개인들에게 삶을 풍요롭게 함은 물론 경제적으로는 지식서비스산업으로 문화콘텐츠산업을 형성한다. 또한, 일반 제조업 분야까지도 경쟁력을 높이거나 시장을 확대하는 마케팅 요소로 인식, 활용'[3]하는 단계로까지 인식되고 있다.

결국, 엔터테인먼트는 콘텐츠로 이루어진 공간이다. TV 개그프로에서부터 영화, 뮤지컬까지 새로운 대중문화 패러다임은 창작콘텐츠이며, 그것을 향유하는 층들이 넓어지면 넓어질수록 보다 새로운 아이디어와 스토리를 필요로 하고 있다. 기존의 엔터테인먼트산업이 대중에게 일방적으로 제공되는 창작물이었다면 이제는 소통과 공감이 우선시 되고 있다. 더구나 인류는 이제 컴퓨터 외에도 휴대용 스마트폰으로 인터넷을 하고 동영상을 공유하며 게임을 즐긴다. 그리고 거의 무한대라고 할 정도로 빠른 배포와 공유가 이루어지고 있다.

2 유진룡 외, 『엔터테인먼트 산업의 이해』, 넥서스BIZ, 2009, 36~38쪽.

3 김선진, 앞의 글, 3쪽.

대중에게 즐거움을 주는 아이디어, 그것을 위한 첫 단추가 스토리라고 말할 수 있다. 게임도 가요도 테마와 이야기가 따라붙어야 폭발력을 갖는다. 트레킹 테마코스인 제주 올레길도 스토리가 있어 더욱 각광받았으며 일본으로 수출까지 됐다.

그래서 현재의 엔터테인먼트 스토리는 보다 친밀한 방법으로 접근한다. 김정희는 '문자문화시대의 내러티브와 달리 오늘날 다양한 미디어 스토리텔링은 옛이야기를 들려주듯 대중들에게 친근한 방식으로 접근하는 속성을 지닌다'[4]고 평가하고 그 이유를 '영상문화와 디지털문화가 지닌 구술성은 즉각적인 이해와 기억의 용이성 때문'이라고 지적했다.

2. 콘텐츠산업을 보다 풍성하게 하는 두 가지 요소

그 흐름을 가속화시키고 공고하게 만드는 것은 저작권과 뉴미디어이다. 이 두 가지 흐름은 앞으로 엔터테인먼트산업의 보폭을 보다 넓히고 활성화시킬 것이다.

1) 창작콘텐츠산업은 저작권 강화에 따라 파이가 커진다

몇 년 전, 국내 지역의 게임업체는 게임 배경화면에 사업장 지역 지자체의 명물인 다리를 넣었다가 행정당국의 제지를 받은 적이 있다. 허락을 받지 않고 상업물에 사용했다는 것이 그 이유이다. 하지만 결국 유명 게임에 '지자체를 크게 홍보하고 있다'라는 노출 효과 때문에 다시

---

4   김정희, 『스토리텔링으로 보는 콘텐츠 기획』, 한국외대 출판부, 2010, 12쪽.

사용 허가를 받았다고 알려져 있다. 이런 해프닝은 이제 공공시설물까지도 까다롭게 저작권이 적용될 수 있다는 것을 단적으로 보여준다.

반대로 이야기하면 이제 모든 개인의 창작물, 즉 타인의 것을 표절하거나 베끼지 않는 이상 존중받게 된 것이다. 블로그에 작성한 텍스트 몇 줄도, 낙서를 스캔해 온라인에 게재한 이미지도, 스마트폰의 사진도 이제 저작자의 권리를 인정하고 허락을 받아야 쓸 수 있게 된 것이다. 더구나 우리나라는 절차와 방식이 따로 필요없이 저작권 보호 대상이 되는 '무방식주의'를 채택하고 있다. 창작과 동시에 저작권 보호가 시작된다는 뜻이다. 일반적인 저작재산권 보호 기간은 자연인으로서 그 저작자가 살아있는 동안과 사망한 후 50년 동안 저작재산권이 존속한다. 본격적인 외국과의 FTA시대엔 그 보장 년수가 더 늘어날 것이다.

향후 전 세계의 콘텐츠 시장을 재편하는 가장 큰 변수도 저작권이다. 합법적인 시장 외에 벌어지고 있는 불법 다운로드나 유사 콘텐츠도 저작권이 강화됨에 따라 제한될 수밖에 없다. 이제 개도국들도 동영상, 그림과 텍스트를 포함, 개인 인터넷 블로그에서부터 공중파 콘텐츠까지 저작권을 보호하지 않으면 무역장벽을 겪게 될 것이다.

2) 뉴미디어는 창작콘텐츠를 활성화시킬 수밖에 없다

이제 스마트폰과 미디어 단말기는 새로운 세상을 이끌고 있다. MP3와 내비게이션, PSP도 이제 작은 단말기 안으로 들어 왔다. 언제 어디서나 인터넷을 무료로 즐기고 해외 나가서도 메일을 체크하며 SNS를 할 수도 있다. 아마도 조만간 언어도 모두 번역되어 대화도 자유로워질수 있을 것이며, 글로벌화는 손쉽게 우리 앞에 당도할 것이다.

이렇게 편리해진 환경은 새로운 창작콘텐츠를 더욱 확산시키는 계기가 되고 있다. 확산된 인프라에 어떤 콘텐츠를 담을 것인가의 문제로 콘텐츠 생태계도 전혀 새로운 방향으로 진화하고 있다. 신문은 이제 온라인으로 읽는 비중이 높아졌고 붕괴 직전인 출판만화는 웹툰이라는 새로운 시장을 창조했다. 세계에서 유래가 없는 인터넷만화 시장이 생성된 것이다. 영화도 스마트폰이나 DSLR 카메라로도 찍는다. 이처럼 미디어의 발달은 기존의 장르도 새롭게 분화하고 대중화한다.

3. 만화 · 애니메이션 콘텐츠와 스토리텔링

만화, 코믹스, 또는 망가. 문화이자 산업인 '만화'는 이제 더이상 어린아이들과 일부 성인들이 어두컴컴한 가게 구석에서 컵라면을 앞에 놓고 혼자 즐기던 매체가 아니다. 세계의 큰 손 헐리웃과 일본 '아니메(일본 애니메이션)'도 그들의 원천 스토리 젖줄을 만화에서 찾고 있다. 창작콘텐츠의 주요 원작 산업이 된 것이다. 애니메이션 또한 만화와 더불어 현재 가장 핫(hot)한 현재 21세기의 OSMU의 기본 소스이자 그 자체로 가장 매력있는 콘텐츠이다. 더불어 애니메이션은 현재 영상 콘텐츠 중에서 문화적 장벽이 가장 낮고 대중에게 쉽게 어필하는, 전 세계에서 수많은 팬덤을 만들고 수익을 내는 유용한 엔터테인먼트 장르이다.

1) 만화와 스토리텔링

(1) 만화매체의 특징

만화는 기본적으로 평면에서 이루어진 연속적인 이야기를 글과 그림으로 만든 것이다. 시각적으로 스토리를 형상화한 평면 또는 온라인상에 게시된 표현물이다. 만화를 구성하는 기본적인 구성단위는 칸이다.

영화의 프레임과 같은 원리이지만 칸의 크기와 모양이 다양하며, 칸과 칸 사이라는 만화만이 갖는 물리적, 시간적 틀도 존재한다. 또한 만화는 영화나 영상예술처럼 스토리를 형상화하는데 있어 연출이 동원된다. 대사와 의성어, 의태어도 동원되고 배경 그림과 캐릭터, 의상 등 거의 모든 부수효과가 필요하다. 그래서 만화는 또한 종합예술이라고 하고 원작 매체로서 2차 미디어로 만들기에 가장 적합한 장르라고도 한다.

(2) 출판만화와 웹툰

전통적인 만화는 잡지나 단행본의 형태로 흑백 원고에 의해 인쇄되는 것이 보통이었다. 또한 만화가가 되기 위해서는 전통적인 도제 시스템에 편입되거나 잡지, 신문의 등단 과정을 거쳐야 하는 폐쇄적인 구조였다. 게다가 무료 시장의 확대와 검열의 강화, 외국 만화의 유입 등으로 한국 만화는 빈사상태에 빠지게 되었다.

결국 1990년대 말 IMF와 대여만화 시장의 확대로 절체절명의 위기를 맞지만 인터넷 콘텐츠의 보급으로 한국 만화는 두 가지의 생존의 길을 찾게 된다. 첫 번째는 양적으로 팽창된 학습만화 시장으로의 진출이고 나머지는 흔히 웹툰이라고 일컫는 웹 콘텐츠로서의 역할이었다.

학습만화는 지나친 한국의 교육열과 갈 곳 없던 만화가 만난 새로운 시장이었다. 게다가 학습 콘텐츠 시장의 포화로 사상 유례없는 '학습만화'가 시장에 쏟아져 나왔다. 오히려 기존 만화 시장에서 볼 수 없던 초베스트셀러가 이 분야에서 신기록을 갈아 치우고 있다. 1,000만부 이상 팔린 학습만화만 해도 〈살아남기 시리즈〉, 〈코믹 메이플스토리〉, 〈마법천자문〉, 〈먼나라 이웃나라〉, 〈만화로 보는 그리스 로마 신화〉가 있다. 〈Why〉 시리즈는 총 매출 4,000만부를 기록하기도 했다. 그러나 학습만화는 에듀테인먼트로서는 가능성이 있으나 서사나 스토리로서는 부족한데다 앞으로의 시장 개발이 제한적이다. 콘텐츠로서는 효용이 있지만 만화가 갖고 있는 본래의 대중적 폭발력과 지속성은 떨어지는 단점이 있다.

웹툰은 새롭게 한국 만화의 돌파구였다. 만화가들의 진입장벽이 낮아졌고 개방 플랫폼 형태로 운영돼 많은 발전을 이루었다. 세계적으로 드문 인터넷만화 시장을 형성해 오죽하면 '웹툰(webtoon)'[5]이라는 신조어가 외국에 수출되기에 이르렀다. 사람들은 종이를 버리고 화면으로 만화를 보고 있다. 새로운 시장에 유능한 작가들이 진입하고 훌륭한 콘텐츠가 매일 쏟아져 나오자 산업이 형성되고 선순환 구조가 생겼다.

그러나 그 이면에는 무료 콘텐츠라는 한계와 포털 등의 독과점, 수익 구조가 자리하고 있다. 결국 학습만화와 웹툰의 일부 작가를 제외하면 무료라는 이야기이다. 신인 작가가 콘텐츠를 생산하고 게재해도 포털 같은 플랫폼만 수익을 갖거나 미끼 콘텐츠를 보유하게 되는 것이다. 작가는 경쟁의 정글보다 무료라는 데미지를 안고 시작해야 한다는 의미이다. 음악도 영화도 뮤지컬도 이렇게 남에게 무상으로 제공된다는 전제를 깔지는 않는다. 그것이 한국 만화산업을 가로막는 가장 큰 장애이다.[6]

(3) 원작산업으로서의 만화

만화는 원작으로서 매우 효용성이 높다. 최근 국내에서 개봉한 〈설국열차〉가 프랑스에서 출간된 만화가 원작이듯, 현재 전 세계에서 만화는 소설과 함께 가장 영화화하기 쉬운 대상이다. 〈슈퍼맨〉, 〈아이언맨〉과 같은 미국의 슈퍼히어로물은 수십 년을 거쳐 리메이크되고 있고, 일본

---

5 온라인만화, 뷰어만화, 인터넷만화라고 불리는 용어와는 차별성을 갖고 있다.
6 물론 2013년 들어 포털, SNS, 앱 등을 통해 유료화 모델이 계속 실험을 거듭하고 있다.

은 만화왕국이라는 타이틀에 상응하게 콘텐츠의 양이 상당히 축적되어 있다. 한국 또한 최근 웹툰이나 과거 출판만화를 영화화하는 데 발 빠르게 움직이고 있다.

만화가 갖고 있는 서사 구조가 대중적이며, 캐릭터, 배경, 대사, 연출의 요소를 고스란히 갖고 있기 때문이다. 영화로 만들 때 따로 스토리보드를 만들지 않아도 될 정도이다. 이뿐만이 아니다. 2차 산업화가 손쉬워 애니메이션을 비롯해 뮤지컬, 연극, 게임, 캐릭터로도 활발하게 만들어지고 있다.

(4) 만화 스토리의 성공 조건

만화는 타 매체와 달리 1인 작가 시스템이다. 간편한 도구와 데뷔의 간소함으로 접근이 용이한 장르지만 반대로 많은 노동량이 요구되는 분야이기도 하다. 전통적으로 출판만화에서는 문하생 제도를 통한 공동 창작 시스템이 대부분이었다. 스토리와 그림이 완전하게 분리되지 않았지만 적어도 혼자서 모든 것을 다 감당하는 환경은 아니었다.

웹툰으로 게재, 배포 시스템이 바뀌면서 무수한 만화가 쏟아져 나왔으나 현재 일부 프로 작가를 제외하고 현실은 간단치 않다. 본인이 스토리와 배경, 컬러까지 모두 담당해야하는 과부하 시스템이다. 게다가 무료 콘텐츠라는 인식과 유통 구조의 전근대성으로 작가의 경제적 보상이 열악하다. 따라서 서찬휘는 이런 열악한 구조 속에서 훌륭한 스토리텔링이 나오기 힘드므로 충분한 경제적 뒷받침이 동반된 공동 제작 시스템도 활성화되어야 한다고 주장[7]했다.

만화의 완성도는 스토리의 전체적인 완결성도 중요하지만 연출과 그

---

7 서찬휘, 「한국만화, OSMU에 지나치게 매몰돼 있진 않은가?」, 부천국제만화축제 주제 컨퍼런스대회, 2013.

림 표현도 동반되어야 하기 때문에 어느 한 가지 요소가 중요하다고 할수 없다. 그럼에도 그림은 미숙하지만 훌륭한 스토리의 만화는 성공 가능성이 있으나 반대로 빈약한 스토리의 화려한 그림은 시장에서 외면받고 있다.

한국과 일본의 베스트셀러 만화 작품을 몇 가지 비교 분석해 보면 우리가 만화에 대해 찾는 그 해답을 어느 정도 찾을 수 있지 않을까 싶다.

(5) 성공 만화 콘텐츠의 스토리 분석

① 강풀의 〈순정만화〉(2003)

강풀[8]의 〈순정만화〉는 웹툰이 갖고 있는 장점을 극대화하여 성공한 작품으로 스토리텔링과 만화에 있어 자주 언급되는 작품이다. 2003년부터 6개월여 간 Daum에서 웹툰으로 연재된 작품으로 첫 온라인 장편만화라는 상징성을 갖고 있기도 하다. 순수한 어른과 소녀의 사랑 이야기와 일상적인 이웃들과의 관계도가 주제이다. 연재 당시 총 페이지 뷰 3,200만 회, 1일 평균 페이지 뷰 200만 회를 기록했고 단행본도 10만 부가 넘게 팔렸다. 일본에 출판 계약을 맺고 무빙카툰과 영화, 연극으로 만들어진 공전의 히트작이다.

간단 스토리

18세 여고생 한수영과 30세 회사원 김연우의 알콩달콩 사랑 이야기. 출근길 엘리베이터에서 아래층 여고생 수영과 마주친 연우. 수영이 교복 넥타이를 잃어버리고 나왔다며 연우의 넥타이를 뺏어간다. 연우는 당돌하긴 하지만 오히려 묘한 설렘을

---

8 본명 강도영(1974~). 만화가. 웹툰에서 스토리만화를 새롭게 장르화한 작가로 꼽힌다. 대표작으로는 〈바보〉, 〈아파트〉, 〈타이밍〉, 〈26년〉, 〈조명가게〉, 〈그대를 사랑합니다〉 등이 있다.

갖게 된다. 수영과 사귀게 되면서 자신과 가족의 상처를 이야기하고 연우는 그것
을 순수하게 감싸준다. 다른 커플인 고등학생 강숙과 하경은 어리숙하고 씁쓸하지
만 또 다른 사랑의 방식으로 진행된다. 네 사람이 그려가는 일상과 사랑의 이야기
가 애틋하고 소소하게 이어진다.

| 남과 다른 소재의 발굴

강풀이 이제까지 만든 웹툰들은 스토리의 완결성은 물론 소재의 참
신함이 강점이다. 〈순정만화〉에서 여고생과 30세 회사원이란 설정은 기
존에 작가들이 건드리지 않던 예민한 소재지만 강풀에겐 두근거리는 또
다른 사랑 이야기로 치환된다. 이와 같은 강풀의 새로운 소재 개발은 스
릴러를 제외한 작품에서도 발군이나. 바보와 피아니스트의 순애보적인
사랑을 그린 〈바보〉, 노인들의 일상과 사랑 이야기를 그려내 많은 이들
이 공감했던 〈그대를 사랑합니다〉와 같은 경우와 같이 일상적이지만 조
금은 특수한 위치에 있는 사람들이 주인공이다. 그들이 만드는 이야기
는 소소하지만 그래서 더욱 새로운 판타지를 제공한다.

그 배경은 실사화면처럼 현실적이다. 산동네 골목과 오래된 아파트
와 빌라, 낯설지 않은 단독주택까지 일상과 서민의 삶이 배경이다. 일
상의 판타지라고나 할까, 공감과 동감을 동시에 이루어내는 설정이다.
강현구는 〈순정만화〉에서의 물 흐르듯 자연스럽게 이어지는 이야기 구
조가 독자에게 자연스럽게 읽히지만 그 과정은 그 극점을 향해 사건의
진행만큼 꼭 값하며 앞으로 진전되는 것이어서 긴장감이 있다[9]고 해석
했다.

---

9   강현구, 「강풀 장편만화 스토리텔링의 경쟁력」, 『인문콘텐츠』 제10호, 2007, 257쪽.

| 일상적 캐릭터와 배경

〈순정만화〉에 대한 연구는 활발하다. 임혜선은 〈순정만화〉의 스토리 성공 요인을 네 가지로 꼽는다. 일상적 캐릭터와 공간 활용을 통한 정서적 공감 극대화, 상징적 도구를 통한 문학성 강화, 칸의 생략과 영화적 장면 연출, 웹툰이 가지고 있는 장점 특화, 댓글을 통한 대중과의 소통 등[10]이다. 이는 달리 말하면 복선과 내레이션, 그리고 영화적 기법을 소화시켜 웹툰 만이 갖고 있는 컬러와 스크롤 효과, 그리고 댓글을 통한 커뮤니케이션이 중요하게 작용했다는 이야기이다.

이처럼 〈순정만화〉는 웹툰에게 있어 새로운 가능성을 주었고 스토리텔링이 우수한 이야기도 충분히 웹툰에서 가능하다는 실험을 성공시켰다(그 이전의 웹툰은 가벼운 에세이툰이 대세였다).

② 우라사와 나오키의 〈몬스터〉(MONSTER, 1994)

탁월한 이야기꾼으로 알려진 일본의 중견 만화가 우라사와 나오키[11]의 대표작품이다. 1994년부터 2001년까지 연재돼 18권의 단행본으로 나왔다. 애니메이션으로도 성공한 이 작품은 미국에서 드라마와 영화화될 예정이기도 하다. 작가가 즐겨 사용하는 스릴러와 이국적인 배경, 그리고 흥미진진한 스토리가 강점이다.

간단 스토리

1980년대 독일 병원에서 근무하는 일본인 외과의사 텐마는 소년 요한을 치료해 그의 목숨을 살리지만 유력자를 먼저 수술하지 않았다는 이유로 어려운 입장에 처

---

10 임혜선, 「강풀의 웹툰 〈순정만화〉 스토리텔링 연구」, 단국대 석사학위논문, 2012, 27~49쪽.

11 浦沢直樹(1960~). 1983년 데뷔해 만화단행본 판매부수만 1억 부가 넘은 인기 만화가. 대표작으로 『YAWARA』 『파인애플 ARMY』 『MASTER 키튼』 『MONSTER』 『20세기 소년』이 있다.

한다. 어느날 병원 몇 명의 관계자들이 살해되고 요한은 사라진다. 9년 후, 요한과 재회하면서 텐마는 그가 살인마라는 사실을 알고 그의 뒤를 쫓는다.

| 진지한 주제를 감칠맛 나게

〈몬스터〉 작품이 가지고 있는 가장 기본적인 미덕은 스릴러의 긴박감 넘치는 구조에 인류의 구원이나 선악과 같은 진지한 주제를 잘 활용했다는 데 있다. 인간의 본성에 대한 통찰력을 다룬 역작이라는 평가와 함께 '유럽 전역을 넘나드는 블록버스터급 배경 설정과 디테일한 고증들은 이야기의 스케일과 사실성을 극대화'한 점이나 '다양한 캐릭터들과 에피소드들은 이야기의 시선도를 유지'[12]시키는 역할을 해냈다.

| 인간 근원의 문제를 사회문제로 빗대 표현

선악의 대결과 구도는 이전의 수많은 문학이나 예술에서 다루어진 주제이며, 일본 만화에서도 흔히 다루어진 주제였다. 선악의 대결에서 정의가 무엇인가에 대한 진지한 성찰과 그 가운데 벌어지는 사건과 다양한 캐릭터들은 매력적이다. 우라사와는 그것을 이국의 숨은 정치 사회 문제에서 찾았다. 보편적인 '정의'에 대한 회의(懷疑)를, 작가는 한국 영화감독 봉준호와의 대담에서 이렇게 말했다.

'선'과 '악'이라도 그 때의 사회의 틀에서 무엇이 '선'인지 무엇이 '악'인지 확실하지 않을 때가 있습니다. 《20세기 소년》에서 '정의의 아군'이라고 말하는 것이 나옵니다만, 그 '정의'는 무엇인가, 그 때의 사회 정세에 의해 바뀌는 것으로 우리들은 과연 보편적인 '정의'에 대해 생각하고 있는 인간들인가, 라고 생각했습니다.[13]

---

12 오늘의 책 리뷰, 섬 블로그(http://blog.naver.com/island4j).

13 「대담. 봉준호×우라사와 나오키」, 《피아》, 2006. 9. 1. http://www.pia.co.jp/interview/guemuru/

그러고 보면 우라사와가 가지고 있는 서사들의 공통점 중의 하나는 사회적 문제를 빗대 주제를 설명하려 한다는 것이다. 오사카 만국박람회와 일본 사회의 어두운 면을 다룬 〈20세기 소년〉(1999)이나 만화가를 소재로 다루면서 역시 선과 악, 음모를 내러티브로 만들고 50년대 시대상을 반영한 최근작인 〈BILLY BAT〉(2008~)에 이르기까지.

③ 야마자키 마리의 〈테루마에 로마에〉(THERMAE ROMAE, 2008)

야마자키 마리[14]의 만화로 2008년부터 연재되고 있고 단행본 6권, 영화, 애니메이션으로 만들어져 일본 전역에서 흥행에 성공했다. 이탈리아에 살면서 외국 생활의 경험이 풍부한 여성이 일본과 이탈리아 모두 목욕 문화에 대해 선호도가 높은 것에 착안, 새로운 아이디어의 만화가 나왔다. 일상에서의 관찰과 이야기 구성 능력만 있다면 어느 누구라도 충분히 훌륭한 콘텐츠 창작자가 될 수 있다는 가능성을 보여준 작품이다.

간단 스토리

AD 130년대 고대 로마의 목욕탕 설계기사 루시우스는 새로운 욕탕 설계에 관심이 많다. 어느 날 우연히 공중목욕탕에서 배수구로 빨려들어가 21세기 일본으로 타임리프하게 되고 현대 문명과 일반 목욕탕의 구조에 놀란다. 온갖 기묘한 문명과 일본의 목욕 문화, 그리고 각종 목욕 도구에 충격을 받은 루시우스는 그것을 로마에 벤치마킹해 새로운 목욕 문화를 만들기 시작한다.

| 관찰력은 스토리 컨셉을 좌우한다

목욕이라면 둘째가라면 서러워 할 일본인과 로마인이 서로 만난다

---

urasawa_juno2.html.

14 ヤマザキマリ(1967~). 일본의 만화가로 이탈리아에서 미술사를 공부하고 1996년 에세이 만화로 데뷔했다. 연재 중인 〈테루마에 로마에〉로 인가작가 반열에 올랐다. 한국어 버전은 〈테르마이 로마이〉이다.

면? 로마인이 만일 현대 일본의 대중목욕탕이나 온천에 온다면 뭐라 할 것인가? 라는 기발한 상상력이 더해진 스토리이다. 신선한 착상과 꼼꼼한 취재로 두 나라 간의 목욕 문화가 시공간을 뛰어넘어 흥미를 유발한다. 재미있다, 흥미진진하다, 라는 콘텐츠의 최우선 조건들을 다시 생각하게 하는 작품이다.

| 상상력은 주변에서부터

생각해보면 이런 목욕 문화뿐 아니라 우리가 주목해야 할 일상에서의 문화적 소재는 많다. 한국의 목가구 공예는 세계적이며 짚풀공예와 한지(韓紙)도 마찬가지다. 요즘 전통 문화 소재 개발이 활발하게 논의되고 실제 제작되고 있지만 대중화는 아직 멀기만 하다 소재도 좋지만 이것을 어떻게 엮고 개발하고 흥미있게 펼칠 공간을 주어야 한다. 가령 어떤 지역에서 탈춤이 훌륭한 자원이고 매력적이라 하더라도 이것을 작가들이 주목하지 않으면 의미가 없다. 차라리 만화가들을 초청해서 1주일간 먹고 자며 즐기게 하면 새로운 작품이 탄생하지 않을까? 경험하고 관찰하면 더 많은 스토리와 설정이 나올 것이다.

4. 애니메이션의 가능성

애니메이션(animation) 또는 만화영화로 불리는 장르, 필름 대신 그림으로 움직이는 영화라고도 표현할 수 있겠다. 가장 청소년에게 어필하는 장르인 동시에 똑같은 이야기라도 애니메이션은 관객에게 보다 쉽고 감성적으로 어필하는 수단이다.

왜 영화보다 애니메이션이 많은 이들에게 감성적이며 오랫동안 어필하느냐에 대한 연구는 아직 미비하지만, 많은 사적 경험담에 의한다면

'애니메이션은 영혼마저도 뒤흔드는' 감성 콘텐츠이자 개인의 삶의 추억으로 오롯이 간직하는 매개체이기 때문일 것이다. 남녀노소 누구나 쉽고 대중적으로 즐길 수 있는 매체라는 차이가 있다.

그러나 한국에서는 아직 국산 애니메이션이 감성 시장에서 차지하고 있는 비율이 낮다. 외국 애니메이션이 매체를 거의 독점하는 상황에서 한국 애니메이션은 실제로 관객들의 외면을 받아왔다. 외국의 하청을 받는 구조에서부터 자체 오리지널 애니메이션은 상업 관객을 모으는데 실패하고, 유아용 애니메이션이 그나마 버티고 있는 실정이었다. 하지만 최근 일부 국산 애니메이션의 성공으로 애니메이션산업에 대한 긍정적 신호가 오고 있긴 하다. 그러나 역시 스토리와 투자가 선행되지 않으면 인프라가 열악한 상황에서의 반전은 쉽지 않아 보인다.

1) 애니메이션의 현재와 미래

보통 세계 애니메이션 시장은 몇 개의 나라가 주도하고 있다. 미국과 일본, 그리고 아시아 일부이다. 디즈니로 대표되는 미국의 애니메이션은 대체로 모험과 성장 혹은 코미디의 결합으로 선과 악의 구도가 많다. 해피엔딩은 물론 미국적인 가치관을 은근히 강조하기도 한다.

상상력을 원천으로 즐거움을 배가시키는 전략이 헐리웃의 애니메이션 전법이다. 〈슈렉〉처럼 동화의 경계를 넘나들며 흔히 이야기하는 '부르주아 가족 이데올로기와 휴머니즘이 선으로 작용하는 세계'[15]로도 평가받고 있다.

이에 비해 일본 애니메이션의 특징은 치열한 국내 경쟁과 풍부한 만

---

15 고민정, 「디즈니 애니메이션의 환상성 연구 : 장편 애니메이션을 중심으로」, 중앙대 석사학위논문, 2007, 62쪽.

화 원작의 바탕 위에 감각적이고 트렌디하다. 대부분의 애니메이션은 인기 만화 원작을 옮기거나 가공한다. 다양한 소재와 기법 등 가히 애니메이션 천국이라 할 만하다. 아마도 박정배의 지적처럼 내용적인 면에서 '폭력과 섹스의 절묘한 사용과 사이버시대에 맞는 관음적인 표현들, 그리고 어린이들의 심리를 정확히 읽어 그들의 금기사항을 풀어주는 단순화와 심리적 구조에 대한 완벽한 이해'[16]가 일본 애니메이션의 특장점일 것이다.

한국은 해방 이후 외국 하청으로 발전해 독자적인 기술을 갖추었으나 오리지널 시나리오의 부족과 투자 실패 등 여러 요인으로 아직 적정한 인프라를 갖고 있지 못하지만, 다수의 젊은 창작자가 해마다 수없이 쏟아져 나오고 있고 제작되는 단편애니메이션의 양, 질을 어느 정도 담보하고 있어 위기와 가능성이 상존하고 있다고 해도 과언이 아니다.

	장점 및 강점	약점	전망	스토리의 특징
미국 애니메이션	· 오랜 역사와 전통 · 세계시장 석권의 노하우 · 세계 최고의 스토리텔링 전문가 · 표현의 자유 보장	· 단순한 플롯 · 원작의 고갈 등 콘텐츠 부족	· 새로운 돌파구로서의 뉴미디어 · 강력한 배급망	· 직선적이고 선명한 내용과 확연한 스토리
일본 애니메이션	· 고도로 훈련된 인력과 기술 · 수준 높은 스토리라인과 창작 경험 · 풍부한 콘텐츠와 강력한 2차산업 시스템 · 국내 시장의 경쟁력	· 복잡하고 난해한 스토리 · 폭력적이고 선정적인 장면 · 게임, 인터넷, 모바일 등 강력한 경쟁 분야 등장	· 강력한 팬 층 · 축적된 노하우	· 다양하고 새로운 콘셉트 · 캐릭터 성의 우월함 · 익숙한 요소(폭력, 액션과 스타일리쉬한 작화)

16 박정배, 『아니메를 읽는 7가지 방법』, 미컴, 1999, 38쪽. 전용균, 「일본 애니메이션 수용자 연구 : 수단─목표 사슬 모델」, 전남대 석사학위논문, 2000, 19쪽 재인용.

	장점 및 강점	약점	전망	스토리의 특징
한국 애니메이션	· 고도의 숙련된 인력과 기술력 · 풍부한 제작 경험 · 정부의 지원 및 위상 강화 · 제작비 저렴	· 자체 콘텐츠 경험 부족 · 하청 위주 창작시스템으로 창작 스토리 개발 부족 · 투자 부족	· 미국, 일본 애니의 대안 · 유아용 에듀테인먼트 우수	· 다양한 소재 · 청소년과 아동에 맞는 스토리 위주
중국 애니메이션	· 1950년대 애니메이션 강국의 경험 · 외국 애니메이션 규제와 자국 산업 발전 유도정책 · 풍부한 인력과 자원 · 세계 최고의 자국 시장	· 창작 애니의 부족 · 과도한 규제	· 풍부한 시장 · 산업 발전 가능성 · 정부의 강력한 지원 정책	

〈표 1〉 각 나라별 애니메이션의 특징

2) 스토리와 인프라가 함께 실패한 한국애니메이션

'애니메이션의 산업적 가치는 모두들 인정하고, 그것을 통한 창구효과 (window effect)나 One Source Multi Use에 대해서는 관심을 보이지만, 그 것이 서사와 어떻게 결합해야 하는지에 대해서는 지나치게 무관심하다'.[17]

박기수의 지적은 타당하다. 그만큼 애니메이션 분야가 낮은 인식과 인프라 부족으로 고군분투해왔다는 반증이기도 하다. 한국 영화의 서사가 산업의 발전과 함께 눈부시게 발전한 상황과 정반대의 위치에 있었다.

하지만 세계에서 만화, 애니메이션의 인프라를 이 정도 가지고 있는 나라도 많지 않다. 따라서 일정한 산업 형태를 지니고 꾸준하게 진전된 것 자체로도 한국 애니메이션계의 가능성은 충분하다. 더구나 외국 하청이나 최근의 헐리웃까지 진출하는 특수효과 기술까지 더하면 인프라

---

17 박기수, 「애니메이션의 서사구조와 전략」, 논형, 2004, 421쪽.

는 어느 정도 갖추었다고 보면 된다. 만화, 애니메이션의 강소국으로서의 가능성은 충분하다는 이야기이다.

문제는 스토리이다. 많은 만화 원작이나 오리지널 애니메이션의 도전과 실패가 있었다. 시장에서 성공하지 못한 이유는 여러 가지가 있겠으나 관객들의 눈높이를 맞추지 못한 것이 가장 크다. 단순히 헐리웃이나 일본 '아니메'와 같은 외국 애니의 높은 레벨 차원이 아니라 이야기가 관객을 사로잡지 못한다는 것이다.

이전의 실패 사례를 되짚어 볼 필요가 있다. 박기수는 〈하얀 마음 백구〉(2000)가 돌아온 백구라는 설정은 완성도 높은 서사구조이지만 투견을 소재로 했다는 점에서 아동 대상 콘텐츠에서 문화적 장벽이었다고 평가하고, 〈원더풀데이즈〉(2002)는 비시적 콘텐츠들 즉, 국악 OST나 하회탈 같은 코드가 텍스트와 유기적으로 어울리지 못한 것이 패인이라고 분석[18]했다. 만화 원작을 토대로 만든 〈아마겟돈〉(1995)이나 〈신 암행어사〉(2004)도 실패를 거듭했다. 창작은 타깃과 제작에서 애니메이션의 특성을 간과한 결과로 보인다. 여기에 더한다면 국내 애니메이션에 대한 인식이나 기대치가 낮아 관객들의 호응도가 높지 않은 것도 있을 것이다.

이런 실패를 딛고 최근엔 완성도 높고 대중적이거나 실험적인 유의미한 움직임이 많아지고 있어 희망적이다. 저예산 단편 애니메이션은 이미 기초를 다지고 있고 극장용 〈마당을 나온 암탉〉(2011)과 오리지널 시나리오인 〈돼지의 왕〉(2011)의 높은 평가는 고무적이다.

---

18 박기수, 앞의 논문, 49쪽.

3) 국산 애니메이션의 블루오션, 유아 콘텐츠

국내 애니메이션은 오히려 유아 애니메이션에서 두각을 나타내고 있다. 한국에서 성인과 청소년용 애니메이션이 힘들다고 하지만 아동용 장르에서는 발군의 기량을 뽐내고 있다. 그래서 한국 애니메이션의 성공 모델은 유아용 콘텐츠들이다.

현재 국산 TV 애니메이션과 인터넷 애니메이션의 성공으로 캐릭터 시장 또한 이전의 외국 캐릭터 과점에서 점차 국산의 위력을 발휘하고 있다. 애니메이션 캐릭터들의 발군의 노력에 힘입어 현재 국산 캐릭터 점유율이 높아지고 있다. 2010년 28%이던 비율은 2011년 34%로 증가했을 정도[19]로 애니메이션의 인기가 한몫했다.

① 뽀롱뽀롱 뽀로로(2013~)

8500억 원에 달한다는 브랜드 가치를 자랑[20]하는 한국 애니메이션. 2000년대 이후 새로운 이정표를 제시해 준 아동용 콘텐츠란 찬사를 받고 있는 〈뽀로로〉는 1,600여 점의 캐릭터 상품이 있을 정도로 파급력을 지닌, 2013년 현재에도 가장 핫한 캐릭터이다. 〈뽀롱뽀롱 뽀로로〉란 제목으로 2002년 오콘, 아이코닉스, 하나로 텔레콤, EBS가 공동 제작한 콘텐츠로 펭귄 주인공 뽀로로와 그의 친구들이 눈 덮인 마을에서 생활하며 문제를 해결한다는 설정이다.

| 소재 및 설정

유아용 콘텐츠들이 갖는 일반적인 고려 외에도 5세 이하 미취학 유

---

19 2011년 캐릭터산업 주요 이슈 및 2012년 상반기 주요동향, KOCCA 콘텐츠산업정보포털, 2013. 8. 7. http://www.kocca.kr/knowledge/publication/indu/1815746_4461.html

20 권세욱, 「정부, 1000억 원 규모 '지식재산' 투자 펀드 만든다」, 《SBSCNBC》, 2013. 7. 30.

아들을 대상으로 귀여운 캐릭터를 만들되 눈높이와 동질감을 배려했다. 머리와 몸이 반반의 비율인 1.9등신인 아기 펭귄 뽀로로는 유아들과 비슷한 신체구조와 뒤뚱뒤뚱 걷는 모습도 유아들을 흉내냈으며, 공군 모자와 고글은 아이들의 엉뚱한 상상력을 자극하고 정서적 안정감을 주는 색상을 사용하는 등 기획 단계에서부터의 철저한 조사가 강점이다.

| 캐릭터

다면적인 캐릭터들이다. 최근의 경향은 단순한 한두 가지의 성향으로는 만족시킬 수 없다. 또한 눈에 띄는 것은 전통적인 장난꾸러기나 순종적인 여성 캐릭터, 배려 깊거나 혹은 말썽장이 캐릭터들이 기존의 정형성에서 벗어나 좀 더 다양한 성격을 갖고 있다는 점이다. 특히, 90년대 이후 가장 큰 특징은 우울한 유아, 아동 캐릭터가 전체 극적 구성을 긴장감 있게 끌고 간다는 사실이다.

캐릭터 이름	설정	캐릭터 성격
뽀로로	펭귄	왕성한 호기심과 전향적인 성격, 분위기 메이커이자 장난꾸러기
패티	소녀 펭귄(2기)	활달하고 사교성과 운동 만능
루피	비버	우울하고 섬세함, 모범소녀 이미지
크롱	아기 공룡	다혈질이며 장난꾸러기
포비	북극 곰	15살 맏형이자 낭만적이며 사람 좋고 묵묵하며 믿음직한 캐릭터
해리	벌새(2기)	벌새로 노래와 춤이 무기, 부산스러움
에디	여우	우울한 여우로 참견형, 상상력이 풍부함
통통이	마법사 드래곤	판타지 담당

뽀로로는 철저한 기획상품이자 공동 제작의 장점을 극대화시킨 작품이다. 그리고 한편으로는 아이들을 정확하게 관찰하고 예측한 결과물을

만들어 냈으며, 유아용 서사에서 특화된 이야기 구조도 만들어 냈다.

② 냉장고 나라 코코몽(2011~)

코코몽은 〈뽀로로〉에 이어 유아들의 킬러 콘텐츠로 인기를 얻는 작품으로 올리브스튜디오가 제작하고 2008년부터 EBS에서 방영되었다. 애니메이션, 캐릭터는 물론 놀이공간, 뮤지컬로도 히트를 기록했다.

| 소재 및 설정

4~7세 유아 대상이며 가장 눈에 띄는 것은 냉장고 속 채소와 과일을 소재로 했다는 것이다. 제작자가 아이와 냉장고 먹거리를 이야기하다 아이디어를 찾았다고 한다. 냉장고 속 채소와 과일이 동물로 변신한다는 소재가 탁월하다. 설정에서 다른 유아 애니와 다른 점은 에듀테인먼트적 요소가 강하다는 것이다. 교육적 효과를 염두에 두어 예를 들면, 유아기 아이가 먹고 자고 놀고 공부하는 기본적인 학습 과정을 전체 스토리에서 교육하는 효과를 노리고 있다. 기존의 만화, 애니메이션보다 적확하게 내용을 부각시킨다.

| 캐릭터

전형적인 장난꾸러기와 악당 퇴치 구도지만 역시 냉장고의 야채와 동물의 변환 캐릭터라는 독특한 설정과 공간, 그리고 에듀테인먼트 요소가 성공의 비결이다.

캐릭터 이름	설정	캐릭터 성격
코코몽	소시지 → 원숭이	호기심과 손재주, 신기한 발명품, 사교적이며 열정적
로보콩	로봇	채소, 과일을 먹으면 변신
아로미	삶은 달걀 → 토끼	새침, 눈물 많고 논리적이고 지혜로움

캐릭터 이름	설정	캐릭터 성격
케로	당근 → 당나귀	멋쟁이, 건망증
아글	오이 → 악어	요리 재주, 예민, 오지랖
두리	무와 버섯 → 하마	그림 재주, 배려적
파닭	파 → 닭	사고뭉치, 낙천적
토리	도토리	지식왕, 참견왕
두콩/세콩/네콩	완두콩 → 너구리	좌충우돌 삼형제
오몽	새우튀김 → 강아지	
봇콩이	로봇	채소와 과일로 원기회복한 로봇콩은 냉기(냉장고)를 발사해 악당을 처치한다.
세균킹	곰팡이 난 귤 → 쥐	악당 두목
갑지팡	꼼쌍이 난 감자 → 쥐	악당, 설탕과 기름기 좋아하며 채소 싫어함
캔디팡	사탕 → 고양이	악당 여성 캐릭터

이들 작품의 에피소드 예를 조금 살펴보면 설정과 스토리 진행에 대해 이해가 빠를 것이다.

코코몽 시즌 2 24화 '일찍 잠을 자요'

밤늦게까지 동화책을 읽다가 잠이 든 아로미와 두콩 세콩 네콩이. 결국 부지런한 아로미마저도 늦잠을 자고 만다. 하루 종일 밥도 잘 못 먹고 힘이 없는 아로미와 완두콩들을 보고 또 못된 계획을 세우는 세균 킹. 밤새 놀아주며 아이들의 잠을 방해할 이야기 팡을 보낸다. 완두콩들과 아이들은 하나둘씩 이야기 팡에 홀려서 잠을 안 자게 된다. 아무리 재밌는 책이나 만화라도 밤늦게까지 무리해서 보면 아침에 일어나기 힘들다는 사실을 일깨워 준다.

4) 일본 애니메이션, 스토리의 힘

일본 애니메이션의 성공 스토리 모델은 많다. 그 중에서 대표적인 미야자키 하야오의 〈이웃의 토토로〉와 〈에반게리온〉의 스토리를 간단하게나마 일별한다.

① 〈이웃의 토토로〉(1986)

1986년 스튜디오 지브리(Studio Ghibli)와 도쿠마쇼텐(德間書店)이 공동으로 제작하고, 미야자키 하야오[21] 감독이 연출한 2D애니메이션이다. 꼬마소녀들과 정령들의 따듯한 어울림을 50년대 일본 농촌을 배경으로 만든 작품.

간단 스토리

1955년 일본의 시골 마을에 사츠키와 메이 자매가 아빠와 함께 도시를 떠나 이사를 온다. 자매는 새로운 환경에 대한 호기심으로 들뜨고 사츠키가 학교에 간 뒤, 혼자 숲에서 놀고 있던 메이는 눈 앞을 지나가는 조그맣고 이상한 동물을 발견한다. 그리고 뒤를 쫓아 숲속으로 들어가 도토리나무의 요정인 토토로를 만난다. 어느 날 정류장에서 우산을 들고 아빠를 기다리다가 사츠키도 토토로를 만나게 되고, 비를 맞는 토토로에게 우산을 빌려주자 토토로는 답례로 도토리 씨앗을 건넨다. 토토로와의 만남으로 행복감에 부풀어 있는 사츠키와 메이. 어머니의 퇴원이 연기되었다는 전보가 오고 메이는 어머니에게 줄 옥수수를 따러 갔다가 길을 잃는다. 결국 사츠키와 메이는 고양이 버스를 타고 엄마가 있는 병원으로 간다.

우리가 이 스토리에서 주목할 점은 기본적으로 미야자키가 갖는 소

---

21 宮崎駿(1941~). 일본의 애니메이션 감독, 제작자. 스튜디오 지브리 대표를 역임했고 대표작으로는 〈미래소년 코난〉 〈바람계곡의 나우시카〉 〈천공의 성 라퓨타〉 〈마녀의 택배〉 〈센과 치히로의 행방불명〉 등이 있다.

녀와 자연환경, 그리고 인류애라는 감독의 철학을 떠나 대중에게 공감을 주는 공간과 이야기라는 것이다. 시골의 정취가 물씬 풍기는 과거의 공간을 배경으로 가상의 캐릭터 토토로와 소녀라는, 스케일은 작지만 공간은 더 없이 아름답고 친근하다. 더구나 가족애를 주 테마 중에 하나로 다루었기 때문에 아이들과 함께 성인 관객들도 쉽게 감정 이입을 하게 된다.

물론 일본 전통의 샤머니즘적인 요소 즉, 정령이 있다고 믿는 사회적 배경이 이 작품을 탄생하게 하는 결정적 요소인 것은 확실하다. 일본인들에게 있어 자연과 동물에 대한 믿음은 민간 신앙 이상이다. 그러나 그런 기본적인 특수성을 제외하고서라도 서사와 캐릭터는 단순하면서 명쾌하나.

캐릭터 이름	설정	캐릭터 성격
사츠키	주인공. 초등학교 6학년생	여동생 메이를 잘 보살피며 활기찬 성격
메이	4살의 동생	호기심이 많은 여동생
아빠	고고학 연구자	온화한 성격
엄마	결핵을 앓고 있으며 입원 중	딸들을 언제나 걱정하는 배려 깊은 성격
칸타이	사츠키의 동급생	
토토로	불가사의한 생물	동심으로만 보이는 존재
고양이 버스	버스모양을 한 큰 고양이	
껌정이	빈집에 사는 그을음 형태의 작은 정령들	

이들 캐릭터들을 살리는 것은 서사이고 그 서사를 수채화 풍의 아름다운 화면의 2D애니메이션이 뒷받침해 주고 있다. 토토로의 이야기 구조에서 여러 차용된 익숙한 이야기 구조를 찾는 논평도 있다. 이승진은

〈이웃의 토토로〉에서 기본 얼개를 〈이상한 나라의 엘리스〉를 염두에 두었음을 지적하며, 고양이가 이세계(異世界)와 현실문명의 양면성[22]을 부여하고 있다고 본다. 또한 토속적인 세계와 일상, 비일상 세계가 혼재하는 공간에서 〈이상한 나라의 엘리스〉를 차용하여 캐릭터와 선명하게 대비시키고 한편으론 일본 전래동화인 〈삿갓 지장보살〉과 같은 불교 동화에 나오는 '선의의 전달로 인한 보은'이라는 동심과 가족애로 치환시켰다[23]라고 주장한다.

사실 미야자키 하야오는 1978년 〈미래소년 코난〉으로 감독 데뷔하기 전 〈플란다스의 개〉나 〈엄마 찾아 3만리〉 등의 외래 동화 원작의 작품을 꾸준히 만들어 충분히 훈련이 된 상태였다. 데뷔작 〈미래소년 코난〉 또한 미국 작가 알렉산더 케이의 SF소설 『살아남은 사람들』(원제 'The Incredible Tide')을 원작으로 한 TV 애니메이션이었다.

따라서 수많은 원작 바탕의 애니메이션을 만들면서 스토리의 완결성을 배우고 터득해 자신이 그동안 꿈꾸어 왔던 환경과 평화, 또는 인간의 문명에 대한 비판 의식을 애니메이션으로 만들어 냈다.

② 〈신세기 에반게리온〉(Neon Genesis Evangelion, 1995)

미야자키 하야오의 인간애나 문명비판, 그리고 오시이 마모루와 같은 사이버 펑크 계열[24]은 일본 애니메이션의 격을 한 단계 높이고 서사에서도 높은 점수를 받았다. 그러나 보다 대중적이지 못하고 마니아나 예술로서 한계를 어느 정도 보일 즈음, 신선한 충격으로 다가와 공전의

---

22 이승진, 「〈이웃집 토토로(となりのトトロ)〉의 이야기구조에 대하여」, 『일본문화연구』 Vol. 45 No. 1, 2013, 384쪽.

23 위의 논문, 391쪽.

24 사이버펑크(cyberpunk)계열 : 80년대 이후 등장한 과학기술과 그에 따른 병폐를 다룬 가까운 미래의 이야기. 오시이 마모루의 〈공각기동대〉와 오토모 가츠히로의 〈아키라〉 등이 대표작이다.

흥행을 기록한 애니메이션이 바로 〈신세기 에반게리온〉이다.

1995년 10월 TV도쿄에서 첫 시작을 알린 〈신세기 에반게리온〉은 기존의 문법을 완전히 뒤집었다. 예술이거나 흔하디흔한 만화의 원작 애니메이션이 아닌 그 중간지점에서 밀도있고 보다 관객을 강하게 유인하는 이야기로 다가왔다.

'오타쿠 창작집단'이라고 불리는 GAINAX와 안노 히데아키 감독을 중심으로 만든 작품이며, 일본 애니메이션 역사에서 로봇 애니메이션의 변곡점 중 하나이다.[25]

간단 스토리

2000년 해수면의 상승, 천재지변, 경제 붕괴, 민족 분쟁, 내란, 인구수의 격감 등 재난 '세컨드 임팩트'가 닥친다. 그리고 사도(使徒)로 불리는 정체불명의 거대 전투 병기 군단이 위협해 오고 14살의 신지는 유엔 비공개조직 NERV 총사령관인 겐도(아버지)에 의해 부름을 받아 거대한 병기 에반게리온(에바)의 파일럿이 되어 습격하는 사도와 싸우게 된다. 생체 전투병기 '에반게리온'은 에바 0호기, 에바 초호기, 에바 2호기에 레이와 신지, 아스카가 선발되어 사도들과 목숨을 건 전투를 벌인다. 네르프와 그 뒤의 비밀스러운 조직 제레, 그리고 수수께끼의 거인 릴리스, 인류 보완 계획 등의 미스터리 등이 다양하게 펼쳐진다.

이전에 보지 못했던 보다 현실적인 캐릭터들과 복잡한 세계관이 흥미를 유발하고 수많은 연결고리가 관객이 작품에 몰입하게 한다. 또한 등장하는 인물들은 명료한 개성과 역할을 갖고 있다. 예를 들어 주인공 신지는 내성적-성장통-부성과 모성애의 상처 속에서 방황하고 고뇌하는 역할이며, 레이는 신비-모성애 구도, 그리고 아스카는 자의식-상

---

25 가장 첫 번째는 안드로이드(인조인간) 계열의 〈철완 아톰〉(데즈카 오사무)이다. 두 번째는 70년대 조종형 로봇을 선보인 〈마징가 Z〉(나가이 고)이다. 에반게리온은 생체로봇이다.

처-화해라는 주인공 간의 정체성이 구별되며 전체 서사를 이끈다.

그리고 이 애니메이션의 스토리에서 가장 큰 얼개는 '수수께끼'이다. 같이 퀴즈를 내고 한번 복잡하게 분석을 해보자는 식이다. 그 수수께끼를 더욱 돋보이게 하는 것은 바로 종교와 정신분석학에서 나올 법한 심리적 요소들이다.

독일어로 복음의 의미를 가진 '에반게리온'은 절대 진리나 신세기 새로운 창세기 복음이라는 의미이다. 더구나 사도는 이곳을 침범하는 외적(外敵)이지만 알고 보면 12명의 엔젤(천사)이라는 이중적인 뉘앙스도 있다. 이렇게 화려하고 거대한 설정이지만 빠른 전개와 예상치 못한 결말이 관객을 빨아들인다. 한편으론 전형적인 섹시하고 깔끔한 일본 애니 특유의 캐릭터들이 이런 심각한 연기를 천연덕스럽게 재연한다.

이렇게 미로를 만들고 흥미를 유발하고 관객을 자극한다. 게다가 소외나 우울 같은 코드들은 이전 애니메이션에서는 볼 수 없었지만 1990년대 세대들에겐 익숙한 심리적 환경들이었다. 그만큼 콘텐츠의 서사는 당대의 젊은이들, 혹은 마니아들을 매혹의 세계에 빠지게 해야 한다.

관객들과 추종자들을 거느리고 텍스트를 이해하기 위해 따로 연구하고 공부까지 하게 만드는 작품. 그리고 하나의 문화현상이 되는 것, 그것이 〈에반게리온〉의 가장 큰 성과이자 21세기형 모델이다.

5. 소결

창작콘텐츠는 엔터테인먼트의 핵심이며, 앞으로 그 전망은 긍정적이다. 다만 한국에서의 콘텐츠 기획과 제작은 보다 레벨을 높힐 필요가 있다. 경쟁력있는 서사의 중요성을 공감하고 체계화할 필요가 있다. 나아가 일시적인 유행을 뛰어넘어야 한다. 한류로 대표되는 '한국적인 것'이 특화와 공감은 어느 정도 성공할 수는 있겠지만 대중은 변덕이 심하다. 한때 아시아를 휩쓸었던 홍콩의 영화들을 상기해도 그렇다.

그리고 창작콘텐츠를 만드는 아이디어나 스토리를 매뉴얼과 공식으로 설명하고 그것을 충실하게 따른다고 해서 멋진 이야기가 나오는 것도 아니다. 성공한 예에서만 그 비결을 찾는 것도 한계가 있다. 그리고 우리는 작가 개인이 가지고 있는 경험과 감성을 어떻게 체계화시킬 수 있는지도 명료하게 공식화할 수 없다. 그럼에도 우리가 창작콘텐츠의 서사를 강조하는 것은 앞으로도 미래세계에서도 결국 콘텐츠의 힘은 스토리가 좌우하기 때문이다.

수많은 만화가들이 펜 대신 컴퓨터로 작업을 하든 애니메이션이 첨단 메커니즘에 의해 만들어진다고 해도 결국 그것을 이끄는 출발은 '이야기'이기 때문이다.

그리고 결국은 인프라 이전에 우리는 더욱 작가와 기획자의 아이디어를 위해 자유로운 상상력을 먼저 허락해야 한다. 그 바탕은 '표현의 자유'이어야 한다. 표현의 자유야말로 스토리텔링의 가장 큰 과제이자 뿌리이다. 상상력은 자유로운 영혼들의 틈 속에서 속삭이며 성장하고 빛을 발한다.

방송, 스토리텔링하다
Storytelling in Documentary Program

김정희

1. 성공적인 스토리텔링

1) 기획

성공적인 스토리텔링의 출발은 좋은 스토리를 찾아내는 작업이다.

문학 작품처럼 방송 프로그램(드라마, 다큐멘터리, 종합 정보 프로그램, 연예 오락, 뉴스 등)에서도 스토리텔링의 기본 원칙은 같다. 스토리를 시청자에게 더 잘 이해시킬 수 있는 방법이다.

세상의 모든 이야기에는 화자의 뜻이 담겨져 있다. 프로그램도 마찬가지다. 그것이 어떤 프로그램이건 이 이야기를 통해서 무엇을 말할 것인가가 분명히 숨어 있다.

기획은 프로그램에서 말하고자 하는 바, 주제, 메시지, 콘셉트 즉 'what'을 결정하는 일이다.

'What'을 효과적으로 전달하는 도구가 바로 아이템, 소재가 된다. 일상적인 소재를 누가 어떤 시각으로 바라보는가 혹은 접근하는가에 따라 주제, 메시지, 'what'은 얼마든지 달라질 수 있다.

방송에서 '무엇'을 전하고자 하는가? 예를들어 다큐멘터리는 '있는 그대로의 현실(reality as it is)을 있는 그대로' 보여주는 것이다. 다큐멘터

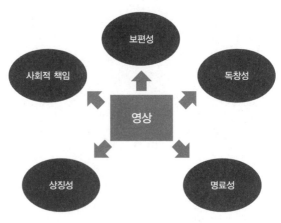

<그림 1> 영상매체의 특성

리가 사실에 근거하며, 현실에서 일어나고 있는 여러 가지 현상에 기반을 두고 있다는 말은 바로 'fact'에 기반을 두고 프로그램을 만들어야 한다는 의미다. 때문에 사실을 확인하고 그 사실이 어떤 배경에서 일어난 일이며, 어떤 의미로 해석할 수 있는지 철저하게 조사하고 연구하는 과정이 중요하다. 자료조사(혹은 취재)과정에서 누구를 만나야 하며, 어떤 현장에서 어떤 영상을 찍을 수 있는지, 어떤 장면과 소리를 담아야 하는지 충분히 고민해야 한다. 기본은 '6하 원칙'이다. 누가, 언제, 어디서, 무엇을, 어떻게, 왜 했는지 따져가면서 조사를 해야 한다. 휴먼다큐멘터리의 경우, 취재 과정을 통해 새롭고, 또 반드시 필요한 내용을 찾아낼 수 있는 가능성도 높다. 그런가 하면 풀지 못한 문제의 해결책을 찾거나 방향을 선회할 수 있는 해법을 찾기도 한다. 충실한 조사 과정에서 제작진은 끊임없이 자문해야 한다.

'내가 지금 이 시점에서 이 내용을 왜 취재하려고 하는가?
'나는 이 내용을 통해 무엇(어떤 메시지)을 보여주고자 하는가?
'나는 그 메시지를 어떤 방법(전략)으로 보여주고자 하는가?

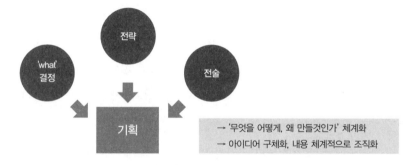

〈그림 2〉 기획의 단계

좋은 기획의 출발은 제작진 스스로 끊임없는 '왜'와의 전쟁이라고도 한다. 왜? 왜? 왜? 라는 질문을 반복적으로 제기하면서 제작진은 점차 기획 의도를 분명하게 세울 수 있으며, 나아가 의도에 맞는 내용들을 추려 일관성 있게 엮는 단계로 나아가게 된다.

기획은 what을 결정하는 일에서 출발한다. What은 흔히 영상을 통해서 말하고자 하는 바 즉, 주제, 테마, 콘셉트, 메인 스트림 등으로 이해하면 된다. What이 결정되면 what을 '어떻게 표현할 것인가', '어떻게 보여줄 것인가'라는 단계에 봉착하게 되는데, 바로 전략을 세우는 단계이다. 여러분은 그동안 같은 소재라고 하더라도 방송사마다, 프로그램마다, 제작자마다 다르게 접근되는 영상물을 본 경험이 있을 것이다. 바로 전략의 차이에서 비롯된 것이라 할 수 있다. 전략은 다른 말로 주제를 보여줄 수 있는 다양한 단락(시퀀스, 항목, 소주제)을 어떻게 효과적으로 배치할 것인가 하는 구성 방법론이 여기에 해당된다. 마지막 전술은 포장하는 단계이다. 영상 제작 과정, 특히 사전 제작 과정을 건축 과정에서 설계도에 비교를 하기도 한다. 설계 과정에서 집에 대한 콘셉트, 즉 자연친화적으로 할 것인가, 예술의 혼이 담긴 집인가, 단조로움 속에 깃든 현대적 세련미를 보여줄 것인가. 이런 과정은 what을 결정하는 과정이다. 이런 콘셉트가 정해지면 구조를 정하게 된다. 1층으로 할 것인 가? 2층으로 할 것인가? 마당을 만들 것인가? 방은 몇 개나 만들 것이 며, 욕실, 거실, 주방의 위치나 규모는 어떻게 할 것인가? 등을 정하게 된다. 구조가 짜여진 다음은 세부적으로 창문은 어떤 크기로, 몇 개나 만들 것이며, 벽지, 바닥, 전등은 어떤 자재로 할 것인가? 콘셉트에 맞 게 완성도 있는 집을 만들기까지 건축설계사는 구체적인 전술 단계에서 도 무엇 하나 소홀히 할 수 없다. 스토리텔링의 완결성을 추구하는 영상 제작 단계도 이와 마찬가지다.

만일 기획 의도(콘셉트)가 이미 정해진 프로그램에서는 제작진행 과 정을 훨씬 수월하게 진행할 수 있다. 예를 들어 KBS 1TV〈글로벌 성공 시대〉[1]라는 프로그램을 살펴보자. 글로벌 리더를 꿈꾸는 사람들에게 전 하는 성공 지침서로 그들에게 성공의 지향점으로 설정하고 있다.[2] '성공 멘토'라는 콘셉트가 설정되어 있기 때문에 프로그램 기획 의도에 맞는 주인공(즉, 글로벌 리더라는 이름에 걸맞은 주인공)이 설정됐다면, 주인 공의 상황에 맞게 '성공노트'라는 틀에 맞춰 성공 전략 또는 성공의 요 인을 집어내는 데 초점을 맞추면 일관성 있는 스토리를 만들어갈 수 있 다. 예를 들어, 미국 파사드 외관 컨설팅 그룹 프론트(Front)의 공동대표 인 나민수 씨를 주인공으로 한 방송(2013년 8월 24일 방송분)을 준비하 기 위해서는 일차적으로 주인공(나민수)에 대한 히스토리를 정리해야 한다.

건축가 나민수는 렘 콜하스의 중국 'CCTV 문화센터', '시애틀 공공 도서 관', 프랭크게리 미국 '바클레이아레나', HOK의 사우디 '킹 압둘라 과학기술대

―――――

1   KBS 1TV에서 2011년 6월 4일부터 2013년 10월 19일까지 총 114부로 방송된 프로그램.
2   http://www.KBS.co.kr/1tv/sisa/successage/.

스토리텔링 레시피

김정희 | 방송, 스토리텔링하다

학', SANNA 스페인 '톨레도 박물관 유리 파빌리온', 전세계 150개의 프로젝트를 성공했다. 9살 때 부모님을 따라 미국으로 건너간 그. 고등학교를 졸업한 후 미 해군에 입대해 6년 동안 직업군인으로 살았으며 이후 일리노이 공대 건축학과를 졸업했다. 그중에서도 유난히 건축 외관에 관심이 많아 파사드 컨설팅 분야에 뛰어들었다. 처음 들어간 회사에서 뉴욕, 시카고, 로스앤젤레스에 들어선 애플 스토어 외관 컨설팅을 맡았다. 그 과정에서 '유리'의 무한한 가능성을 봤고 다른 건축 소재에 관심을 가지기 시작하여, 동료 셋과 함께 지금의 프론트를 설립하여 지금의 자리까지 이르게 되었다.

그 다음으로 글로벌 리더로서 나민수만의 성공 비결을 찾아내야 한다. 제작진은 취재 과정에서 찾아낸 자료를 토대로, 나민수만의 성공 비결을 두 가지로 집약해서 제시한다.

성공노트 1 – 자유롭게 꿈꿔라.

늦은 나이로 대학에 입학했지만, 우연히 건축 공부의 재미에 빠지게 되면서 스스로의 인생을 만들어 나갔다. 어떤 난관에 부딪히더라도 항상 자신만의 독창적인 해답을 만들어낸다. 그리고 그 해답은 그 만의 자유로운 실험정신에서 나온다.

성공노트 2 – 문제를 즐겁게 대하라.

지난 10년간, 전 세계 250개의 건물 외관 공사를 맡아 진행해 온 나민수와 그의 회사 프론트. 그들은 불가능한 도전처럼 보이던 일들을 보란 듯이 성공시키며 건축계에 혁명을 일으켰다. 풀기 어려운 문제일수록 해결하는 기쁨도 크다고 말하는 나민수. 그의 상상력과 아이디어 속에서 나오는 해답은 까다로운 요구를 해오는 건축가들을 매번 만족시켰다. 그가 언제나 자신의 한계를 극복하기 위해 노력하고, 새로운 도전을 계획하고 있기 때문이다.

제작진은 방송을 통해 건축가 나민수가 미국에서 성공을 이루기까지 과정, 어려움을 극복한 원동력을 정리해서 제시한다. 그러나 전체 흐름에서 '성공'이라는 주제에서 벗어나는 사생활에 대한 내용은 찾아보기

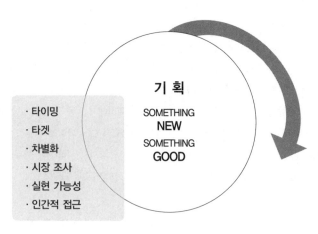

〈그림 3〉 기획 시 고려할 사항

어렵다. '성공'이라는 콘셉트의 줄기를 따라서 일관성 있는 스토리를 정리해 가야 하기 때문이다.

이는 〈글로벌 성공시대〉 다른 방송분의 스토리텔링에서도 공식처럼 적용되고 있다. 즉 주인공만 다를 뿐 이야기를 끌고 가는 축은 대동소이하다. 주인공이 현재의 '성공'을 이루기까지 '집념'과 '고난 극복'의 원동력을 끄집어내는 것이다. 즉, 일차적으로는 프로그램의 기획 의도에 맞게 오늘날 젊은이들에게 성공의 교본으로 제시해야 하며, 다음으로 그 내용을 지루하지 않게 전달하는 방법을 찾아내는 일이 제작진의 몫이 된다.

방송일시 회차	제목	성공노트
13.08.24 제106회	미국을 사로잡은 건축 외관 전문가, 나민수	성공노트 1 - 자유롭게 꿈꿔라. 성공노트 2 - 문제를 즐겁게 대하라.
13.08.17 제105회	13억의 입맛을 사로잡은 경영자, 이기영	성공노트 1 - 부족함은 스승이다. 성공노트 2 - 특별한 꿈을 꾸면 특별한 노력을 하라.

방송일시 회차	제목	성공노트
13.08.10 제104회	아마존을 닮은 남자, 박영무	성공노트 1 – 행복은 나눌수록 커진다. 성공노트 2 – 성공은 발품에서 나온다.
13.08.03 제103회	미국을 사로잡은 태권 마스터, 강상구	성공노트 1 – 가보지 않은 길을 두려워 마라. 성공노트 2 – 흔들림 없는 중심추를 지녀라.
13.07.20 제102회	프랑스가 사랑한 디자이너, 박윤정	성공노트 1 – 200%로 준비하라. 성공노트 2 – 부딪히며 경험하고 배워라.

〈표 1〉 KBS 홈페이지 '글로벌 성공시대' 참조 재정리

2) 이야깃거리

(1) 좋은 소재

방송가 제작진들은 늘 소재 찾기에 신경을 많이 쓴다. 매일 쏟아지는 방송물의 홍수 속에서 매번 다른 소재를 찾는 일은 쉬운 일이 아니다. 좋은 스토리텔링을 하기 위해서 좋은 소재를 찾는 안목을 키워야 한다. 그렇다면 좋은 소재의 기준은 무엇인가?

좋은 소재라면 우선 새로워야 한다. 그동안 대중에게 알려지지 않은 소재여야 한다.

혹자는 '하늘 아래 새로운 아이템은 없다'고도 한다. 하지만 찬찬히 주변을 살펴보면 새로운 소재는 얼마든지 있다. 예를 들어 첨단 기술의 발전에 따른 신제품 출시, 그로 인한 생활상의 변화라든지, 시대 흐름에 따른 사회문화상의 변화, 사회 분야별 세대 교체로 인한 신구의 새로운 대결 구도 등 일정 시간의 흐름과 함께 우리 생활상(의식주)의 변화 양상은 곳곳에서 찾아낼 수 있다. 이런 변화가 동시대를 살아가는 사람들에게는 그동안 보지 못했던 새로운 볼거리, 얘깃거리가 되어 눈과 귀를 사로잡을 수 있게 된다.

〈그림 4〉 소재 찾기

다음으로 소재 자체가 새롭거나, 독창적인 것이 아니라면, 기존의 소재와 다른 something new를 만들어낼 수 있으면 된다. 즉 소재에 접근 방법, 표현 방식에서 변화를 주면 좋은 소재로 변신이 가능하다.

좋은 소재는 어디서 찾을 수 있는가? 우리 주변 곳곳에 널려 있다. 곳곳에 쌓여 있는 주변 재료들을 평소 얼마나 세심하게 관찰했느냐, 어떤 시선으로 바라보는지가 관건이다. 보잘 것 없는 주변의 작은 이야깃 기리를 좋은 소재로 발전시킬 수 있는 능력이야말로 방송 스토리텔링의 핵심적인 능력 중 하나다.

(2) 등장인물

좋은 스토리가 갖추어야 할 가장 중요한 요건은 좋은 등장인물이다. 사람일 수도 있고, 동물이나 생물 등 다른 생명체일 수도 있다.

스토리는 이들의 갈등과 화해에 관한 서사 구조를 가진다.

드라마와 달리 현실에 존재하는 인물이어야 하기 때문에 제작자의 상상력에서 시작해 실제적 조사로 그 인물을 찾아내야 한다. 그런 인물이 없다면 소재로서 적합하지 않든가, 인물이 있더라도 약하다면 그 소재는 제작자가 원하는 만큼 좋은 소재가 아닐 가능성도 높다.

방송 소재 중에 사람 이야기만큼 꾸준하게 사랑을 받는 소재도 없을 것이다. 우리나라에서 휴먼다큐멘터리가 꾸준한 사랑을 받고 있으며 수십 년 동안 맥을 이어가고 있는 현실만 봐도 알 수 있다.[3]

수용자들은 왜 휴먼다큐멘터리에 대해 끊임없는 애정을 쏟는 것일까?

사람들은 방송을 통해 보여지는 다른 사람의 삶을 통해 자신의 삶을 반추해 보고 싶기 때문이다. 때문에 휴먼다큐멘터리는 인물의 행동, 생각, 감정, 가치관을 면밀하게 따라가 영상으로 표현할 수 있어야 한다. 한 인물에 밀착하여 그들의 삶 구석구석을 보여주는 휴먼다큐멘터리에서는 캐릭터를 찾는 일이 가장 중요한 작업이다.

그렇다면 어떤 캐릭터를 찾아내야 스토리텔링을 효과적으로 풀어갈 수 있을까?

인물이 어떤 얘깃거리, 즉 이슈를 가지고 있어야 한다. 주인공의 삶을 낱낱이 보여줬을 때 그만큼 수용자들이 관심을 갖고, 캐릭터에 빠져들 만한 요소가 있어야 한다는 뜻이다.

방송일시	제목	주요 내용
2013년 11월 25일(월) ~11월 29일(금) 오전 7:50~8:25	알래스카로 가는 길	개썰매 경력 10년, **세계 개썰매 순위 4위, 한국을 대표하는 개썰매 선수**인 서현철(38) 씨와! 아내 이주현(39) 씨가 평생을 동고동락해 온 썰매 개들과 함께 개썰매의 성지인 알래스카에서 경험하는 **특별한 겨울 이야기**
2013년 11월 18일(월) ~11월 22일(금) 오전 7:50~8:25	사랑에 나이가 있나요	곶감으로 유명한 경북 **상주시 내서면 신촌리**에 둥지를 튼 사랑도 일도 일편단심 **송재영 이장님(58)**과 14살 연상인 **이은문(72) 씨 부부의 사랑 이야기!**

---

3   KBS 〈인간시대〉는 80년대 중반부터 90년대까지 최고의 휴먼다큐멘터리였고, 2000년에 와서 그 바통을 〈인간극장〉이 이어가고 있다.

방송일시	제목	주요 내용
2013년 11월 11일(월) ~11월 16일(금) 오전 7:50~8:25	아버지의 유산	**지리산 뱀사골에 모여 사는 오형제, 사십명이 넘는 대가족의 중심에는 맏형 춘환(55)** 씨가 있다. 도박에 빠져 청춘을 허송세월로 보내며 불효했던 자신을 반성하며 아버지의 가르침을 가슴깊이 새기며 살게 된, **탕자 춘환 씨의 사부곡**
2013년 11월 4일(월) ~11월 8일(금) 오전 7:50~8:25	소리 부부가 사랑한 아이들	젊은 소리꾼 백현호(28) 씨와 **가야금계의 카리스마 우아련(33)** 씨 부부와 소리인생에 걸음을 내딛는 국악 꿈나무들의 소리 사랑, 국악 사랑 이야기

다음으로 등장인물간의 갈등을 포착하는 것이 중요하다.

KBS 다큐 미니시리즈인 〈인간극장〉은 보통 사람들의 특별한 이야기, 특별한 사람들의 평범한 이야기를 5부작으로 풀어낸다. 여기서 '특별한'이라고 지칭한 데는 이유가 있다. 평범한 사람들이지만 그들만의 특별한 갈등 상황을 안고 있다는 의미가 된다. 그래서 〈인간극장〉을 비롯한 휴먼다큐멘터리의 경우, 얼핏 보면 늘 비슷한 일상의 연속이다. 사람과 장소만 바뀌었지 대부분 지극히 평범한 일상사로 그려지기 때문이다. 그러나 자세하게 들여다보면 주인공을 비롯한 등장인물들의 갈등이 각기 다른 양상으로 펼쳐진다. 즉 등장인물이 처한 갈등 상황이 전혀 없다든지, 단순하게 해결할 수 있는 갈등을 가진 인물이라면, 주인공 선정 기준에서도 배제될 수 밖에 없다. 〈인간극장〉의 경우, 주인공을 중심으로 인간사를 관통하는 가장 큰 맥인 갈등을 찾아내고, 그 갈등을 구조화하는 일이다. 휴먼다큐멘터리에서는 주인공이 처한 갈등 상황, 내면과 내면의 갈등, 주인공과 주변 인물 간의 갈등, 주인공과 사회 구조(정치, 경제, 문화, 인식 등)와의 갈등을 반드시 찾아내서 주인공을 통해 드러내고자 하는 주제에 맞는지 점검해야 한다. 그 과정에서 등장인물 간의 관계 설정도 중요하다. 등장인물간의 연결성이 자연스러워야만 이야기를 일관성 있고, 공감대를 형성할 수 있는 하나의 스토리로 엮어내는 힘을 지닐 수 있게 된다.

3) 구성

기획과 소재(등장인물)가 결정됐다면, 기본적인 스토리는 정리가 된다. 하지만 스토리들을 엮어주는 작업을 통해 소재는 새롭게 재탄생할 수 있다. 주제와 관련한 여러 가지 아이디어(작은 주제나 사항)들을 효과적으로 배치해 엮어내는 작업, 바로 스토리텔링, 바꾸어 말하면 '구성'단계이다.

드라마와 소설은 플롯(구성 = 형식에 알맞게 조직함)에 의해 구체화된다. 방송 프로그램 또한 구성에 의해 구체화된다는 사실에서 공통점을 찾을 수 있다.

간혹 텔레비전이나 영화를 볼 때 집중하지 못할 경우가 있다. 같은 이야기를 반복한다든지, 초점이 확실하지 않고 주제에서 벗어난 이야기를 계속한다든지, 상황을 단계별로 제시하지 않거나 인물의 성격이 전혀 형성되지 않아 작품에 몰입하거나 공감하기 어려운 때도 있다. 이유는 이들 작품의 구조에 문제가 있기 때문이다. 모든 이야기에는 구조가 있다. 이야기 구조는 수용자의 기대감에 반응하면서 만들어진다. 이런 수용자의 기대치, 감상 호흡을 기반으로 단계별로 이야기 구조를 엮어가야 한다. 그런 과정을 거쳐야 수용자들이 영상물에 쉽게 몰입할 수 있고, 나아가 공감대를 형성해 감동을 주든지, 새로운 감흥을 주든지, 메시지를 전달할 수 있게 된다.

구성을 할 때 일반적으로 고민해야 할 내용은 다음과 같다.

– 선택된 주제와 소재를 풀어갈 적절한 표현 방법은?

– 프롤로그와 에필로그는 어떻게 처리하나?

– 각 단락의 역할은 어떻게 배열해야 좋은가?

– 기승전결은 어떤 시퀀스에 어떻게 녹여 놓을까?

– 전체의 구성을 몇 개의 장면(scene)으로 설정할까?

– 객관적인 사실과 진실이 무엇인지를 알고 있는가?

– 흥미를 높여줄 갈등과 위기, 복선, 상징성은?

결국, 잘 된 구성이란 누구나 쉽게 이해하고 공감하기 쉽게 구조화되어야하고, 반드시 수용자의 흥미를 끌 요소(시각적 요소, 청각적 요소, 감성적 몰입점)가 있어야 한다.

프로그램 구성이란 각각의 장면이 부딪쳐서 또 하나의 새로운 상징(사물이나 상황)을 만들게 되는 과정을 가리킨다. 곧 구성은 여러 장면들을 몇 개의 시퀀스로 엮어 그 효과를 상승시키는 작업이다. 좋은 구성안을 작성하려면 다음과 같은 항목에 신경써야 한다.

– 메시지의 효과적인 전달을 위한 샷으로 성리됐는가?

– 정리된 샷은 전체적인 흐름과 분위기, 상황에 적절한가?

– 반드시 필요한 샷이나 중요한 샷은 빠지지 않았는가?

– 언제, 어느 샷에 특수 장비를 활용하겠다는 설계는 됐나?

– 각 샷이 갖는 소구점과 eye catcher는 무엇인지 알았나?

여기서는 기획자가 보여주고자 하는 사실이 무엇이며, 그것을 어떻게 배치하여 프로그램을 진행할 것인가를 간략하게 정리해야 한다. 구성안을 작성할 때 명심해야 하는 내용은 다음과 같다.

– 각 시퀀스의 내용을 하나의 소주제(소제목)로 정리할 것

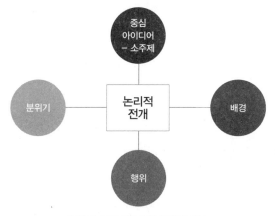

〈그림 5〉 구성 시 '논리적 전개'의 기준

– 유사한 내용은 가능한 연달아 처리할 것
– 강조할 내용, 특히 어려운(복잡한) 문제는 다양한 형태나 방법으로
반복해서 다룰 것.

구성 내용을 일목요연하게 보이게 하는 포인트, 바로 소제목이다. 그
것만 따로 써놓고 다시 살펴 보자. 그것만으로도 어떤 영상으로 어떻게
이야기를 알 수 있어야 한다. 거기에 나타내고자 하는 내용과 주제까지
드러나도록 소제목을 정리했다면 좋은 스토리텔링의 기둥을 잘 세웠다
고 할 수 있을 것이다.

2. 효과적인 스토리텔링 방법

1) 휴먼다큐멘터리의 구성

휴먼다큐멘터리는 한 인간의 생활과 내면 세계를 진솔하게 이끌어내
시청자에게 감동 전달하는 프로그램이다. 즉 지금을 살고 있는 사람들

의 문제, 즉 갈등과 편견, 모순, 투쟁과 배타적인 현상을 표출시켜 수용자들이 공감할 수 있는 새로운 가치관과 질서, 도덕성, 인간애를 제시해야 한다.

휴먼다큐멘터리를 기획, 구성함에 있어 수용자와 감정을 교환할 수 있는 요소를 어떻게 주인공으로부터 추출할 것인가, 방해되는 요인들이 어떤 것들인가를 간추려내야 한다.

다큐 미니시리즈인 인간극장은 보통 사람들의 특별한 이야기, 특별한 사람들의 평범한 이야기를 5부작으로 풀어낸다. 〈인간극장〉에는 각 부를 끝내는 엔딩 포인트가 정해져 있다.

흔한 내용은 두 사람이 싸운다. 누가 아프다. 중대한 발표를 하다 등이나.

4년째 심장암 투병중인 최진숙 씨와 남편 임재윤 씨의 이야기를 담은 〈저 하늘 끝까지〉(방송일 : 2013. 5. 20~24)를 통해서 5부의 구성과 각 부의 엔딩 포인트를 살펴보자.

앞서 구성의 중요한 포인트는 '갈등'이라고 제시한 바 있다. 그렇다면 이 프로그램에서 가장 큰 갈등은 무엇인가? 바로 4년째 심장암 투병중인 최진숙 씨의 상황이다. 서울의 한 레스토랑에서 부주방장과 소믈리에로 만나 부부가 된 두 사람, 투병생활을 하는 진숙 씨의 상황을 두고 본인은 물론 자신을 지켜보고 돌보고 있는 가족들의 사랑을 각자 상황에서 느끼게 해야 하고, 그런 과정에서 진숙 씨가 삶의 의지를 다잡아가는 모습이 전달돼야 한다. 즉 병을 대하는 주인공 자신과의 갈등, 미국 CIA 요리학교에서 프랑스 요리를 전공, 엘리트 요리사로 승승장구하던 남편이 일을 접고 시골로 내려와 자신을 간병하는 상황에 대한 고마움과 미안함 가운데 느끼는 갈등, 아픈 딸을 둔 친정엄마와의 갈등을 들 수 있다.

5편의 줄거리를 토대로 다음과 같이 각 편의 스토리 기둥을 정리할 수 있다.

1부 강원도 고성, 산골에서 4년째 심장암 투병중인 최진숙 씨
　　　 지극정성으로 아내를 돌보는 남편 임재윤 씨 일과 소개
- 손수 아내의 건강식 밥상 차려줌
- 약 챙겨 먹임
- 아내의 소원인 황토집 짓기 착수
- 검진 결과 받으러가는 부부

2부 왼쪽 폐에 전이된 암이 더 커진 진숙 씨,
　　　 남편 위로로 삶의 의지를 다잡음.
- 병원, 검진 결과 받음
- 남편, 의기소침한 진숙씨 위해 깜짝 나들이 준비
- 진숙 씨, 삶의 의지 다잡음
- 진숙 씨, 터미널에 누구 만나러 감

3부 친정엄마(현옥순) 방문
- 현옥순 씨에게 특별한 사위(4년동안 헌신적으로 딸 간호)
- 진숙 씨를 위해 황토집 공사 서두르는 재윤 씨
- 한의원에서 진료받는 친정엄마

4부 가족과 함께 하는 매 순간이 소중한 진숙 씨
- 친정엄마 항암 치료
- 장모를 위해 건강 요리 선보이는 사위 재윤 씨
- 친정오빠 식구들 방문으로 힘을 얻는 진숙 씨
- 재윤 씨, 과로로 몸져 누움

2) 광범위한 소재/주제의 구성법

흔히 사람들이 좋아하는 이야기는 특히 극적 구조와 갈등, 눈길을 끄는 인물, 반선, 생명의 위협 등이 들어 있는 이야기다. 사람이 주인공인 이야기를 구성할 경우는 수용자들의 흡인 요소를 감안해 구성해 가면 된다. 하지만 추상적이거나 광범위한 소재가 주어졌을 때 간혹 구성의 줄기를 어떻게 잡아야 할지 난감할 때가 있다. 예를 들어 오늘날의 성형 열풍에 대한 사회 현상을 짚어보기 위한 영상을 제작한다고 하자. 이 영상에는 성형 열풍 실태, 성형을 하는 원인, 성형 후 변화(긍정적, 부정적), 최첨단 성형 기술, 성형의 역사, 성형의 문제점(과도한 열풍으로 인한 사회경제적 문제점) 등으로 구성 항목을 정리해야 할 것이다. 그러나 객관적인 통계자료나 사실만으로 영상을 제작하는 데 무리가 있다. 특히 사람들이 호기심을 갖도록 하기 위해서는 핵심이 되는 축이 있어야 한다. 바로 사람이다. 성형 수술을 하고자 하는 사람 가운데, 프로그램 성격에 어울리는 캐릭터를 찾아서, 성형 수술 받기 전, 받는 과정, 받고 난 후의 과정을 영상으로 보여준다. 물론 개인의 이야기에 치중되지 않도록 중간 중간에 성형수술과 관련한 개괄적인 내용을 자연스럽게 삽입해서 구성해야 한다.

따뜻한 감정과 동정심, 동일시를 제공하는 데 사람만큼 좋은 이야기 거리도 없다. 사람들은 다른 사람의 삶과 그들의 사고방식, 일하는 방식, 그들의 문제와 성공 등에 관여하고 싶어 한다. 사건의 중심에 사람을 세우다보면 인물은 또 사물을 관찰하고, 활동하고, 사건을 만들어 내기도 한다.

KBS 〈다큐멘터리 3일〉은 한 장소에서 72시간 동안 일어난 일을 여러 대의 카메라의 시선으로 가감없이 촬영해서 시간의 흐름에 따라 보여준다. 한 장소가 지정됐지만 그 장소가 의미를 가지는 것은 그 장소에서 지내는 사람들이 있기 때문이다. 장소를 삶의 공간으로 행복의 공간으로 생존의 공간으로 살아가는 사람들이 있기에 그 공간은 존재 가치를 가지는 것이다. 〈다순구미 마을의 3일〉편에서도 목포의 가장 오래된 마을 다순구미 마을의 모습을 전하기 위해서 제작진은 사전 취재, 조사를 통해 7, 80대 어르신들이 삶의 터전으로 꿋꿋하게 지켜가고 있는 모습에 영감을 얻어 〈엄마 냄새〉라는 콘셉트를 잡아내고, 그 주제를 담아낼 수 있는 등장인물을 중심으로 이야기를 끌어가고 있다.

등장인물에 초점을 맞추게 되면 느슨하게 구성된 작품이 모양새를 갖추게 될 경우도 있다.

작품마다 주제를 관통하는 열쇠를 찾기 위해 노력해야 한다. 그러다보면 작품에 적절한 좋은 아이디어를 찾게 된다.

이와 같이 광범위한 소재/주제를 구성해야 할 경우는 사람을 주인공으로 잡은 것처럼 광범위한 사회 현상이나 지역에 대해서 이야기할 경우는 사례 중심으로 이야기를 풀어가면 자연스러우면서도 몰입감을 갖는 구성이 될 가능성이 높다.

유달산 자락에 다닥다닥 붙어 바다를 굽어보는 동네. 좁은 골목
길과 가파른 계단, 집과 집이 옹기종기 붙어 있는 이곳은, 목포 시
가지가 형성되기 전부터 고기 잡던 사람들이 살던 원조 목포마을
이다.

일제 개항 무렵부터 근현대에 이르기까지의 풍경이 오롯이 남아
있는 곳.따뜻하고 양지바른 마을 '다순구미' 마을에서의 3일이다.

| 시간이 깊어가는 골목의 풍경화

목포에서 가장 먼저 생겼다는 동네 '다순구미'. 바다를 터전으
로 살아가던 사람들이 좁은 골목 촘촘히 집을 지어 살았던 곳이
다. 님징네들은 뱃일을 하고, 아낙네들은 바다 나간 남편을 기다
리며 생선을 운반하고, 그물을 수리하거나 벽돌 공장에서 벽돌을
찍으며 생계를 이어갔다. 바닷물이 빠지는 '조금' 때면 뱃일을 할
수 없는 탓에 남편들이 모처럼 집에서 쉴 수 있었는데, 이때 아이
를 갖는 집이 많아 동네엔 생일이 같은 아이들이 많았다. 그래서
그 아이들을 일컬어 '조금새끼'라 부르기도 했다.

고기가 많이 잡힐 땐 그래도 살만 했지만. 남정네들은 바다 나가 목숨을 잃고, 또 나이 들어 저세상 가는 사람이 늘어 빈집이 더 많다는 다순구미. 골목을 뛰어놀던 '조금새끼'들도 모두 도시로 떠나고 이제 마을엔 노인들만 남아 구불구불한 골목을 지키고 있다.

| 다순구미 사람들

3대째 다순구미에서 살고 있다는 토박이 이성진(76) 할아버지. 그동안 작은 점방으로 생업을 이어왔지만, 지금은 부업이었던 낙지 통발 만드는 일을 본업 삼아 소일하고 있다. 옛날에는 사람이 많아 한 집에 여섯 세대가 살기도 했다는 동네. 사람 많을 때야 장사도 잘됐지만, 지키는 사람보다 떠나간 사람들이 많은 지금. 오래도록 이 동네를 떠나지 못하는 이유는 무엇일까?

두 손으로 땅을 짚어야만 걸을 수 있는 이죽심(87) 할머니. 물이 귀했던 시절, 물동이로 물을 길어 나르느라 수없이 달동네 계단을 오르내리셨다는 할머니. 그렇게 길어온 물로 7남매 밥 해 먹이고, 옷 빨아 입히며 키워냈다. 지난 세월 고단했던 삶을 말해주듯 굽어버린 허리를 펼 수 없는 할머니는 문 밖 출입조차 자유롭지 않은 생활을 하고 있다.

| 그리운 임마 냄새저럼

　하루 종일 고된 바닷일을 마치고 가파른 언덕길을 오르던 엄마의 발걸음은 얼마나 무거웠을까? 구불구불 이어지는 그 계단 하나하나엔 얼마나 많은 눈물이 녹아있을까? 엄마 몸에 밴 비릿한 바다 냄새처럼 쉬 지워지지 않는 삶의 냄새 가득한 풍경들. 바다에 남편 잃고, 힘겹게 자식들 키워내 떠나보내고 홀로 남아 꿋꿋하게 살아낸 시간들. 바닷일 마치고 돌아온 엄마에게서 훅- 하고 풍겼을 그 냄새가 그리운 날처럼 또 하나 지워지려 하는 우리네 삶의 시간을 기록했다.

"아들이 그런당께 하나도 엄마 안 버리고 내가 다 묵소. 내가 아주 티끌부리 하나도 안 버리요. 그러니께 엄마 좀 오래 살아주라고… 좀 오래 살아주라고…."

박판심(74) 할머니

"고생한 건 말을 못하지라. 고생했다는 말을 어디다 붙여? 그때는 없는 세상이야 얼마나 가난하고 지친 세상 살았는데…. 그런 시절 생각하면 지금 이렇게 좋은 세상 못산다 하는 것은 아무 것도 아니야."

박사금(76) 할머니

〈출처: KBS 홈페이지 '다큐멘터리 3일' 中〉

72시간의 흐름, 즉 시간 경과에 따라 자연스럽게 현장의 이야기를 전해준다는 〈다큐멘터리 3일〉, 〈목포 다순구미 마을〉 현장에서 제작진이 끄집어낸 콘셉트는 다음과 같다.

- 시간이 깊어가는 골목의 풍경화
- 다순구미 사람들
- 그리운 엄마 냄새처럼

(1) 어떻게 풀어갈 것인가?

시간이 멈춘 듯한 다순구미 마을의 서정적인 모습, 근현대의 모습이 공존하는 마을, 그속에서 삶을 이어가는 주민들, 제작진이 마을에서 만난 주민들에게서 공통적인 주제를 뽑아내야 한다. 결국 '그리운 엄마 냄새'라는 테마로 프로그램의 메인 스트림을 잡아냈다. 그리고 주제를 효율적으로 전달하기 위한 수단으로 억척같이 평생 마을에서 지내온 주민들을 축으로 삼았다.

그렇다면 '다순구미 마을'의 구성은 어떻게 이루어지고 있는가?

프로그램의 완성본을 본 다음, 프로그램의 구성을 하나씩 분석해 보자.

그러기 위해서는 우선 '다순구미 마을'의 주요 등장인물을 살펴본 다음, 이야기의 흐름을 짚어봐야 할 것이다.

광범위한 소재(마을)일 경우는 사람들이 주인공이다.

주요 흐름으로 인터뷰를 담아낸 사람은 12명이다. 어떤 순서로 어떻게 배열할 것인가?

즉 어떻게 구성할 것인가?

전체적인 흐름을 가지고 접근해야 한다. 즉, '그리운 엄마 냄새'라는 주제를 효율적으로 잘 전달하기 위해 12명의 등장인물의 경중을 따져야 할 것이고, 그에 따른 시간 배분이나 등장 순서를 정리해야 한다. 여기서 등장인물의 경중이라 함은 인물 자체가 가진 중요성이라고 하기보다는 제작진이 말하고자 하는 전체적인 주제를 효과적으로 전달하는 데 필요한 내용을 말한다.

또한 이 프로그램은 감성적인 부분, 소프트 터치적 성향이 강하기 때문에 자칫 논리적인 연결 또는 흐름이 불필요하다는 생각을 할 수도 있다. 그러나 철저하게 논리적이어야 한다. 겉으로 잘 드러나지 않는 것

같지만, 자세히 분석해보면 적절한 시간의 흐름에 따른 등장인물 배치, 등장인물이 처한 상황이나 보여주는 모습에 기승전결의 흐름이 있다. 즉 수용자들이 영상을 보면서 자연스럽게 몰입할 수 있게 하고, 나아가 공감할 수 있게 구성했다는 말이다. 결국, 영상 논리와 함께 구성의 논리가 필수적으로 결합해야 수용자들이 제작진의 의도대로 자연스럽게 영상의 흐름을 읽어갈 수 있다.

자, 그러면 주요 내용을 보면서 등장인물의 배치와 전체 흐름을 잡아 보도록 하자.

| 주요 내용

① 프롤로그 : 동네 분위기 소개

   → 꼬마와 이죽심(87) 할머니 만남

② 타이틀 '엄마 냄새' : 목포 다순구미 마을의 3일

③ 9/24(금)

  i. 다순구미 마을 소개 : 목포 원조, 볕이 잘 들어 따뜻한 마을

  ii. 옛날 마을의 삶 : 깔끄막 고갯길 넘는 이옥순 할머니

    ㉠ 허리, 발목, 다리 아픔

    ㉡ 녹록치 않은 삶

  iii. 억척스런 어머니의 삶 : 평생 일하며 지내온 우리네 어머니

    ㉠ 강보금 할머니(밭일)

    ㉡ 이안심(한결같은 엄마의 삶)

④ 9/25(토)

  i. 밭일 의미 부여 : 자식 키울때 기쁨(강보금/밭일)

  ii. 마을의 특징

    ㉠ 불편－택배

    ㉡ 역사 고스란히－우물, 일제강점기(일본집)

  iii. 아낙네들, 그물 바느질로 생계 유지

ⅳ. 가파른 달동네 인생유전

    ㉠ 박사금-화장실

    ㉡ 최윤례-'조금새끼', 마을에 제삿날 같은 집도 많아

ⅴ. 마을 떠날 수 없는 이유

    ㉠ 3대째 살아온 이성진 할아버지

    ㉡ 그물 바느질 마무리-의미 부여

⑤ 9/26(일) : 위기 분위기 조성

  ⅰ. 마을 위기

    ㉠ 빈집 늘어나

    ㉡ 재개발 소식까지 → 엎친 데 덮친 격

  ⅱ. 서로 의지하며 지내는 주민

    ㉠ 김장 준비, 보일러, 연탄

    ㉡ 김순덕, 박판심 할머니(동기간 같은)

  ⅲ. 혼자 지내기 어려운 할머니

    ㉠ 이죽심 할머니(돼지고기 부탁)

      (혼자서는 먹고 싶은 것도 드실 수 없는 형편)

⑥ 9/27(월)

  ⅰ. 부지런한 엄마의 손길 : 골목길 청소

  ⅱ. 뒤늦은 현대문명/변화 : 세탁기 배달

  ⅲ. 어르신 당부 : 이성진 할아버지

    "마음 편하게 사는 것이 제일 좋은 세상"

  ⅳ. 마무리

    이죽심 할머니(추운 겨울에 대한 걱정)

    평생 자식을 위해 몸 아끼지 않고 살아 이젠 허물만 남은 엄마

    → 그리운 풍경

위 구성 내용을 일목요연하게 보이게 하는 포인트는 바로 소제목(항목, 시퀀스)이다. 소제목은 전체 프로그램의 목표에 도달하기 위한 각 단락의 길잡이며, 방향잡이라고 할 수 있다.

본격적인 구성에 앞서 대략적인 소제목을 추려내 보라. 그 다음, A4 한 장에 소제목만을 따로 써놓고 다시 한 번 점검해보라. 소제목을 쭉 훑어보고 본인이 말하고자 하는 주제를 어떤 영상으로 어떻게 이야기를 풀어갈지 알 수 있는가? 다른 사람에게도 한 번 보여주어라. 이야기가 어떤 식으로 펼쳐질지, 제작진이 궁극적으로 전달하고자 하는 메시지가 무엇인지 예측할 수 있는가? 그렇다면 구성의 1차 흐름을 잡는 데 성공했다고 할 수 있다.

프로그램의 기둥이 구성이라면 시퀀스는 프로그램의 기둥에 자리 잡은 공간, 즉 프로그램의 내용을 채워주는 하나의 꼭지(코너)라고 할 수 있다. 시퀀스(sequence)는 이야기 가운데 완성된 하나하나의 단락을 말한다. 따라서 시퀀스(단락)는 몇 개의 작은 생각(소주제)을 나타내는 영상을 모아서 비교적 큰 통일된 생각(작품의 주제와 목표)을 표현하기 위해 만들어진 '표현의 단위'라 할 수 있다. 좋은 프로그램을 만들기 위해서는 시퀀스를 잘 짜야 한다. 때문에 작가나 작품을 연출하는 연출자 등 영상 제작자는 반드시 시퀀스와 관련된 개념이나 쓰임에 대해 이해하고 있어야 한다.

또한 이야기 구조가 논리성을 갖추기 위해서 신경써야 할 일은 다음과 같다.

- 우선, 논리적 구조가 명료한지 점검해야 한다. 예를 들어 등장인물이 여러 명이라면 주요 등장인물과 관계 설정이 분명해야 한다.
- 또한 줄거리의 흐름을 방해하거나 혼선을 주는 요소는 없는지 점검해야 한다.
- 마지막으로 주요 내용을 묶어서 간략하게 순서를 정해서 정리하는 습관을 가져야 한다.

기승전결 각각의 완결성을 제대로 알려면 스토리를 쓸 때 주요한 내용을 간략히 써보면 된다. 전체 스토리는 시놉시스로 써보고 그것을 바탕으로 각 부분의 스토리를 간결하게 써본다.

3. 구성 실전 사례

스토리텔링은 어려운 주제를 쉽게 이해시키기 위한 방법이다. 영상을 통해 보여주고자 하는 사실이 무엇인지? 그 사실을 통해 전달하고자 하는 메시지는 무엇인지? 그것을 가장 잘 표현하기 위해서는 어떤 방법이 필요한지? 어떻게 배치하여 이야기를 진행할 것인지? 고민하고 또 고민해야 한다.

방송프로그램의 장르에 따라 프로그램 구성, 즉 접근 방식은 다르다. 같은 내용과 형태의 프로그램이라도 작가나 연출자에 따라 다른 결과물이 도출된다. 하지만 보편적으로 구성(스토리텔링)을 할 때 일관성 있게 메시지를 전달하기 위해서는 어떤 원칙이 있을까? 우선 큰 주제에 따르는 소주제를 제대로 정하는 일이 중요하다.

1) 샷(shot)에 의미를 부여하라

예를 들어 활기찬 노년의 일상을 5분 영상으로 만들어 전달하고 싶다고 하자.

제작에 앞서 다음과 같은 다섯 가지 내용으로 정리했다고 하자.

| 활기찬 노년의 일상 5'

주요 내용 : ① 집에서 손자 보는 노인

② 공원에서 바둑두는 노인

③ 열심히 촬영하는 노인

④ 편집하는 노인

⑤ 자식들에게 화상 대화하는 노인

여러분은 어떻게 생각하시는가? 위와 같은 5가지를 주요한 내용이라고 할 수 있겠는가?

주요 내용이 아니라 주요 장면은 될 수 있을 것이다. 하지만 위와 같이 내용을 정리했다고 하면 영상을 통해 주제 즉 활기찬 노년의 일상을 전달하는 데는 실패할 가능성이 아주 높다. 결국 집에서 손자 보는 노인, 공원에서 바둑두고, 열심히 촬영하고 편집하고 화상 대화하는 그 모습을 통해서 보여주고 싶은 소주제가 무엇인지에 대한 고민이 부족하다는 결론을 내릴 수밖에 없다.

결국은 주요 영상을 통해서 이전의 무료한 일상이 어떻게 활기차게 변하는가에 대한 과정, 내면/관계의 변화를 짚어내는 것이 관건이다. 다시 말해 어떤 행동이든 생각이든 예전에 못하던 일을 할 수 있게 되는 것이 효과적인 스토리텔링의 주요한 흐름이 될 수 있다.

→ 주인공 선정(내면의 변화, 예전 직업, 가족들의 반응, 적응 과정 몰입해서 보여줄 수 있다.)

2) 영상 전체를 관통하는 중심축을 잡아라

다음 사례[4]도 한 번 살펴보자.

---

4 〈기획구성〉 수업 중 수강생이 촬영, 제작한 영상물을 간략하게 시퀀스 중심으로 정리하였음.

| 신선한 바람의 맛을 찾아 : 조릿대[5]차

① 프롤로그 : 건강에 대한 관심 높다

② 산행중 조릿대 채취인 만남 : 항암 효과 검증

③ 항암 효과 근거 찾기 : 인터넷 자료

④ 조릿대차 만드는 과정

    (조릿대 종류, 채취 시기, 차 만드는 과정, 주의사항)

⑤ 시음 : 가족 행복 소망

위의 사례는 중심축이 무엇인지에 대한 고민이 필요하다.

항암 효과가 있는 조릿대차를 소개하고 싶은 건지 또는 차 만드는 방법을 보여주고 싶은 건지 어정쩡하게 섞어 놓은 격이 되어 버렸다. 또한 다음과 같은 문제도 제기할 수 있다.

① 억지스럽다 : 산행 중 만난 암 치유 환자

② 비중의 격이 다르다(암치유 효과자 : 일상적 차)

③ 결정적으로 항암 효과, 근거 제시 못함

④ 차별화 여부(조릿대차, 일반 차 제조 과정 차이 유무)

대안 ① 다양한 차 많다.

      그중 잘 알려지지 않은 건강차 소개

---

5 다년생 대나무의 일종인 조릿대는 해발 600m에서 1400m 사이에서 자생하며 따뜻한 기후에서는 해발 1,800m까지 자라는 식물이다. 대개 1미터 안팎의 작은 규모로 빽빽하게 모여 자라는데 독성이 없어 식용과 약용으로 사용된다. 조릿대 중에서도 청정한 제주도, 그 중에서도 한라산과 인근의 산림 지역에서 자생하는 조릿대는 '제주의 인삼'이라고 불릴 정도로 그 효능을 주목받아 왔다. 생명력도 강해 제주 지역의 조릿대는 제주 자생식물 가운데 가장 넓은 면적에 분포하고 있다(출처 : http://navercast.naver.com/contents.nhn?rid=173&contents_id=15702).

② 암치유 민간요법 다양.

　그중 조릿대차로 암치유가능성 예시

③ 조릿대 자체에 대한 접근

A : 조릿대의 재발견

　a. 한라산 군락지, 조릿대 확산 생태적 의미

　b. 자원화 방안연구 : 이학박사 정완석

　c. 효능 : 기존 조릿대 사용처 – 항암, 미백효과까지

　d. 상품화 품목 – 차, 음료수, 의약품, 화장품, 공예품

　e. 상품화

B : 한라산의 반란 : 야생 조릿대

　a. '신비의 자연 보고' 제주 한라산

　　(세계적 희귀식물, 멸종위기종 등 다양한 식생)

　b. 조릿대 확산 실태

　　– 구상나무(한라산 상징) 보존지 30% 이상 줄어

　　– 그외 희귀 식물 사라져

　c. 조릿대 소개

　　– 생태와 특징(제주도산 조릿대)

　　– 전통적 활용 방안

　　– 확산 순기능 : 한라산 토양 침식 방지

　d. 제주도 조릿대 확산 원인

　　– 한라산 연구소, 급속 확산원인 규명 연구 착수

　　　① 지구온난화(기온상승 → 서식지, 고지대로 확산)

　　　② 1980년대 말 국립공원 내 우마 방목 금지

　e. 조릿대 확산의 역기능

　　　① 생태계 파괴

　　　② 생물종 다양성 감소 주범

　　　③ 향후 10년 후, 백록담 주변 눈향나무, 시로미, 산철쭉군락지 사라

　　　　질 위기 → 징조 보여줘야

f. 대책
　① 자원화 방안 : 효능 연구, 다양한 상품화
　② 한라산 희귀식물종 유전자 보존, 인공 이식 조치 필요
　③ 지구온난화 대응계획 : 산림규모 확충 등노력, 산업적 가치
　　－ 연구자, 업체, 제주시 등

3) 인물을 소재로 한 구성 － 사건을 취사 선택하라!!

(1) 사건에 접목할 수 있는 의미를 찾아내라

사건은 단순히 존재하는 것이 아니다. 주제를 따라 일련의 관련성을 형성해야 한다.

일회성, 우발성, 특수성 있는 내용을 전체성, 개연성, 필연성으로 엮어내야 한다.

영상의 흐름에서 눈에 띄는 변화(주인공의 심경/태도 변화, 주인공의 행위로 인한 수혜자의 변화)를 보여주면 수용자들은 영상에서 전하고자 하는 메시지를 자연스럽게 받아들이고, 공감하게 된다.

다음 사례를 통해서 살펴보자.

　| 이웃에게 주는 즐거움 실천하는 집배원 문근식 씨[6]

20년 이상 집배원으로 일하고 있는 문근식 씨, 업무 시간 외에 독거노인을 위해 도시락 배달 봉사를 하고 있다. 또한 6년 전 도배 기술을 습득한 이후 직장 동료들(우정이봉사단)과 집수리 봉사를 하고 있다.

6　KBS 부산 〈세상발견 천지인〉 중 사랑을 주인공으로 다루는 〈인〉코너에서 방송된 내용이다.

아이템 선정 과정

- 기획 조건(타이밍 : 2월(겨울)/차별화/좋은 소재(화제성, 감동)
- 기획 의도, 내용 점검
  - · 무엇을 말할 것인가?
  - · 어떻게 말할 것인가?
- 기획에서 제작까지 유추
  - · 인물 주인공일 경우, 사실 여부 확인 → 반드시 직접 만난다(취재)
  - · 자료 취합-촬영 동선 감안해 내용 분류, 정리

구성(항목 중심) 분석

① 프롤로그

② 타이틀

③ 우체부 일상

- 분주한 아침, 업무량, 담당 구역, 베테랑(미로 수월하게 찾는다)
- 담당 구역 어르신들을 아들처럼 살뜰하게 챙김

④ 봉사활동(우정이봉사단)

- 도시락 배달
- 집수리 봉사 1(회의, 사전 답사)

⑤ 가족(봉사, 바쁘게 사는 문근식에 대한 가족 반응)

⑥ 집수리 봉사 2

- 도배기술 습득 후 집수리 봉사로 확대
- 집수리 주인공 김금순 할머니(50년째 혼자)
- 삼연회(우체국 여직원 봉사 모임)
- 우정이 봉사단 성과(4년째, 30여 가구 수리)
- 할머니 반응(감사, 감동)

⑦ 에필로그

집배원 문근식 씨의 봉사활동에 감동하는 이유 중 하나는 50년째 혼자 생활하는 김금순 할머니의 태도 변화에서 찾을 수 있다. 사전 답사에서 문근식 씨가 처음 할머니를 만났을 때는 시무룩하고 무표정했지만, 집수리가 다 끝난 다음 말끔하게 고쳐진 집을 보고 할머니의 표정에는 웃음이 떠날 줄 모른다. 고마움과 감사한 마음을 표현하기 위해 집앞 골목까지 배웅에 나서면서 일일이 봉사단의 손을 잡으면서 감사의 마음을 표현한다. 변화의 콘셉트를 어디에서 찾을 것인가? 때로는 변화가 스토리텔링에 힘을 실어주는 열쇠가 되기도 한다.

4. 소결

세상의 모든 이야기에는 말하는 사람의 생각이 담겨 있다. 말하는 사람의 뜻에 따라 효과적으로 이야기를 풀어나가는 것이 스토리텔링이다. 만일 말하는 사람이 자신이 말하고자 하는 바에 대한 명확한 의도나 생각 없이 이야기를 한다면, 단순한 시간 때우기 식의 잡담에 그칠 수도 있다. 방송스토리텔링도 마찬가지다. 영상을 통해서 말하고자 하는 바(주제, 메시지)를 효과적으로 전달하기 위해서는 화자(작가 또는 감독(PD))가 스토리에 대한 철저한 자료 조사를 토대로 영상을 통해 보여주고자 하는 메시지를 철저하게 고민해야 한다.

그 과정을 통해 기획력이 탄탄한 방송스토리텔링의 토대가 마련된다. 방송스토리텔링의 출발이 좋은 기획에서 시작된다고 하는 것도 이런 의미에서다. 또한 좋은 기획의 출발은 시대의 흐름을 읽는 일이다.

'지금 여러분의 머릿속에 떠오르는 이야깃거리가 있는가?'

'그 이야기가 이 시점에 사람들의 관심을 모을 수 있겠는가?'

'그 이야기에 여러분은 어떤 의미를 부여할 수 있겠는가?'

'사람들이 공감하고 나아가 감동을 할 수 있는 이야기인가?'

'기존의 소재와 어떤 면에서 차별화되는가?'

흔히 같은 사물이나 사람, 사회현상을 보더라도 백이면 백 사람 다 다른 생각을 한다고 한다. 여기서 창조적인 발상이 필요하다. 흥미로운 스토리텔링은 눈에 보이는 현상 그 내면에 있는 이야기를 끄집어내 잘 엮어낸다. 수용자들이 순식간에 이야기 속으로 빠져들게 되는 것도 흥미로운 이야기 구성 때문이다. 수용자들의 눈과 귀를 잡을만한 스토리텔링을 할 준비가 되셨는가? 다른 사람의 눈과 귀를 열기 위해서는 먼저 여러분의 눈과 귀를 활짝 열어두어야 한다.

● 참고문헌

김석호, 『방송구성작가의 실전』, 숲속의꿈, 2002.

브루스 블록스, 『비주얼 스토리』, 민경원 역, 커뮤니케이션북스, 2010.

설진아, 『방송기획제작의 기초』, 커뮤니케이션북스, 2007.

이영돈, 『이영돈 PD의 TV프로그램 기획제작론』, 커뮤니케이션북스, 2010.

장해랑, 『TV다큐멘터리 세상을 말하다』, 샘처사, 2004.

최혜실, 『문화콘텐츠, 스토리텔링을 만나다』, 삼성경제연구소, 2006.

_____, 『스토리텔링, 그 매혹의 과학』, 한울아카데미, 2011.

한지원, 『깊이 있는 TV구성다큐멘터리 이렇게 쓴다』, 시나리오친구들, 2011.

Alan Rosenthal, 『다큐멘터리, 기획에서 제작까지』, 안정임 역, 한국방송개발원, 1997.

EBS 다큐프라임 '이야기의 힘' 제작팀, 『매혹적인 스토리텔링의 소건』, 황금물고기, 2012.

제3부
—
스토리,
디지털과
만나다

창조경제와 스토리산업
Creative Economy and Story Industry

박수홍 · 강문숙

1. 창조경제시대의 스토리의 의미

창조경제에서의 핵심은 새로운 아이디어의 고안, 즉 창조력과 그것을 시장가치로 구현해 낼 수 있는 실행력이다. 창조성 즉, 독특하여 차별화된 아이디어는 두 가지 측면에서 생각해 볼 수 있다. 하나는 눈에 드러나는 기능에서의 차별성이며, 또 하나는 눈으로는 볼 수 없지만 느낌으로 알 수 있는 이미지에서의 차별성을 들 수 있다. 먼저, 기능에서 차별성은 기존 제품이나 서비스에 존재하지 않는 새로운 것을 추가하거나 독립적으로 존재하는 기능을 결합함으로 만들어질 수 있다. 가령, 연필과 지우개를 결합하여 "지우개가 달린 연필"이 그 예가 될 수 있다. 이러한 새로운 기능의 개발과 수정은 다양한 경로에서 파생될 수 있다. 가령, 사회생태계 변화(가령, 인구 변동) 추이를 잘 읽어서 기존의 비 고객을 새로운 고객으로 받아들일 수 있는 기능 변화(가령, 노인들을 위한 새로운 인터페이스의 스마트폰)라든지, 고객의 니즈를 정확하게 파악하여, 니즈에 맞는 기능의 개선, 과학기술 분야의 지식을 활용하여 새로운 기능을 만들어 낼 수도 있다. 이와 같은, 다양한 방법으로 기능에서 차별성을 가져오면 확실한 경쟁력을 가질 수 있지만, 새로운 기능을 창조해내기 위해서는 연구개발과 투자의 위험(특히, 과학기술을 통한 기능

개선)이 발생할 수 있거니와 일단 새로운 기능을 창조하더라도, 눈에 잘 드러나기 때문에 역공학을 통해 경쟁자에게 쉽게 카피되어 버릴 수 있는 문제가 있다. 결과적으로 새로운 기능을 만들어 낼 수 있는 여지는 점점 줄어들어, 어떤 특정 제품이나 서비스의 기능성에서 차별성을 유지하기란 쉽지 않게 된다.

또한, 고객이 느끼는 차별성은 그 제품이나 서비스가 가지는 기능적 우수성 못지 않게, 그 제품과 관련된 독특한 스토리나 매력적인 이미지에 달려 있다. 즉, 자기만의 진정성 있는 독특한 철학과 가치관이 기반이 될 때, 스토리(성공 스토리)와 그에 따른 이미지가 생성되고, 새로운 경쟁력이 나올 수 있다. 창조경제에서 제품이나 서비스의 차별성, 즉 새로운 스토리나 이미지를 창작하는 능력은 무엇보다 중요하다. 특히, 기업 활동에 있어서, 오로지 이윤 추구만을 하는 기업 이미지에서 벗어나 가령, 소외계층을 돕는 활동, 지구 환경 생태계의 친화적인 제품, 서비스 개발과 같은 건전한 생태계 조성에 일조하는 기업 이미지를 구축하기 위해서는 제품과 서비스에 소비자가 감동할 수 있는 그에 적절한 스토리를 연계해야 할 것이다. 거짓을 꾸미는 스토리가 아니라, 고객이 감동할 수 있는 진실한 스토리가 나와야 한다. 진실한 스토리가 도출되기 위해서는 기업의 핵심 가치나 목적이 새롭게 거듭날 때, 그러한 감동 스토리가 끝없이 생성된다.

창조경제시대의 핵심 자원은 스토리이다. 스토리는 물질적 자원(e.g., 석유, 금속 등)과는 다르다. 스토리는 유한 자원이나 공해 유발 자원도 아니다. 스토리 자원은 인간의 상상력을 통해 무한하게 창조해 낼 수 있고, 친환경적 자원이다. 그러나 스토리는 일상생활의 어떤 장소에도 존재 가능한 흔한 것이라고 볼 수 있다. 그렇다면, 사람들의 주의를 끌고 감동을 줄 수 있는 좋은 스토리 자원이 되기 위한 조건은 무엇일까? 인간의 지각에 신기성을 줄 수 있는 새로운 것이 되어야 한다. 종래의 진부한 패턴에서 돌출한 새로움이 있을 때이다. 예컨대, 새로운 과일 가게의 스토리 콘셉트를 바탕으로 창업한 '총각네 과일가게'의 상호에서 '총각'이라는 캐릭터가 '과일가게'라는 장소에서 재미나는 스토리와 색다른 서비스에 대한 기대를 자극하게 된다. 또한, 누구나 공감하고 감동할 수 있는 보편적 가치(봉사, 사랑, 불굴의 용기, 정의, 희망 등)가 내재되어 있는 스토리가 좋은 스토리 자원인 것이다.

2. 스토리산업의 스케치

앞서 강조한 바와 같이, 스토리산업은 창조경제를 이끌고 갈 핵심 산업이다. 문화콘텐츠산업에 한정된 차원에서만 보더라도, 전 세계 스토리산업의 규모는 1조 3566억 달러로 자동차산업(1조 2000억 달러)을 뛰어넘고, 정보산업(8,000억 달러)의 두 배에 육박하고 있다. 『해리포터』는 그 경제적 파급효과가 308조 원에 달하고, 게르만족의 설화에 기초한 소설인 『반지의 제왕』은 1억 부 이상 판매되었으며, 영화로도 제작되어 29억 달러의 매출을 기록하는 뉴질랜드 국가 전반의 경제 구조 변화를 초래(프로도 경제)하였다.

현재까지 스토리산업은 독자적인 정책 영역을 확보하기보다는 문화콘텐츠산업의 하위 분야로 문화콘텐츠를 형성하는 소프트웨어로서의 스토리와 관련된 산업을 의미하고 있다. 국내의 현 시각은 스토리산업을 문화콘텐츠산업과 관련되는 협의의 관점으로 보고 있으며, 이 분야 산업의 구체적인 이미지는 공연, 예술, 영화, 게임, 애니메이션과 같은 문화 원형이나 창작 스토리에 기초한 콘텐츠를 다양한 매체를 통해 서비스하는 형태, 즉, 콘텐츠가 핵심 서비스의 내용인 산업 활동으로 본다.

그러나 본고는 스토리산업을 문화콘텐츠산업의 하위 분야로 보지 않고 더 큰 시각에서 보고자 한다. 스토리산업은 크게 두 가지로 분류된다. 그중 한 가지는 최종재로서, 스토리 원형을 발굴하여 이를 통해 최종적 제품이 생산되는 최종재로서의 스토리산업이다. 다른 한 가지는 중간재로서, 다른 산업에 내재화되어 해당 산업에 가치를 부가하며 그 산업이 성장하도록 촉진하는 형태로 보고자 한다. 최종재로서의 스토리산업은 전통적인 문화콘텐츠산업 분야에 포함될 수 있는 좁은 의미의 스토리산업으로 볼 수 있다. 중간재로서의 스토리산업은 모든 산업 또는 경제활동에서 일어날 수 있는 것으로, 영역의 폭을 규정할 수 없거나 규정할 필요가 없다. 왜냐하면 스토리산업의 영역의 폭을 규정하고 제한을 가하면, 그만큼 창의성과 상상력은 감소하기 때문이다.

본고에서는 스토리산업을 기존의 문화콘텐츠산업에서와 같이, 스토리를 기반으로 한 최종재(소설책, 영화, 게임, 공연물 등)로서의 스토리산업과 그 외의 산업(농업, 제조, 서비스)에서의 스토리, 즉 새로운 사업 비전을 기반으로 하는 중간재로서의 스토리산업을 구분하고자 한다.

1) 스토리산업의 온톨로지(시간성)

일반적으로 스토리는 매력적인 이야기다. 최근 지역관광 활성화를 위하여 스토리텔링을 접목하고자 다양한 시도를 하고 있다. 이는 지역에 숨어 있는 스토리를 발굴하여 지역 브랜드 가치를 높이려는 노력의 일환이다. 하지만, 문제는 지역의 과거 문화원형에 너무 매몰되어 스토리를 발굴하려는 경향성이 높다. 과연, 스토리는 시간적으로 과거에만 있는 것인가? 현재와 미래에는 스토리 자원을 발굴할 수 없는가? 라는 의문이 생긴다. 과거, 현재, 미래라는 연속적인 연장선 차원에서 스토리

자원을 확보할 필요가 있다. 이러한 의미에서, 아래 표는 스토리 창작을 기반으로 하는 문화콘텐츠산업과 그 외 일반 산업의 시간적 차원에서 스토리가 존재할 수 있다는 점을 나타내고 있다. 미래의 스토리가 결국 현재 스토리가 되며, 시간이 지나면 과거 스토리가 된다는 점에서 분절적인 개념이 아니라 서로 연결된 된다는 연속성에서 미래, 현재, 그리고 과거 스토리는 상호연결성을 갖게 된다.

비고	과거 스토리	현재 진행 스토리	미래 스토리	4차원 또는 시공간 혼합
문화콘텐츠산업 (최종재)	과거 신화나 문화 원형, 사건에 기초한 스토리	현재 진행 중인 독특하고, 감동적이며, 차별적인 스토리	미래 사회에서 일어날 수 독특한 상상력에 근거한 스토리	마법의 세계와 같은 4차원과 과거, 현재, 미래의 혼재
	· 명성황후(드라마, 영화, 뮤지컬) · 그리스/로마 신화 (다양한 매체의 소재로 활용) · 벽속의 요정(모노 드라마, 뮤지컬) : 벽속에 숨어 지내는 사상범을 소재로 한 작품	· Sex and the City (드라마) : 뉴욕을 배경으로 자유분방한 성담론을 소재 · 강남스타일(뮤직비디오) : 한류의 중심지를 배경으로, 코믹한 스토리, 춤, 음악의 융합	· 해운대(영화) : 미래 가능한 천재지변 시나리오를 기반 · 쥬라기 공원(소설, 영화): 과학적 상상력에 근거한 미래 시나리오	· 해리포터(소설, 영화) : 현대와 마법 세계의 공존 · 나니아 연대기(소설, 영화) : 2차 대전과 환타지 세계의 혼재) · 매트릭스(영화) : 미래 사회와 사이버 시 · 공간의 혼재
문화콘텐츠산업을 제외한 모든 산업 (중간재)	과거 유산에 근거한 스토리 자원(관광, 지역혁신)	현재 진행 중인 스토리 혁신	미래 일어날 시나리오나 이벤트에 근거한 스토리 자원	사례를 발굴 중
	· 울산 암각화(고래축제, 관광) · 새마을 운동 (지역 공동체 혁신) · 남이섬 (커플 관광) : 겨울연가 촬영지	· 애플의 혁신 스토리(기업 경영) · 순천만 에코 스토리(지역 관광) · 총각네 과일가게(서비스 사업) · 청도 와인 터널(농업)	· 평창동계올림픽 스토리텔링(마케팅 기법) · 창조도시 비전 스토리텔링(지역 혁신방법) · 지역의 미래비전 · 기업의 미래 비전 스토리텔링(조직 혁신방법)	

〈표 1〉 시간적 차원의 스토리 자원

스토리는 인간의 창의성과 상상력을 통해 만들어질 수 있기 때문에, 과거의 문화 원형에 근거하지 않고도 현재 또는 미래에 기초한 스토리를 무한하게 만들어 낼 수 있다. 따라서 어떤 특정 지역이 역사적 의미가 적거나 문화재적 자원이 부족할지라도, 현재와 미래에 더하여 얼마든지 스토리 자원을 창출해 낼 수 있다. 그러기 위해서 핵심 이해관계자(리더)들의 창조/혁신적이며 미래지향적인 관점이 필요하며 중요하다. 예를 들면, 순천 갯벌의 자연 환경을 기반으로, 생태도시(ecological city)라는 미래 비전을 제시함으로, 순천을 새롭게 탈바꿈시킨 사례이다.

이때, 비전이라 함은 결국 미래의 바람직한 모습, 미래의 스토리를 의미한다. 따라서 비전 제시는 곧 스토리텔링인 것이다 지역과 조직의 미래를 꿈꾸고, 미래의 스토리를 창작할 수 있는 활동을 촉진하여, 미래 스토리 자원을 무한히 만들어 낼 수 있다. 가령, 해양도시 부산의 경우, 요트와 같은 해양 레저와 관련된 참신한 미래 비전을 만들어 도시를 스토리텔링할 수 있다.

앞서 언급한 '총각네 야채가게'는 창업에 스토리를 접목해서 성공한 사례라고 할 수 있다. 이 가게는 1998년에 반 평짜리 야채가게를 오픈한 후, 전국에 수십 개의 매장을 거느린 서비스 벤처 성공을 이루었다. 기존의 야채가게와 차별화하여, 새로운 야채가게에 대한 참신한 비전을 그려내어, 고객들에게 새로운 의미와 감동을 제공한 것이다. 마치 그곳에 가면 살아있는 느낌이 있고, 젊어지는 느낌이 들고, 뭔가 즐거운 일이 생길 것 같은, 늘 잔칫집 분위기, 한마디로 삶에 활력을 주는 곳으로 이미지와 스토리를 텔링하여 즐거움을 팔고, 젊은 총각과 같은 언제나 신선한 야채를 파는 동적이고 생기 넘치는 야채가게의 이미지를 스토리텔링한 것이다. 그러한 스토리를 구현시키기 위해서 유머감각과 힘이 넘치는 20대 종업원을 채용해서 고객에게 젊음, 역동성, 기쁨을 파는 것이다.

　스토리 상품화에 높은 경쟁력을 가진 반도체나 자동차산업을 능가하는 매출 효과를 낸『해리포터』의 나라, 영국은 스토리텔링 지원을 위해 체계적인 정책을 시행하고 있다. 지역의 예술위원회가 중앙정부로부터 전적인 지원을 받아 문학작품 창작자를 지원하고 프로젝트별 맞춤형 원스톱 지원을 위한 발전기금을 운영하고 있다 또한, 일반인의 독서와 창작을 촉진하기 위해 일반 작가를 지원하며 강독회를 통해 일반인의 문학 경험을 확대하기 위한 다양한 노력을 기울이고 있다. 지역 예술위원회는 복권기금 중 중앙정부와 지방정부의 지원금 등을 포함한 예산으로 스토리텔링 관련 페스티벌 프로젝트 활동 관련 시설에 지속적으로 투자하고 있으며, 영국 저변에 확산된 스토리텔링클럽 활동을 지원해 오고 있다.

　『해리포터』의 작가 조안 롤링은 스코틀랜드 예술진흥원으로부터 받은 재정적 지원이 창작 활동을 지속하는 데 큰 도움이 되었다고 강조하고 있다. 이 외에도 정규교육과정에서 창작 글쓰기(creative writing) 수업이 개설·운영되고 있어 스토리텔러 양성을 위한 기반을 마련하고 있다. 영국의 사례를 보면서, 우리나라는 문화·관광산업 활성화와 스토리텔링을 지원하기 위해서 스토리텔러 양성과 지속적이고 일관성있는 정책과 지원 규모를 확대해야 할 것으로 여겨진다.

2) 스토리산업의 온톨로지(공간성)

　최종재로서의 스토리 산업은 문화콘텐츠산업의 하위분야로 볼 수 있는 영역이다. 기존의 문화기술산업, 문화콘텐츠산업에서와 같이 독창적인 스토리를 기반으로 상품/서비스를 개발하고 판매하는 사업 군으로 정의할 수 있다. 구체적인 사례로 영화, 애니메이션, 공연, 예술산업,

MICE산업[1] 등을 들 수 있다. 중간재로서의 스토리 산업은 마치 IT산업이 많은 산업들과 결합하여 시스템화된 것과 같이 다른 산업과의 결합이 가능한 형태로 볼 수 있다. 구체적인 사례로, 영리기업과 관련한 영역의 스토리산업은 기존 방식과 차별화되고, 독특한 스토리를 기반으로한 혁신 비즈니스를 기획, 설계 및 고객의 감동을 이끌어 내는 창의적·혁신적 비즈니스를 포함할 수 있다. 즉, 태양의 서커스, 예치과, 스타벅스 등 영리기업은 스토리와 결합하여 기존의 산업을 중흥시키거나 새롭게 업(業)을 창출한다.

비영리 기업과 관련한 스토리산업은 기존 방식과 차별화되고, 독특한 스토리 중심의 혁신인 비영리 사업을 기획, 설계하고 고객의 감동을이끌어 내는 창의적·혁신적 조직을 포함하고 있다. 구체적인 사례로, 아사히야마 동물원은 스토리가 비영리 조직이나 지자체와 결합하여 공공의 이익을 달성하는 데 기여하고 있다. 즉, 중간재로서 스토리산업의활성화를 위해 기존의 ICT와 결합하여 스토리를 담아내면 시너지 효과를 발생시킬 수 있다.

	최종재로의 스토리산업	중간재로의 스토리산업
공공	공공 문화 영상 콘텐츠 산업 · 뮤지컬 이순신	공공 조직혁신 · 아사히야마 동물원, 순천생태도시 등
민간	영리 문화콘텐츠 산업 · 뮤지컬, 영화, 게임, 에니메이션 등	민간 조직 혁신 · 혁신의 스토리 애플 · 총각네 야채가게
제3 섹터	문화콘텐츠 사회적 기업 NGO · 독립영화 '워닝소리'	틈새시장, 발상의 전환을 통한 성공 스토리 · 반크(VANK) : 비영리 조직으로, 독도, 동해 등의 국제표기 수정 활동

〈표 2〉 스토리산업의 온톨로지(공간 영역)

---

1   MICE산업이란 회의(Meeting), 포상관광(Incentives), 컨벤션(Convention), 이벤트와 전시(Events & Exhibition)의 머리글자를 딴 것으로, 국제회의 등과 관광을 결합한 산업을 지칭함.

(1) 민간 영역

기업을 중심으로 한 민간 영역에서 추진해야 할 과제와 전략은 다음과 같다. 종래의 기업의 형태에서 벗어나 새로운 비전과 가치를 통해 기업 이미지를 변화시켜, 오히려 부가가치를 창출하는 스토리 기반산업을 들 수 있다. 예를 들어, 종래의 양계장의 이미지는 생산량을 극대화하기 위해 닭에게 약물을 투여하거나, 좁은 공간에 가두어 사육한다. 이러한 동물 학대의 콘셉트에서 벗어나 자연 상태에서 방목을 통해 건강한 닭의 생태 환경을 조성하여 유기농 양계장의 이미지와 스토리 콘셉트를 창출할 수 있다.

또한, 애플은 혁신 기업의 비전 스토리를 만들어, 동업계의 선두주자의 입지를 견고히 하고 있고, 구글은 직원들에게 자유로운 업무 환경을 조성함으로써 창의적 활동을 지원하는 창의성 중심의 기업 스토리를 연출하여, 기업의 가치와 기업 이미지를 높이고 있다. 총각네 야채가게는 기존의 야채가게와 차별화하여 새로운 야채가게에 대한 참신한 비전을 그려낸다. 이는 고객들에게 새로운 의미와 감동을 제공한 것으로, 국내 프랜차이즈에 이어 외국에 서비스 모델을 수출할 수도 있을 것이다.

(2) 제3섹터

사회적 기업 등 공적인 사명과 이익을 동시에 추구하는 제3섹터 영역에 대한 과제와 전략을 들 수 있다. 예를 들어, 쓰레기통에 내용물이 넘치면 센서가 인지하여, 쓰레기를 자동으로 압축하고, 수거차량을 호출하는 방식의 '태양광 자동 압축 쓰레기통'을 개발하였다. 이는 기존 쓰레기통에 새로운 비즈니스 스토리를 만들어, 공공적인 문제를 해결하는 환경 미화에 도움을 줄 뿐만 아니라, 사업화하여 영리 추구라는 두 마리 토끼를 잡는 사회적 기업의 창업 기회가 될 수 있다. 이 사례는 실제이며, 아이디어를 만든 대학생들은 창업하여 성공하고 있다.

또한, 스토리를 기반으로 설립된 '아름다운 가게'는 행복한 사회를 만들려는 즉, 아름다움을 파는 사회적 기업 사례도 있다. 아름다운 가게는 새로운 조직 비전 스토리를 기반으로 종래와 차별화된 기부와 재활용에 기초한 친환경적 사업이라 볼 수 있다. 더 나아가, 전국망을 통해 저소득계층에게 안정적인 일자리를 마련해 줄 수 있는 이점이 있다. 또한, 비싼 여행 경비가 필요한 기존의 해외여행의 콘셉트를 버리고, 착한 소비에 기초하여 새로운 여행문화 정착이라는 비전 스토리에 더해, 새로운 형태의 사회적 기업들이 만들어 질 수 있다. 이는 각 지자체가 앞장서서, 이러한 공정여행의 생태 환경 조성에 높은 관심을 보이고 있으며, 지역 관광 활성화에도 기여할 수 있을 것이다.

3. 스토리산업에서의 성공 사례

스토리를 기반으로 성공한 스토리산업의 좋은 사례는 기존 문화콘텐츠산업과 그 외 일반 산업에서도 찾아 볼 수 있다. 문화콘텐츠산업에서의 성공 사례는 영화, 게임, 공연예술 등에서 자주 접할 수 있다. 그 외의 산업에서 성공한 세 사례를 소개하고자 한다. 첫째는 일본 사례로, 시립 동물원(공공기관)에서 새로운 스토리를 기반으로 혁신에 성공한 것이며, 둘째는 국내 지자체인 순천의 갯벌이라는 자연 환경을 기반으로 생태 친화적인 도시로 거듭난 사례이다. 마지막은 '사장이 없는 회사' 고어텍스 기업으로 성공적인 기업 조직을 만들어, 미국 포춘지가 선정한 100대 기업에 선정된 사례이다. 성공한 세 사례를 살펴보자.

1) 하늘을 나는 펭귄 스토리 : 아사히야마 동물원 사례

일본 홋카이도의 중앙에 위치한 아사히카와라는 조그만 시골 도시의 '아사히야마 동물원'은 찾는 이가 없어 폐쇄 위기에 있었다. 그러나 직원들의 단결과 뛰어난 아이디어로 위기를 넘기고, 일본 전역은 물론 외국에서도 찾아오는 명소가 되었으며, 2005년도 '일본 창조대상'까지 받았다. 아사히야마 동물원은 일본 내 92개 동물원 중 관람객 수 꼴찌를 차지하고 예산 편성에서도 밀려나, 급기야 동물원장은 모든 직원을 불러 회의를 열었다. 동물원 직원들은 관람객을 지속적으로 늘리기 위하여 '펭귄관'이라는 묘안을 내놓았다. '아사이야마 동물원'은 1967년 개원 후 30여 년 만에 폐원 위기에까지 몰렸지만, 2000년 초 경이적인 관람객 수를 기록하며 기사회생하였다.

이 동물원이 꼴등에서 일등 동물원으로 변신할 수 있었던 비결은 고객 관점의 새로운 아이디어, 새로운 동물원 스토리를 바탕으로 한 창조적인 발상의 전환에 있었다. 기존의 동물원과 차별화되는 스토리, 즉 '하늘을 나는 펭귄'을 현실에서 이루어내기 위해 그 누구도 생각하지 못했던, 천장에 펭귄 수족관을 만들어내는 모습에서 진정한 혁신이란 무엇인가를 보여 주었다. 이러한 혁신은 동물원에 대한 새로운 비전 스토리에 기초하여 건축물을 재설계하여 고객 감동을 만들어 낸 것이다.

'아사히야마 동물원'은 이미 창조적 디자인 경영으로 국내 CEO들 사이에서 벤치마킹해야 할 대상으로 유명해진 곳이다. 이는 새로운 고객 가치를 창출하고, 자신만의 독창적인 기업 문화를 창출해 꼴등에서 단숨에 일본 최고의 동물원으로 변화한 동물원이다. 다시 말해, 그 배경에는 재미있는 스토리 디자인이 있었다. '아사히야마 동물원'은 관람객이 문을 열고 들어와 나가는 순간까지 한 사람 한 사람 모두에게 어떤 즐거

아사히야마 동물원 홈페이지(http://www5.city.asahikawa.hokkaido.jp/asahiyamazoo)

움을 줄 것인지에 대한 고민부터 시작했다. 그러기 위해서는 무엇보다 디자인적 요소가 중요하다.

'아사히야마 동물원'은 가장 먼저 고객이 무엇을 원하는지 꼼꼼히 분석하고, 이를 충족시켜 주기 위해 디자인 요소를 도입했다. '고객들이 원하는 것은 동물을 안아보고, 먹이도 주고, 돌보고 싶어 하는 것'이라는 고스케 마사오 원장의 말대로 아사히야마 측은 관람객의 니즈를 디자인에 적용하여 현장에 그대로 도입했던 것이다. 그 결과 아사이야마 동물원은 일본에서 가장 찾고 싶어 하는 동물원으로 거듭날 수 있었다.

이러한 동물원에서 주목해야 할 점은 다음과 같다. 첫째, 이곳은 규모도 보잘것없고, 추운 지방에 위치하고 있어 접근성이 상당히 떨어진 지리적 위치, 별다른 특색 없는 야생동물들로 관람객 수는 계속 줄어들고 있었다. 이러한 위기를 타파하기 위하여 사육사들은 더 잘해도 더 이상의 보상이 없는 공무원 신분임에도 불구하고, 동물원에 대해 누구보다 잘 알고 있는 사육사들이 동물원 내의 야생동물에 대한 사소한 느낌과 감동을 전달하고자 스터디 모임을 가졌으며, 이를 통해 고객들이 감동할 동물원 스토리를 그림으로 그리기 시작한 것이다. 일명 '기적의 스케치'라고 하는데, 향후 동물원이 개보수되어야 할 생각들을 모아서 눈에 보이게 시각화했던 것이다. 말하자면, 미래 동물원의 스토리를 시각적으로 표현한 것이다.

'아시히야마 동물원'은 일본 사람들 사이에 '감동'으로 통하는데, 이는 '감동을 주는 방식'을 찾아낸 것이다. 감동은 보편적인 성질을 띨 때 가장 극대화된다. 사육사들은 물속을 날아다니는 펭귄, 눈앞에서 헤엄치는 바다표범, 사람들의 머리 위로 맹수들이 유유자적 거니는 모습 등 새로운 전시 방법을 고안하여 동물들에게서 감동을 찾아내고, 그들과 공감하며 관람객들에게 감동을 전달하는 일(스토리텔링)을 해낸 것이다.

아울러, 전혀 다른 업종인 아이치현의 주부국제공항은 아사히야마 동물원을 보고 영감을 얻어 공항을 리모델링했다. 평소 일반인 출입이 통제된 활주로 등 제한구역을 개방, 비행기 이착륙을 가까이서 볼 수 있게 만들어 큰 인기를 끌었다. 아사히야마 동물원의 혁신을 지휘한 고스게 전 원장은 "꼭 돈을 들이지 않아도 작은 발상의 전환이 큰 변화를 가져온 것"이라며 "우리 주변의 모든 것이 혁신 아이디어가 될 수 있다"고 말했다.

2) '짱뚱어가 뛰는 갯벌' 스토리 : 순천만 생태도시 사례

순천만은 갯벌을 토대로 에코도시 스토리 비전을 제시한 후, 올해로 5회를 맞는 람사르 협약이 창원에서 개최된다. 순천만은 람사르 협약 당사국 총회 현장 견학지로 주목을 받고, 연이어 순천세계정원박람회 개최로 자연친화적 도시 이미지를 구축하고 있다. 현재 생태와 문화의 도시로 거듭난 순천만의 방문 관광객은 400만이며, 연간 300만 명 이상이 다녀가는 국가의 명승지가 되었다.

처음 지자체 순천시의 스토리텔링 프로젝트 팀에서는 먼저 현 상태(문제 진단), 고객 기대(이상적인 비전), 개선안(마케팅 전략)을 중심으로 회의가 진행되었다. 회의에서 도출된 문제는 볼거리가 분산되어 있고, 이동 수단이 택시밖에 없으며, 설명해 줄 사람이 없다는 것이 진단되었다. 이후, 고객의 관점에서 순천만의 여러 곳을 보고 싶고, 이곳저곳으로 이동하기 편하고, 관광지에 숨어있는 스토리를 알고 싶다는 이상적인 비전을 제시하였다. 개선안으로, 투어 프로그램을 만들거나 시티투어버스를 운영하자는 마케팅 전략을 세워, 순천시(市)에서 투어버스를 운영하게 되었다. 순천시 공무원들의 노력으로 순천만은 스토리 비전을 제시하게 되었다.

이렇듯 순천시 공무원은 혁신에 대한 움직임이 있었는데, 이러한 변화는 리더의 방향 제시가 중요하다. 순천시장은 취임 후 새로운 브랜드와 마케팅으로 새로운 비전 계획을 수립하고 순천시의 지역 특성을 살리고 새로운 발전 전략을 세웠다. 여기에 단순히 갯벌을 보는 것이 아니라, 갯벌과 자연 생태계의 스토리를 만들어, 시청 공무원이 직접 기안을 하고 시민들의 아이디어를 모아 만들었다. 또한 여러 하드웨어적인 시설뿐만 아니라, 소프트웨어적인 스토리 개발과 이를 전달하는 관광 해설사와 같은 스토리텔러의 양성이 중요하다. 구체적인 예로, 순천만을 소재로 한 시나 소설, 사진, 단편영화를 만들 수 있는 환경을 제공하고 서비스를 개발하였다. 순천만의 스토리 컨셉트는 다른 지방과 차별화되고, 순천만이 가지는 가치를 통해 고객에게 메시지를 전하고자 하였다.

순천시는 놀라운 자연생태도시의 신화를 만들어, 특별한 체험 공간을 제공하기 위해 드라마 세트장과 갯벌에 자연생태관을 건설하고, 짱뚱어가 뛰는 모습을 보여주기 위해 지속적인 노력을 하고 있다. 이러한 노력의 결과로 2008년에는 '살고 싶은 도시 만들기 대상'에서 국무총리상을 받았으며, 아름다운 순천만을 온전히 보존하고 세계적인 생태도시로 도약하는 2013 순천만 국제정원박람회를 유치하게 되었다. 대부분 박람회가 끝나면 시설이 철거되는 산업박람회와는 달리, 정원박람회장은 시간이 흐를수록 더욱 울창해져 그 가치가 높아지는 생태 공간으로 거듭나는 미래형, 친환경적 박람회로 주목받고 있다. 순천만은 에코벨트일 뿐만 아니라 세계 23개국이 참여하여 만든 유럽에서 아시아에 이르기까지 외국에 가지 않아도 한자리에서 볼 수 있다.

순천만 국제정원박람회는 국내 · 외 지자체, 기업, 단체, 정원 작가들이 창의적인 아이디어와 개성 넘치는 디자인으로 조성하여 현대 정원 문화의 흐름을 한눈에 볼 수 있게 하였다(참여 정원). 세계적인 정원 디자이너들이 참여하여 만든 다양한 의미와 스토리 비젼이 있는 정원들로 꾸며져 있다. 습지의 소중함을 체험하는 생태 체험의 공간이다. 다채로운 문화, 전시공연 등 국내 최대의 생태 체험 학습장으로 지속 가능한

동양의 정원(한국, 중국, 일본)

서양의 정원(프랑스, 독일, 영국, 미국)

| 허브카페 | 봉화언덕 | 야수의 장미정원 | 흑두루미의 미로정원 |

출처 : 순천만자연생태공원 홈페이지

신성장 동력을 확보하고, 21세기 시대 정신인 생태와 문화를 통한 힐링과 웰빙을 실현하는 세계적인 생태도시로 성장할 수 있을 것이다. 이렇듯 순천시는 풀, 나무, 습지, 새 그리고 사람 등 환경 파괴 산업 대신 자연과 공존하는 생태도시 순천만에 시장, 시 공무원, 시민이 함께 참여하여 세계의 정원이라는 사람들의 마음을 이끄는 감동적이고 혁신적인 스토리 비전을 창출하였다.

3) '사장이 없는 회사' : 고어텍스 사례

앞서 스토리의 핵심은 과거뿐만 아니라, 현재, 미래의 독창성과 연관된다고 할 수 있다. 이러한 독창성은 고어텍스에서도 찾아 볼 수 있다. 고어텍스는 기존의 기업과 차별화되는 기업으로 '사장이 없는 회사'이다. 고어는 1958년 고어 부부에 의하여 설립되어, 비상장 기업이며, 2013년 16년 연속으로 미국 내 일하고 싶은 100대 기업으로 포춘지에 선정되었다. 고어는 의사결정 과정에 프로젝트와 가장 밀접한 사람들을 참여시키며, 실제적인 혁신을 장려하며, 팀이 조직되고, 리더를 선출하는 방식을 취한다.

고어는 수평 조직을 만들어, 명령이나 미리 정해진 의사소통은 존재하지 않는다. 대신에, 직원들은 상호간에 직접 의사소통을 하며, 다중원칙(multi-disciplined)팀의 동료 직원에 대해 책임을 다한다. 상사가 아닌 스폰서의 지도에 따라 기회와 팀 목표에 대한 이해를 바탕으로, 동료들은 자신의 능력에 부합하는 프로젝트에 전념하게 된다. 이 모든 것은 협력 및 자율적인 자유와 시너지를 결합하는 환경에서 이루어진다고 할 수 있다.

모든 동료들은 프로젝트를 정의하고 추진할 수 있다는 신념을 얻을 수 있으며, 스폰서는 동료들의 기업에 대한 기여를 극대화하는 동시에 자아실현을 지원할 조직 내 과정 계획을 돕는다. 리더를 선출할 수도 있지만, 이것은 '팔로어십(followership)'에 의해, 리더들은 영업 목표를 앞당기는 특별한 지식, 기술 또는 경험을 발휘함으로써 자연스럽게 나타난다. 동료들은 모든 사람에 대한 공정성, 동료들의 지식, 기술 및 책임 범위 확대를 장려, 약속하고 이를 지키는 능력, 다른 동료들과의 상의를 원칙으로 한다.

고어는 '나눠라, 그래야 커진다(Divide, so we can multiply)'는 철학에 기반을 둔다. 고어는 거대 기업 듀폰에서 자신의 능력이나 창의성을 마음대로 발휘할 수 없었다. 이러한 경험을 토대로, 직원 수가 너무 많으면 구성원들이 협력하고 경쟁하는 데 어려우며, 작은 조직이 큰 조직에 비해 항상 효율적이라고 판단했다. 고어는 공장을 건설하는 데 추가 비용이 들더라도 조직을 나누며, 기존에 검증된 경영 방식이나 조직 문화와는 다른 혁신적인 기업 브랜드 스토리를 성공 신화로 이끌었다.

고어는 회사를 창업할 당시부터 사장과 직원이 아닌 동료들끼리 모인 조직으로, 직원들이 창의적인 아이디어를 내기 위해선 직급에 구애받지 않고 자유로운 분위기를 조성한다. 관리자와 보스가 없는 대신 '스폰스'라는 멘토 제도가 있다. 고어 직원들은 신입 사원 때부터 스폰서가 따라 붙고, 조직 활동의 모든 부분에 걸쳐 조언을 받는다. 고어는 '제너럴리스트'를 양성하며, 프로젝트 위주로 진행되며, 한 프로젝트가 끝나면 직원들은 또 다른 분야로 옮겨간다. 예를 들어, 개발 분야에 종사하다 마케팅 업무를 담당하는 경우나 그 반대도 많아서, 직원들의 사업부 간 이동도 활발하다.

전문가 육성을 강조하는 대부분의 기업들은 스페셜리스트 즉, 한 분야의 전문가를 중요하게 여기지만, 고어는 제너럴리스트 즉, 두루 폭넓게 아는 인재를 육성한다. 이러한 방식은 지나친 업무 분리로 인해 전문성에 함몰될 수 있으며, 최고의 혁신은 다른 관점과 독특한 시각에서 나오며, 오히려 해당 분야에 전문지식이 없는 경우에 더 창의적인 아이디어를 낼 수 있다고 생각한다. 고어는 의류 업체에 공급할 때, 고어텍스 로고를 반드시 옷 겉면에 붙이는 계약을 하면서 '인사이드 마케팅'을 도입했다. 이로 인해 옷 소재인 고어텍스가 소비자들에게 널리 알려진 것이다. 이런 아이디어는 고어의 마케팅 전문가에 의한 것이 아니라,

출처 : 고어텍스 홈페이지

고어 동료들에 의해 창출된 것이다.

4. 소결

미래학자 롤프 옌센은 정보사회 이후에 도래할 미래 사회의 특성을 '드림 소사이어티(Dream Society)'라고 규정하며, 스토리가 중심이 되어 사회 경제적 부가가치가 가중되는 사회를 예견하였다. 그러나 그의 예측은 미래 사회가 아니라 이미 현대 사회에서 쉽게 찾아 볼 수 있는 현상이다. 창의적인 아이디어를 기반으로 하는 게임 시나리오나 영화 등의 문화콘텐츠는 상당한 부가가치를 생성하고 있으며, 앞서가는 기업들은 이미 제품의 기능과 기술보다는 제품과 함께하는 스토리를 주요 마케팅 전략으로 활용하고 있다. 또한 스토리는 기업뿐만 아니라 시도 지자체의 도시브랜드의 제고 전략으로 나아가 한 국가의 이미지 제고 방법으로도 활용되고 있다.

본 글에서 스토리산업이란 인간의 생활을 경제적으로 풍요롭게 하기 위하여 스토리를 활용하여 재화나 서비스를 생산하는 활동을 말한다. 스토리산업은 최종재로서 스토리 원형을 발굴하여, 이를 통해 최종적 제품이 생산되는 즉, 문화콘텐츠산업의 기반이 되는 영화나 애니메이션, 공연, 예술산업 등이 생산되는 형태와, 중간재로서 스토리가 다른 산업에 기반이 되어 해당 산업에 가치를 부가하며 그 산업이 성장하도록 촉진하는 형태로 구분할 수 있다. 중간재로서의 스토리산업은 마치 IT산업이 많은 산업들과 결합하여 새로운 산업으로 시스템화된 것과 같이 다른 산업과의 결합을 가능하게 한다. 이러한 형태는 태양의 서커스, 예치과, 스타벅스 등과 같이 영리 기업과 결합하여 기존의 산업을 중흥시키거나 새롭게 업(業)을 창출하는 유형과 아사히야마 동물원, 순천시, 혁신 지자체와 같이 비영리 조직과 결합하여 공공의 이익을 달성하는 유형으로 나누어 생각할 수 있다.

아울러, 창조경제에서 스토리산업이 요구되는 핵심 역량은 기업가 정신으로 불리는 앙트러프러너십(entrepreneurship)이라 할 수 있다. 요즘 앙트러프러너십의 위축을 걱정하는 목소리가 높다. 이는 새로운 분야에 도전하고 성공을 거두는 기업가 정신을 고취하는 교육이 학교에서 거의 이루어지지 않고 있으며, 사회가 안정화되면서 대기업에 취업하거나 안정적인 공무원 생활을 선호하는 분위기 때문일 것이다. 다시 경제 혁신이 일어나기 위해서는 기업가 정신을 고취하는 교육이 체계적으로 이루어져야 할 것이다.

미국의 경우, 대학을 매개로 한 창업 생태계 기반 환경이 완벽하게 갖추어져 있다. 정부는 지난 1980년 돈을 누가 대든지 연구자가 자신의 연구 결과를 사업에 활용할 수 있는 권리를 가질 수 있도록 법안을 개정해 이러한 벤처 생태계 발전 기반을 마련했고, 이후 선배 벤처 창업자의 경영 컨설팅, 법률 지원 서비스, 회계 지원 서비스, 엔젤 투자 등이 하나둘 더해지면서 거의 완벽한 형태의 벤처 생태계 기반 환경이 조성되어 있다. 이것은 MIT 졸업생들이 창출한 산업 규모가 우리나라 국내총생산(GDP)의 2배가 넘는다는 사실을 입증하고 있다. 이러한 형태의 창업 생태계만 원활하게 돌아가면 창조경제 실현은 그다지 어려운 게 아닐 것이다.

이에, ICT 기술을 융합시켜 스토리산업을 개발하고, 스토리 전문가, 스토리 작가, 스토리 프로그램 개발 전문가, 스토리 연출가를 많이 양성해야 한다. ICT 기술을 융합시켜 체험산업을 개발하고, 체험산업을 사회봉사 프로그램이나 여행과 연결시켜야 한다. 그리고 ICT 기술을 융합시켜 체험과 게임·레저산업을 개발하고, 체험을 게임과 레저에 융합시킬 수 있는 전문가를 양성해야 한다. 이러한 융합 인재를 양성하여 과거 유산뿐만 아니라, 현재, 미래에서도 창출할 수 있는 가치 있는 스토리 즉, 아사이야마 동물원, 순천만 국제정원박람회, 고어텍스의 사례와 같이 혁신적 스토리를 현실에서 구현해야 한다.

우리의 과거, 현재, 미래에 관한 독특한 스토리를 중심으로 꿈의 산업을 개발하고, 이와 관련되는 시나리오 작가이면서 융합 전문가 IT 전문가를 길러내야 한다. 또한, 드림 소사이어티에서는 새로운 직업인이

출현할 것이다. 다양한 스토리 직업인을 요구하는 동시에 다양한 체험
전문가, 레저 활동 전문가를 요구하게 될 것이다. 각자의 자아실현욕구,
즉 꿈을 대리만족시켜 줄 수 있는 체험, 봉사, 여행, 게임, 레저, 스토리,
시, 소설, 연극, 영화 등의 산업이 번창하여 많은 사람들이 이러한 문화
속에서 즐거운 삶을 영위하는 사회를 건설해야 한다.

이러한 맥락에서 본고는 유형의 자산보다는 인적 자원이나 그로 인
한 산업재산권의 가치가 더 커지는 경쟁력 있는 인재를 영입하고, 창조
적이며 생산적인 인재를 육성하는 것이 핵심 역량이다. 이를 위해, 지자
체나 기업들은 열린 체제에서 경쟁력을 가지는 창조/융합형 인재를 양
성해야 한다. 종래의 기업가 정신이라고 불리우는 다소 모호하고 신비
롭기까지 한 앙트러프러너십이라는 개념을 보다 관리 가능하고, 교육훈
련을 통해서 개발 가능성을 높일 수 있는 역량의 차원(entrepreneurial com-
petence)으로 바라보고 있다. 이러한 가정 하에, 앙트러프러너십을 효과
적으로 개발할 수 있는 교육이 필요하다.

이러한 역량을 개발하기 위해서 앙트러프러너십의 핵심은 창조성과
실천성이라 본다.[2] 첫째, 창조성 개발은 아직 미개척 분야지만, 창조성
개발의 방향성에 대한 준거나 원리를 제공해 줄 수 있는 지식기반으로
는 지식경영[3], web 2.0경제[4], 블루오션[5]과 같은 학문 분야를 언급하고 있
고, 구체적인 혁신적 아이디어를 생산하는 데 도움이 되는 도구(tool)적
인 지식기반으로는 TRIZ 기법[6], creative problem solving 모형[7], brain-

2 박수홍, 「Entrepreneurial Competence 강화를 위한 Blended Learning Service 모형개발」, 「e-비즈니
  스연구」 10(4), 2009.

3 Nonaka, I. & Takeuchi, H. *The knowledge-creating company*, New York: Oxford University Press,
  1995.

4 Tapscott, D. *Wikinomics*, Penguin USA, 2008.

5 Toffler, A. & Toffler, H. *Revolution Wealth*, Bantam, 2006.

storming 기술에 포함될 수 있는 다양한 아이디어 개발 기법(아이디어 확산 기법, 아이디어 수렴 기법, 아이디어 평가 기법)[8]을 두고 있다. 둘째, 실천성 개발은 비즈니스 프로세스 skill, 이를테면, 마케팅 기획, 재무 계획, 인사조직 구성이 필요하다.[9] 이와 같은 skill이 구비되지 않고서는, 초기의 창조적 아이디어나 기회가 머릿속에서 사장될 가능성이 높다. 즉, 현실적으로 실현 및 실천해 내기가 어려운 것이다. 이때, 비즈니스 프로세스라는 의미는 세밀한 내용(detailed complexity)에 대한 전문성보다는, 하위 요소(마케팅, 재무, 인사조직)들 간의 유기적 연관성(dynamic complexity)을 총체적으로 이해하는 것이 핵심이 된다. 가령, 창업에 관한 잡다한 산발적 지식보다는, 건전한 인지도(cognitive map)가 구성되는 것이, 장차 다양한 세부적인 지식이 유의미하게 결합될 수 있는 토대가 되어 효과를 발휘할 수 있기 때문이다.

스토리는 창조경제 산업 구조에서 핵심 자원이다. 창조성과 실천력은 기업가 정신(entrepreneurship)에서 비롯된다. 기업가 정신은 '아사히야마 동물원', '순천만 생태도시', '사장이 없는 회사' 사례에서와 같이 새로운 아이디어를 바탕으로 한 창조적인 발상의 전환을 말한다. 기존의 이야기와 차별화되는 스토리를 현실에서 이루어내기 위해 진정한 혁신을 보여 준다. 이것이 바로 창조성과 실천력을 바탕으로 한 앙트러프러너십(entrepreneurship)이라 할 수 있는데, 이는 교육훈련을 통해서 개발 가능성을 높일 수 있는 역량의 차원(entrepreneurial competence)으로 바라볼

6 Yang, K & Zhang, H. A Comparison of TRIZ and Axiomatic Design. The TRIZ Journal. August 2000.

7 Isaksen, S. G. & Treffinger, D. J. *Creative problem solving: The basic course*, Buffalo, NY: Brearly Limited, 1985.

8 Osborn, A. F. *Applied imagination: Principles and procedures of creative problem-solving*, New York: Charles Scribner's Sons, 1963.

9 오종석 · 조영복, 『현대경영학』(제3판), 삼영사, 2007.

수 있다.[10] 앙트러프러너십은 앙트러프러너(entrepreneur)가 소지하고 있는 능력이나 자질을 말한다.

여기서 앙트러프러너는 프랑스 경제학자 Say가 처음 사용한 용어이다.[11] 앙트러프러너는 창조적 파괴(creative destruction) 과정의 리더로서 일종의 공헌자인데, 그 능력을 "전에 시도된 적이 없는 기술적 가능성을 적용, 원재료의 새로운 공급원이나 제품의 새로운 판로를 개척하거나 산업을 재편성함으로써 생산 양식을 혁신"[12]해내는 것으로 보고 있다. 그리고 앙트러프러너란 자신의 일을 창조하고, 자신의 실력이 반영되며 독창성을 구사하는 즐거움을 큰 보람으로 삼고 변화를 탐구하여 그에 대응할 뿐만 아니라 변화를 기회로 이끌어 내는 사람으로 보고 있다.[13]

결론적으로, 앞으로의 시대는 논리와 쪼갬을 중시하는 분석의 시대가 가고, 상상력과 융합을 강조하는 디자인의 시대가 오고 있다. 우량 기업에서는 CEO 직속 디자인경영센터를 설립해 전사 디자인을 총괄하는 디자인최고책임자(CDO : Chief Design Officer) 제도를 도입하고 있다. 고객의 마음을 끄는 것은 논리보다는 감성이다. 논리나 기능만 가지고 승리하는 시대는 끝이 났으며, 상대의 마음을 움직여야 승리하는 시대다. 이러한 시대에 걸맞는 새로운 핵심 역량인 창조/융합형 핵심 인재를 양성해야 한다. 핵심 인재상인 창조/융합형 인재를 길러내기 위해서는 팀 기반의 접근으로부터 출발해야 할 것이다. 팀이란 다양한 시각과 다양한 전문성의 토대 위에서 갈등과 협력을 통해서 새롭고 창조적이며, 복합적이고 융합적인 것이 나오기 때문이다.

10 박수홍, 「Entrepreneurial Competence 강화를 위한 Blended Learning Service 모형개발」, 「e-비즈니스연구」 10(4), 2009.

11 Drucker, P. F. *Innovation and Entrepreneurship*, New York: Harper and Row, 1985.

12 Schumpeter, J. A. *The Theory of Economic Growth*, Oxford University Press, 1935.

13 Drucker, P. F. *op. cit*.

• 참고문헌

김영한, 『스토리로 승부하라』, 새빛, 2009.

박수홍, 「Entrepreneurial Competence 강화를 위한 Blended Learning Service 모형개발」, 『e-비즈니스연구』 10(4), 2009.

_____ · 안영식 · 정주영, 「핵심역량강화를 위한 체계적 액션러닝 프로그램 개발」, 『교육정보미디어연구』 11(4), 2005.

오종석 · 조영복, 『현대경영학』(제3판), 삼영사, 2007.

이주혁 · 박수홍 · 김두규 · 남기곤, 「중소기업 중간관리자의 앙트러프러너십(entrepreneursdhip) 역량 증진 프로그램 설계」, 『기업교육연구』 14(2), 2012.

Drucker, P. F. *Innovation and Entrepreneurship*, New York: Harper and Row, 1985.

Isaksen, S. G. & Treffinger, D. J. *Creative problem solving*: The basic course, Buffalo, NY: Brearly Limited, 1985.

Nonaka, I. & Takeuchi, H. *The knowledge-creating company*, New York: Oxford University Press, 1995.

Osborn, A. F. *Applied imagination: Principles and procedures of creative problem-solving*, New York: Charles Scribner's Sons, 1963.

Prahalad, C. K. & G. Hamel. "The core competence of the corporation", *Havard Business Review* 68(3), 1990.

Schumpeter, J. A. *The Theory of Economic Growth*, Oxford University Press, 1935.

Tapscott, D. *Wikinomics*, Penguin USA, 2008.

Toffler, A. & Toffler, H. *Revolution Wealth*, Bantam, 2006.

고어텍스공식홈페이지(http://www.gore.com/ko_kr/aboutus/timeline/timeline.html).

문화콘텐츠진흥원 스토리산업활성화 정책 홈페이지(http://www.kocca.kr/business/capacity/story/ story/index.html).

아사히야마 동물원(http://www5.city.asahikawa.hokkaido.jp/asahiyamazoo).

순천만자연생태공원(http://www.suncheonbay.go.kr).

지식생태계에서
스토리텔링 플랫폼으로[1]

from Knowledge Ecosystem to Storytelling Platform

최성욱

1. 지식생태계와 스토리텔링

열역학 제2법칙에 의하면 자연계에서 에너지는 항상 무질서한 방향 (엔트로피가 증가하는 방향)으로 진행한다. 즉, 깔끔하게 정리 정돈된 방(계)의 엔트로피는 낮으며, 대부분 시간이 지나면 그 방은 점점 어질 러져서 엔트로피가 증가하게 되므로 일을 하지 않고는 그 방을 정리 정 돈할 수 없다. 마찬가지로 딱딱한 지식이 자연생태계와 같은 현실 환경 에서 스스로 살아서 다음 계통으로 잘 전달되게 하려면 스토리텔링 과 정이 필요하다.

구조가 내용을 결정한다. 이야기는 가슴에 머물고, 지식은 머리에 저 장된다. 잘 구조화된 지식은 지식창고에 저장할 수 있지만 먹기에는 딱 딱해서 말랑말랑하게 메시지형태의 전달가능한 형태로 변환해야 한다. 이러한 변환과정에서 새로운 지식이 창출되며 그 지식을 공유하고 의미 있는 스토리텔링 과정을 보여준다.

기록이 기억을 지배한다. 이야기를 전개하기 전에 기록이 가능하도 록 이야기의 구조를 먼저 생각해보면 기억나게 하는 이야기로 잘 풀어

---

1 본고에서는 "최성욱, 「소셜플랫폼 전략을 통한 부산지식네트워크 활용방안」, 부산인적자원개발원, 2012"에서 일부 발췌하여 연구내용을 정리하였음을 밝힙니다.

갈 수 있다. 칼릴 지브란은 "지식은 날개 돋힌 생명"[2]이라는 짧은 시에서 타인과 지식을 연결하고 공유할 때 의미있는 스토리를 가진다고 말하는 것 같다.

본고에서 지식의 창조와 공유과정에서 스토리가 만나는 지점을 노나카 SECI™ 모델의 지식생태계와 연개소문(連開小紋)™ 스토리텔링의 구조에서 찾아볼 수 있다. 그래서 노나카 SECI™ 모델의 지식생태계에서 지식의 창조와 공유과정을 형식지와 암묵지의 순환계와 OSMU(One Source Multi Use) 프레임으로 기술하고자 한다.

1) 노나카 SECI™ 모델의 지식생태계

SECI™ 모델은 노나카(Nonaka 외, 1995)[3]가 지식창조 및 공유과정을 형식지와 암묵지의 순환의 모델로 제시하였다. "육감, 손맛, 솜씨"와 같은 암묵지의 지식은 사회화(socialization)의 과정으로 공유와 접촉을 통해 수집되며, 메타포, 언어의 형태로 가공되어 표출화(externalization)된다. 또한 논문 등 각종 인쇄매체를 통하여 형식지 지식은 등록되고 검색되고 조립화(combination)되며, 습득된 형식지 지식은 내면화(internalization)과정을 거쳐 실생활에 적용하여 체험을 통해 암묵지의 지식으로 재창출된다. 이렇게 연결된 지식은 전달가능한 형태로 저장될 때 공유할 수 있는 OSMU(One Source Multi Use)형태의 살아 있는 스토리가 될 수 있다.

지식생태계는 백인수(백인수, 2011)[4]가 생산, 창조, 축적, 활용, 소멸

---

2 칼릴 지브란과 메리 해스켈의 Love Letter 모음 중 1917년 11월 15일 작품.

3 Nonaka, Ikujiro; Takeuchi, Hirotaka, *The knowledge creating company: how Japanese companies create the dynamics of innovation*. New York: Oxford University Press, 1995, p. 284.

4 백인수, 「미래 정부를 위한 지식플랫폼 구축방향」, 한국정보화진흥원 IT & Future Strategy, 2011. 5. 30.

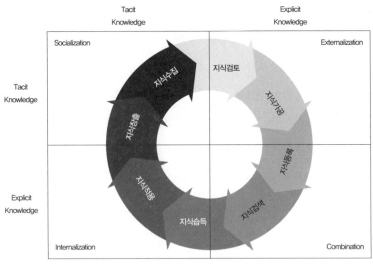

〈그림 1〉 Nonaka & Takeuchi의 지식창출과정 개념도

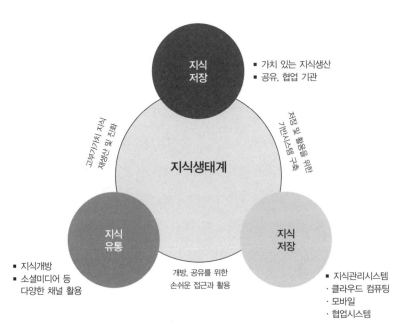

〈그림 2〉 지식생태계 구성

과정이 자연생태계와 같이 지식의 생산, 저장, 유통 등 스스로 자연스럽게 이루어지는 시스템이라고 말하였다.

2) 연개소문(連開小紋)™ 스토리텔링 방법론

다양한 스토링텔링 방법론이 있는데, 본고에서 말하는 연개소문(連開小紋)™ 스토리텔링기법이란 네트워크를 유지하고(連), 열린 마음으로(開), 작은 것에 주목하여(小), 자기 이미지를 가꾸는(紋) 스토리텔링구조부터 우리 마음속 깊이 잠재된 상상력을 깨워서 저장된 지식을 찾아서 풀어보는 방법이다.

이는 민승규(민승규, 2011)[5]가 제시한 『연(連) · 개(開) · 소(小) · 문(紋)』의 개념에서 "네트워크를 유지하고(連), 열린 마음으로(開), 작은 것에 주목하여(小), 자기 이미지를 가꾸는(紋) 것"으로 스토리텔링 구조의 힌트를 얻었다.

구슬이 서 말이라도 꿰어야 보배이다. 우리 마음속 깊이 잠재된 상상력이라는 구슬을 『연개소문(連開小紋)™』스토리텔링방법론으로 엮어본다. 예를 들어, 문제를 한 분야에서만 바라보면 새로운 발상을 하기가 힘들다. 멋진 아이디어를 원한다면 다양한 분야 사람들과 네트워크(連)를 유지할 필요가 있다. 변화를 두려워해서도 곤란하며, 열린 마음(開)으로 시대 흐름에 앞서가고, 관행과 고정관념에서 벗어나야 한다.

작은 것(小)이 아름답다는 말이 있다. 아무리 작아도 그 속에 새로운 생각이 숨어 있다면, 그것을 찾아 내 것으로 만들어야 한다. 소극적인

---

5 민승규, 「[매경춘추] 연(連) · 개(開) · 소(小) · 문(紋)」, 『매일경제』, 2011. 3. 16. http://news.mk.co.kr/newsRead.php?year=2011&no=167419.

자세를 버리고 나만의 특별한 무늬와 이미지(紋)를 찾기 위해 끊임없이 노력하면 바로 그것이 경쟁력이 된다.

2. 스토리텔링 플랫폼

아인스만(Elsenmann 외, 2008)과 김창욱(2012)[6]이 제시한 플랫폼 개념에 근거하여 본고에서는 3間 스토리텔링 플랫폼을 제시한다. 캐릭터간 가치복합체의 업무처리(transaction)에 필요한 구성요소(component)와 이해관계자들이 함께 공유한다. 그것을 매개로 서로 연결되어 부가가치를 창출시킬 수 있게 하기 위한 일정한 규칙(rule)과 프로세스의 합집합에서 공산석 관계를 구축하여 스토리의 시각적 문법을 구성한다.

문화공간의 스토리텔링에서 4A Model, 문화기술거리조성사업 등의 사례를 찾아본다.

역사자원의 스토리텔링에서 문화원형사업과 디지털 스토리텔링사업 등의 사례를 찾아본다.

문화인간의 스토리텔링에서 '국제적 로맨스' 허황후 신행길 등 롤모델 사례를 찾아본다.

1) 아인스만의 플랫폼 개념

아인스만(Elsenmann 외, 2008)과 김창욱(2012)은 플랫폼의 정의를 사용자간 가치복합체의 업무처리(transaction)에 필요한 구성요소(component)와

---

6 "Thomas R. Elsenmann, Geoffrey Paker, Marshall Van Alstyne(2008), Openning Platforms : How, When, Why?, 2008, 김창욱, 『기업생태계와 플랫폼 전략』, 삼성경제연구원, 2012, p. 7"의 두 문서를 요약하여 정리함.

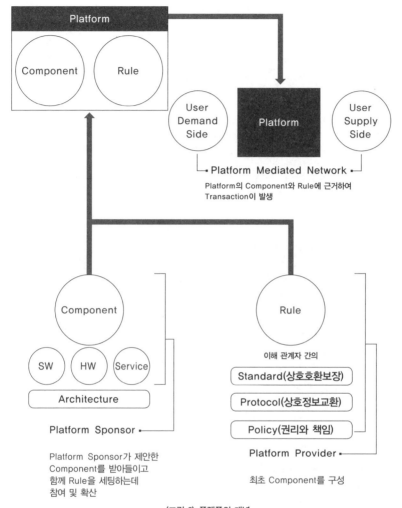

〈그림 3〉 플랫폼의 개념

이해관계자들이 함께 공유하면서 그것을 매개로 서로 연결되어 부가가
치를 창출시킬 수 있게 하기 위한 일정한 규칙(rule)과 프로세스의 합집
합으로 규정한다.

　김진영(김진영 외, 2012)은 "플랫폼의 기본적인 속성은 커넥션(con-
nection)이다"라고 말하였다. "구글, 애플, 페이스북, 아마존 등 성공한 플

랫폼[7]은 컴포넌트(component; 소프트웨어, 하드웨어, 서비스를 아우르는 아키텍쳐)와 룰(rule)을 각자의 방식으로 세팅하고 있다며 플랫폼 비즈니스 모델의 사례를 공유하였다." 그리고 "룰의 확산은 이해관계자, 최종 고객의 전폭적 지지, 참여 없이는 불가능하다"면서 교차 네트워크가 트랜잭션(trans-action)해야 플랫폼 비즈니스 모델을 확보할 수 있다고 하였다.

한편, 대한민국 방송통신위원회(방송통신위원회, 2011)[8]에서 플랫폼이란 특정 목적이나 작업의 프로세스를 표준화하여 접근성 및 효율성 등을 높이는 기반시설 또는 수단을 통칭한다.

플랫폼의 예시

① 교통 플랫폼 : 동일한 접근경로 및 표준화된 필자에 의한 인원, 물류 등의 이동을 지원
  ※ 교통시설과 산업기술의 발달을 견인하고 산업시대의 핵심인프라로 등장 : 기차역, 항만, 공항 등

② 제조플랫폼 : 전자제품, 자동차, 비행기, 선박등제조방법을 표준화하여 생산라인 구축
  ※ 자동화, 대량생산, 재고 및 불량률 최소화, 자원배분의 효율성 제고 : 포드, 도요타, 소니, 나이키 등

③ 서비스 플랫폼 : S/W와 H/W 구동 체계(OS), 다양한 웹서비스의 접근방법을 표준화한 포털 등을 통해 네트워크시대 견인
  ※ 서비스 플랫폼 선점을 통해 시장지배력 확보: MS의 Windows, 애플의 iOS, 페이스북 등

---

2) 3間 스토리텔링 플랫폼

(1) 개요

양이 질을 결정한다. 음식 맛은 식재료도 중요하지만 조리사, 조리법, 조리기구, 식자재도 중요하다. 스토리를 저장하여 메시지형태의 전달가능한 형태로 담으려면 숙성(熟成)할 시간(時間)이 필요하고, 그릇의

---

7 김진영 · 임하늬 · 김소연, 『버티컬 플랫폼혁명』, 클라우드북스, 2012.
8 방송통신위원회, 『소셜플랫폼 기반의 소통 · 창의 · 신뢰 네트워크 사회 구현 전략』, 2011.

크기를 다양하게 구성할 필요가 있다. 즉, 스토리의 시각적 문법에서 가장 중요한 것은 요구된 시간(時間) 안에서 등장인물(人間) 사이의 다양한 공간(空間)적 관계를 구축하는 것이다.[9] 즉, 스토리는 추상화된 지식에서 구체적인 시각적 이미지가 보여야 한다. 다섯 가지 사례를 통해서 설명하고자 한다.

첫째, 지식을 읽는 것과 이야기를 읽는 것은 시각적 문법에서 차이가 있다. 예를 들면,

> 성경에 나오는 하느님의 "능력이 강하시어—이사야 40:26" 라는 지식을 읽는 것과 하느님께서 어떻게 약 300만 명의 이스라엘 백성을 구출하시고 홍해를 통과하게 하시며 광야에서 약 40년 간 부양해 주었는지 구체적인 성경의 이야기를 읽는 것은 그것의 시각적 문법에서 차이가 있다.

둘째, 인문학적인 개념으로 삼간(三間)[10]의 개념으로 예를 들면,

> 우리 사이에 공간(空間) 구조인 무대가 존재하면,
> 우리라는 "관객과 배우"의 인간(人間)관계가 발생하고 함께 협업(協業)이 작용하며, 이를 원만하게 이루기 위해서는 우리 모두에게 공평하게 주어진 시간(時間)으로 그 목적을 이룰 때가 숙성(熟成)될 때까지 기다려 주어야 한다(마이클 슈나이더, 2007).[11]

셋째, 스토리텔링기법으로 노구치 요시아키의 로직트리를 사용하여 문제를 해결하는 방법에는 Zagat Survey의 예를 들어 삼간(三間)의 개념으로 풀어보면,

---

9 로랑 티라르, 「거장의 노트를 훔치다」, 조동섭 역, 나비장책, 2007, 27쪽.

10 박정민, 「동서대·스토리협, 스토리텔링연구소 개소」, 「국제신문」, 2012. 11. 19. http://www.kookje. co.kr/news2011/asp/newsbody.asp?code=0300&key=20121120.33002220228.

11 마이클 슈나이더, 「자연, 예술, 과학의 수학적 원형—Hexad」, 경문사, 2007.

신혼부부는 공간(空間)이라는 레스토랑 인테리어 분위기가 중요하며, 황혼부부는 손님을 우대하는 고객(人間)서비스를 중시하고, 중년부부는 최대한 시간(時間)과 돈을 절약한 상황에서 음식맛을 우선한다.

또한 What Tree(구성요소를 분해해 사용함), How Tree(과제에서 해결책을 이끌어 냄), Why Tree(문제에서 원인을 찾음)를 제시하였다.(노구치 요시아키, 2009)[12]

이호철(이호철, 2009)[13]은 'What Tree, How Tree, Why Tree'를 사물이나 현상을 '긍정적, 논리적, 다양성'으로 'MECE, Why so, so What' 프로세스에 따라 파악하고 사고하는 매킨지식 Logic Tree로 문제해결 기술을 제시하였다.

넷째, "다양한 여가활동에서 무엇을 고려할 것인가"라는 질문으로 5W1H중에서 "What?, When?, Who?"로 풀어보자.

What은 여가활동의 재료, 즉 여가종류의 문제이다. 나의 능력을 고려하여 해서는 안되는 것과 할 수도 있는 것을 탐색하고 선택하는 과정이다.

When은 여가활동에 어느 정도 시간이 드는지 계산하는 비용문제이다. 여행지의 선택에 따라 얼마나 자주 여가활동을 이용하느냐에 따라 우선순위를 고려하는 과정이다.

마지막으로 Who는 여가활동을 누구와 함께할 것인가를 선택하는 과정이다. 혼자서 할 것인가? 친구와 할 것인가? 관련 여가동아리에 가입해서 할 것인가에 따라 규모가 달라진다.

다섯째, "누구를 멘토로 삼아야 할까?"라는 질문으로 5W1H중에서 "Why?, Where?, How?"로 풀어보자.

Why는 본받을 만한 특성을 지닌 멘토가 필요하다. 따라서 자신이 발전시

---

12 노구치 요시아키, 『3의 마법』, 다산라이프, 2009.
13 이호철, 『맥킨지식 문제해결 로직트리』, 어드북스, 2009.

키고 싶은 특성들을 정한다.

Where는 그런 특성을 잘 나타내는 멘토를 어디에서 찾을 수 있는 탐색하고 매칭 절차를 수행한다.

마지막으로 How는 매칭된 멘토와 어떻게 멘토링을 수행할지 관찰하고, 친해지고, 깊이 생각해본다.

이렇게 질문으로부터 5W1H의 적절한 조합을 하면 원하는 스토리가 생성될 수 있다.

(2) 문화공간의 스토리텔링(강상태, 2005) - 空間(where)

문화공간을 스토리텔링하는 4A Model이란 건축물(architecture)에 부가하여 그것이 위치해 있는 주변의 영역(area)과 그 영역내에서의 시민들의 활동(action), 그리고 활동을 가능하게 하는 프로그램이나 편익 서비스인 지원(assistance) 등 '4A' 요소로 구성된다.

문화공간을 스토리텔링화하는 대표적인 사례로서 문화기술거리조성

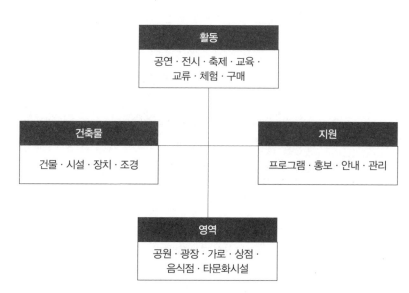

〈그림 4〉 스토리텔링 개념을 활용한 장소 마케팅

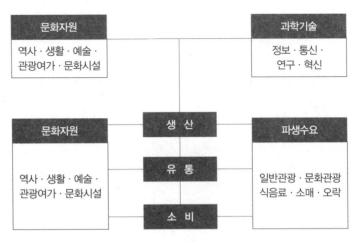

<그림 5> 문화기술거리조성사업 사례

사업은 문화기술 거리는 문화기술이 적용된 새로운 형태의 문화활동 및 문화상품이 공연·전시·행사·교육·전수·오락·판매되는 '테마 거리'의 의미를 지닌다.

또한 지역축제와 연계된 스토리텔링 개발 사업은 지역축제를 기반으로 하는 문화콘텐츠 개발과 상통하는 의미를 지니고 있다. 축제들을 발전시키기 위해 각종 프로그램과 이벤트, 그리고 문화상품 개발 및 판매를 스토리텔링기법으로 활성화하는 일이 요청된다.

예를 들어 문화기술 거리 내에 'OO축제 상설 홍보관'을 마련한다고 해보자. 거기에서 이용자들은 가상현실로 축제의 춤판에 끼어들어 즐기기도 하고, 3D로 모델링된 OO주인공과 함께 담소를 하고 사진을 찍을 수도 있다. 또 그들을 소재로 한 하이퍼텍스트 소설에 직접 참여하여 끝없이 이어지는 디지털문학을 창작할 수도 있으며, 문화원형과 디지털 스토리텔링을 바탕으로 개발된 축제 관련 기념품을 사가기도 한다. 이러한 참여와 체험의 경험이 이용자들을 OO축제의 현장에 대한 관심으로 이끌게 되는 것은 당연하다.

(3) 역사문화자원의 스토리텔링(강상태, 2005)[14] - 時間(when)

문화원형사업은 역사에 녹아 있는 민족정체성을 구상하고 있는 집단적 무의식의 내용물이 구체화된 보편적인 표상이나 결과물로서 민족문화를 의미한다(우리문화원형, 글로벌 문화원형).

디지털 스토리텔링사업은 디지털 환경을 기반으로 창작되고 수용되는 이야기 또는 이야기하는 방식으로서 이야기 자체(story)의 서사내용에 부가하여 디지털 환경에 걸맞는 이야기방식(telling)을 구현하는 표현매체(수단)나 표현작용(행위)을 중요한 서사기제로 가진다.

지원 대상	주요 지원 내용
애니메이션, 음악, 출판만화, 캐릭터, 영화 전자책, 게임, 방송영상, 모바일 · 인터넷 콘텐츠 등 문화콘텐츠산업의 창작 소재화가 가능한 문화원형 소재 발굴 및 디지털콘텐츠화를 위한 기획	· 설화나 역사 등의 문화원형을 비교, 분석, 해설 및 재구성하여 디지털 표현양식에 맞춰 구성한 디지털콘텐츠화 기획
	· 미술, 음악, 건축, 무용, 무예, 공예, 복식 등의 문화원형을 디지털로 복원, 비교, 분석, 해설 및 재구성한 디지털콘텐츠화 기획
	· 의식주, 관혼상제, 세시풍속, 민속축제 등 문화원형을 비교, 분석, 해설 및 재구성하여 문화콘텐츠 창작에 활용할 수 있도록 한 디지털콘텐츠화 기획
	· 기타 문화원형을 소재로 하여, 문화콘텐츠 창작의 소재로 활용될 수 있는 디지털콘텐츠화 기획

〈표 1〉 문화원형사업 사례

(4) 문화인간의 스토리텔링 - 人間(who)

"스토리텔링 콘텐츠인 사람에 대해 얘기해보자. 허황옥 공주, 이태석 신부, 청년 이수현, 우장춘 박사, 최동원 선수는 가장 강력한 스토리텔링 소재다. 이들은 부산과 떼려야 뗄 수가 없고, 우여곡절과 많은 이야

---

14 강상태, 「도시 정체성 구현을 위한 스토리텔링 적용 시론-천안시를 중심으로」, 『인문콘텐츠』, 단국대학교, 제10호, 2005.

기를 담고 있으며, 우리 가슴을 적실 시련과 아픔을 갖고 있다. 이밖에 현재 지역 일간지에 연재 중인 이윤택 감독의 소설 '궁리', 전란의 폐허에서 인류애를 보여준 위컴 장군 이야기 등도 스토리텔링 소재로 손색이 없다."(최부림, 2012).[15]

스토리텔링공모전이 이러한 자산 가치를 지니고 있는지 짚어볼 필요가 있다. 공모전 당선 이후를 놓고 보면 백일장 및 신춘문예와 스토리텔링 공모전이 확연히 구분된다.

신춘문예 당선작은 책으로 인쇄되어 서점에 유통이 되고 드라마 대본 공모전의 당선작은 단막극 형식으로 TV 전파를 타게 된다. 이러한 방식은 일반 대중과 상호 작용을 할 수 있도록 신인에게 주어진 기회일 뿐 아니라 작

15 최부림, 「부산에 숨겨진 사람들 찾아 감동 주는 이야기로 페어야」, 부산발전연구원 부산발전포럼 – '스토리 시티 부산'으로 가는 길 특집 4, 2012.

가 스스로가 더욱 분발할 수 있는 동인이 된다. 이에 반해 스토리텔링 공모전의 당선작은 문화콘텐츠로 제작되는 사례가 거의 없다.'(김광욱, 2010)[16]

지역문화콘텐츠가 장기적으로 지속될 수 있게 하기 위해서 대학이 해야 할 일은 세 가지다.

첫째는 지역문화콘텐츠를 살릴 수 있는 전문가로서 갖추어야 할 소양과 전문지식을 전수하는 일(교육)이고, 둘째는 지역문화콘텐츠를 제작하고자 하는 기업이나 단체를 위해 새로운 소재들을 발굴하여 제공하며 끊임없이 발전을 선도하는 일(연구)이고, 마지막으로 졸업과 동시에 현장에서 재능을 발휘할 수 있도록 도와주는 일(사회진출)이다(김광욱, 2010).

3. 스토리산업에서 인적 자원의 핵심역량(안)

코이(koi)는 자기가 숨 쉬고 활동하는 세상의 크기에 따라 피라미도 대어도 될 수 있듯이 스토리산업에서 코이(koi)와 같은 인적 자원은 '활동하는 무대의 크기'와 '다른 주체와의 교류의 폭'이라는 두 가지 요인에 따라 그릇의 크기가 좌우된다고 볼 수 있다. 이러한 그릇을 하멜의 핵심역량의 정의(Prahalad, Hamel, 1990)[17]로부터 인적자원의 핵심역량에서 살펴보고자 한다. 스토리산업에 적합한 파이형(π) 융합 인재 양성이 필요하므로 6하원칙(5W1H) 프로세스에 따라 핵심역량과 분류체계를 알아본다.

---

16 김광욱, 「지역문화콘텐츠의 장기 지속을 위한 인력 양성 방안」, 『어문론총』, 한국문학언어학회, 제53호, 2010.

17 C.K. Prahalad, Gary Hamel, "The Core Competence of the Corporation," *Harvard Business Review*, 1990. http://hbr.org/1990/05/the-core-competence-of-the-corporation/ar/1.

1) 스토리산업에서의 인적 자원별 핵심역량(안)

(1) 스토리텔링의 인적 자원 개발 개념을 "코이(koi)의 삶"에 비유 (송중호, 2012)[18]

코이(koi)는 삶이 아주 특이하다. 작은 어항에 넣어두면 5~8cm밖에 자라지 못하지만, 연못에 넣어두면 25cm까지 큰다. 더 놀라운 것은 강물에 방류할 경우 연못의 5배에 가까운 120cm까지도 성장한다. 코이(koi)는 자기가 숨 쉬고 활동하는 세상의 크기에 따라 피라미도 대어도 될 수 있는 것이다. 동일한 DNA를 가지고 있으면서도 무엇이 이처럼 다른 결과를 만들어내는 것일까? 카네기 명언집 등에서는 '꿈의 크기에 따라 성장한다'는 취지로 이해한다. 맞는 해석이다. 그러나 이 같은 해석은 '왜, 어떻게 꿈의 크기가 달라지는지'에 대해서는 답을 주지 못한다.

코이(koi)의 비유를 다시 되짚어보면 성장이라는 것은 결국 '활동하는 무대의 크기'와 '다른 주체와의 교류의 폭'이라는 두 가지 요인에 좌우된다고 할 수 있다. 여기서 무대란 물리적 장소라기보다 '경쟁의 장소'라는 상징적 의미가 크다. 협력자가 될 수도 있고, 경쟁자가 될 수도 있는 수많은 주체가 활동하고 있는 곳이기에 의미가 있는 것이다.

(2) 핵심역량의 정의(Prahalad, Hamel, 1990)

핵심역량이란 조직(기업, 산업, 지역)을 이끌어왔고 보완 또는 강화 과정을 통해 축적된 것으로 미래 성장의 견인차 역할을 하는 조직(기업, 산업, 지역) 내부에 공유된 특유의 총체적 능력, 기술, 지식 등을 의미한다. 특히 조직(기업, 산업, 지역)의 외형적 규모나 자금력 등과 같은 가

---

18 송중호, 「[비즈 칼럼] 큰물에서 놀아야 더 크는 '코이'」, 『중앙일보』, 2012. 1. 27. http://article.joinsmsn.com/news/article/article.asp?total_id=7219648&cloc=olink%7Carticle%7Cdefault.

시적인 것 외에도 조직(기업, 산업, 지역)의 이미지나 브랜드력, 조직원들의 창의성, 도전력, 협력업체와의 관계, 도전적인 기업 문화 등 눈에 보이지 않는 무형적인 역량도 핵심역량이 될 수 있다.

핵심역량은 아래의 사항을 중시한다.

① 경쟁우위의 원천(roots of competitive advantage)

② 조직에서 집합적 학습(collective learning in the organization)

③ 전사적 측면에서의 기술과 생산능력을 핵심역량으로 통합하는 경영자의 능력(management's ability)

핵심역량의 조건은 아래와 같다.

① 가치 창출력 : 가치 상승, 가치 전달과정

② 차별화 능력 : 경쟁사와 비교하여 월등히 우월한 능력

③ 확장력 : 다른 사업으로 적용이 가능한 확장력

④ 희소성 : 경쟁사가 쉽게 모방할 수 없는 기반구축력

핵심역량			비고
핵심역량 근거	역량군	하위역량	
가치 창출력	가치 분석 역량	스토리산업의 핵심 자원 가치를 이해하는 능력	
		미래산업에 대한 트렌드를 분석하는 능력	
	스토리 관련 인재 육성 역량	스토리산업의 핵심인재를 발굴하는 안목	
		스토리산업의 핵심인력을 교육하고 육성하는 능력	
		스토리의 교육프로그램을 설계하고 운영하는 능력	
차별화 능력	스토리 설계 역량	창조적 파괴 및 창조적 모방 능력	
		창의적 아이디어를 이끌어내는 퍼실리테이션 능력	
		스토리를 중심으로 business를 설계하는 능력	
		OSMU(One-Source Multi-Use) 기획력	

핵심역량			비고
핵심역량 근거	역량군	하위역량	
차별화 능력	스토리 개발 역량	스토리보드를 제작하는 능력	
		스토리를 상품/서비스로 개발하는 능력	
		스토리를 활용하여 파생 상품/서비스 개발 능력	
확장력	스토리 판촉 역량	스토리 상품/서비스를 마케팅하는 능력	
		스토리 상품/서비스를 홍보하는 능력	
희소성	스토리 기반 조직 구축 역량	스토리를 기반으로 조직을 혁신하고 컨설팅하는 능력	
		스토리관련 산업을 평가하고 인증하는 능력	

〈표 2〉 스토리산업에서의 지역 인적 자원별 핵심역량(안)

(3) 스토리산업 분야 인적 자원의 핵심역량

스토리 기획자, 스토리퍼실리테이터는 스토리 기획력, 스토리 제작력, 원형 자료 발굴력 등 을 보유한다.

스토리작가, 스토리텔러, 스토리마케터 : 글쓰기, 독특한 취재력, 창의력 및 현장 경험, 표준어 사용과 문법 숙지(최부림, 2012). 해박한 지식을 보유한 지식인보다는 타인에게 효율적으로 스토리를 전달하는 능력을 가진 자(구종상, 2012)이다.

"부산의 스토리텔러 예비 인력은 대략 3천여 명이다.

부산문인협회 회원 1천여 명, 부산작가회의 회원 250여 명, 부산스토리텔링협의회 참여단체 55개(각 단체 회원 10명 기준) 550명, 부산시 문화관광해설사 104명, 부산관광컨벤션뷰로 투어코디네이터 92명, 이야기 할배 · 할매 29명, 등대콜 관광컨벤션 기사단 400여 명 등이다. 이들은 지역사회에 대한 강한 소속감과 애정이 있을 뿐 아니라 글쓰기와 이야기에 능하다. 전문적인 교육만 받으면 스토리텔러로서 손색이 없을 것이다(최부림, 2012).

스토리텔링 지식커뮤니티는 영국의 3만 스토리텔링클럽(차재근, 2012), 스토리텔링 사랑방(구종상, 2012)[19]이 있다.

스토리텔링 교육프로그램은 스토리텔링 집단창작클럽 육성프로그램 We스토리프로젝트(구종상, 2012)가 있다.

2) 스토리산업 관련 인적 자원 분류체계(안)

자크만 프레임워크 분류체계	스토리산업 직업군	내 용
Executive (소유자)	스토리리더	스토리의 부가 가치 가능성을 알고, 스토리 중심의 사업을 적극 지원하려는 오피니언 리더(조직의 단체장, 기관장)
Business Mgnt (기획자)	스토리퍼실리테이터	조직이나 지역에 스토리의 가치와 스토리 중심의 사업에 대하여 촉진과 컨설팅을 전문적으로 하는 전문가
	스토리기획자	스토리 중심의 사업을 기획, 마케팅, 부가상품 개발, 홍보를 총괄할 수 있는 책임자
	스토리마케터	스토리 시장 조사 및 상품의 기획, 생산, 판매 및 판촉에 이르는 작업을 하는 전문가
Achitect (설계자)	스토리디자이너	혁신적이며 감동적인 스토리를 만들고 새로운 상품과 서비스를 창조하는 전문가. 구체적으로 참신한 스토리 아이디어를 고안하고, 스토리라인과 스토리보드를 설계하는 전문가
Engineer (개발자)	스토리개발자	스토리디자이너와 협력적 관계를 통해 설계된 스토리보드에 따라 다양한 매체(on/offline)로 구현물을 제작하는 전문가
Technician (구현자)	스토리텔러	스토리를 효과적으로 퍼뜨리는 전략가로, 다양한 on/off 매체를 통해 작업하는데 능통한 전문가
	스토리작가	스토리에 관한 커버스토리, 플롯, 시나리오를 구성하는 작가

〈표 3〉 스토리산업 관련 인적 자원 분류

---

19 구종상, 「'좋은 스토리' 발굴해 부가가치 창출로 연결」, 부산발전연구원 부산발전포럼 – '스토리 시티 부산'으로 가는 길 특집 3, 2012.

4. 소결

'스토리텔링 플랫폼'에 대한 이론적 준거와 관련 사례를 정리하였고, 스토리텔링의 인적 자원의 핵심역량을 알아보았다. 구조가 내용을 결정한다. 스토리가 생성되는 지점을 노나카 SECI™ 모델의 지식생태계와 연개소문(連開小紋)™ 스토리텔링의 구조에서 찾아보았다. 기록이 기억을 지배한다. 이야기를 전개하기 전에 기록이 가능하도록 이야기의 구조를 먼저 생각해보면 기억나게 하는 이야기로 잘 풀어갈 수 있다.

구슬이 서 말이라도 꿰어야 보배이다. 우리 마음속 깊이 잠재된 상상력이라는 구슬을 '연개소문(連開小紋)™ 스토리텔링 방법론으로 엮어보았다. 플랫폼의 기본적인 속성은 커넥션(connection)이다. 연결된 스토리는 추상화된 지식에서 구체적인 시각적 이미지가 보여야 한다.

양이 질을 결정한다. 스토리를 저장하여 메시지형태의 전달 가능한 형태로 담으려면 숙성(熟成)할 시간(時間)이 필요하고, 그릇의 크기를 다양하게 구성할 필요가 있다. 즉, 스토리의 시각적 문법에서 가장 중요한 것은 요구된 시간(時間) 안에서 등장인물(人間) 사이의 다양한 공간(空間)적 관계를 구축하는 것이다. 4A Model, 문화기술거리조성사업, 문화원형사업과 디지털 스토리텔링사업, '국제적 로맨스' 허황후 신행길 등 다양한 사례를 찾아보았다.

코이(koi)형 지역 인적 자원은 '활동하는 무대의 크기'와 '다른 주체와의 교류의 폭'을 어떻게 지원해주느냐에 달려 있다. 이를 가치 창출력, 차별화능력, 확장력, 희소성의 4가지 핵심역량에 따라 스토리리더, 스토리퍼실리테이터, 스토리기획자, 스토리마케터, 스토리디자이너, 스토리개발자, 스토리텔러, 스토리작가 등 스토리산업 직업군을 분류했다.

디지털 환경을 기반으로 한 스토리노믹스

스토리텔링과 플랫폼의 융합

Storynomics, Based on Digital Environmen

박선미

디지털이 우리의 삶 자체를 변화시키고 있다는 것은 이미 오래전부터 익숙해진 담론이다. 우리는 일상을 담은 사진, 영상과 같은 다양한 텍스트들을 스스럼없이 유튜브나 SNS와 같은 글로벌 네트워크로 전송하고 있고, '나'의 이야기를 지구촌 곳곳에 전파하고 있다. '호모 커뮤니쿠스(Homo Communicus)'라는 신조어가 등장할 정도로, 디지털 시대 인류는 커뮤니케이션의 반경을 전 지구적 네트워크로 확산시켜나가는 '파워 스토리텔러'가 되어가고 있다.

그렇다면 이러한 네트워크를 기반으로 한 '스토리텔링'이 갖는 경제적인 가치는 어떠할까? 아날로그 시대와 달리, 디지털 기술이 등장하면서 스토리텔링이 시장경제의 블루칩으로 급성장하게 된 요인은 무엇일까? 본 장에서는 디지털 환경을 기반으로 한 스토리텔링이 새로운 시장경제 환경에서 어떠한 가치를 제공해주는지를 검토함으로써, '스토리노믹스(storinomics)'의 가능성을 그려보고자 한다.

앞선 장들에서 스토리텔링에 대한 기본 개념과 가치에 대해 살펴보았다면, 본 장에서는 이러한 스토리텔링이 디지털 미디어 환경에서 어떻게 경제적 가치를 구현할 것인지, 그리고 그러한 시범 모델로서 제시될 수 있는 디지털 플랫폼과의 적용 방안에 대해 살펴보고자 한다.

1. 디지털 미디어 환경과 새로운 시장경제 패러다임

1) 디지털 시대 미디어와 커뮤니케이션

우리는 아날로그와 디지털이 혼재하는 기술의 전환기에 살아가고 있지만, 어느새 디지털 기술이 존재하지 않는 일상은 상상하기 힘들 정도이다. 그렇다면 과연 디지털은 왜 이 시대의 새로운 패러다임으로 주목받고 있을까?

그러한 변화의 동인을 가장 실감나게 느낄 수 있는 영역이 바로 시장이다. 샤피로와 배리언(Shapiro & Varian)은 20세기를 얼마 남겨두지 않은 시점에 출간한 『Information Rules』(1998)에서 21세기 신경제시대를 지배하는 것은 기존의 경제 원칙(economic law)이 아니라, 정보 논리(information rules)가 지배하는 네트워크 시대가 될 것이라 예견한 바 있다.

그렇다면 네트워크 시대 경제 논리는 기존의 경제 논리와 비교해 무엇이 다른 걸까?

네트워크 경제는 '비즈니스 프로세스와 경제활동이 정보기술을 통해 상호작용하는 과정'[1]으로 정의내려진다. 이처럼 '정보(information)'를 재화로 형성되는 네트워크 시장은 기존 시장을 지배하던 수확체감의 논리가 적용되지 않는다. 대신 추가인원에 대한 한계비용이 0이기에, 정보를 이용하려는 소비자가 늘어나면 늘어날수록 오히려 수확체증현상이 발생하게 된다. 쉽게 말해, 아날로그 시대의 재화는 쓰면 쓸수록 가치가 줄어들었지만, 디지털 시대의 재화는 쓰면 쓸수록 가치가 증대되는 것을 특징으로 한다. 때문에 더 많은 이용자를 네트워크로 끌어들이기 위한 전략을 수립하는 것이 곧 디지털 시대 시장경제의 경쟁력을 확보하

---

1 www.businessdictionary.com

는 것이다.

이는 단순히 정보만을 제공해주는 기술력이 아니라, 정보와 커뮤니케이션, 그리고 기술이 융합될 때 제대로 된 디지털 시장경제의 파급력이 발생함을 의미한다. 이용자 중심의 검색 기능을 강화함으로써 전세계 네티즌들의 지식창고 기능을 수행하고 있는 구글, 커뮤니케이션의 전파력을 무기로 해 급성장한 페이스북과 트위터, 'e-book'과 입소문 마케팅을 통해 세계 네티즌들의 독서량을 증폭시킨 아마존, 언제 어디서든 이용자가 원하는 콘텐츠를 실시간으로 취할 수 있게 함으로써 글로벌 마니아층을 형성한 애플. 이름만 들어도 알 수 있는 디지털 시장경제 대표 브랜드들은 바로 이러한 ICT를 경영 전략으로 적극 수용했다는 데 공통점이 발견된다.

그렇다면 이러한 디지털 경제의 실질적 효과를 분석하기 위해서는 무엇을 살펴보아야 할까?

OECD는 미국발 경제 위기가 회복세를 보이기 시작한 2010년 세계 IT산업 전망 보고서에서 OECD 국가들의 IT산업이 점차 생산에서 서비스로 이관하고 있으며, OECD 비회원국들이 기존의 생산시장을 넘겨받고 있는 현상을 분석한 바 있다.[2] IT산업에서 서비스 영역의 대표적인 모델은 생산과 유통, 그리고 소비가 하나의 네트워크에 연계된 '플랫폼(platform)'을 꼽을 수 있다.

플랫폼은 '물리적 사물과 형태'에서부터 '정치', '기술', '예술' 등에 이르기까지 광범위한 사회분야에서 논의돼왔던 개념이다. 때문에 구글 검색 시 53억 7,000만 개 이상의 검색 결과를 나타낼 정도로 명확한 정의가 불가능한 개념이라 할 수 있다. 하지만 이런 방대한 분야에서 논의되

---

2   OECD, "Virtual world : Immersive Online Platforms for Collaboration, Creativity and Learning", *OECD Digital Economy Papers*, 2010.

는 플랫폼의 공통적인 전제는 바로 유무형의 가치가 결정되어지는 공간적 장(場)이라는 점이다. 이러한 가치사슬의 공간이 디지털 공간을 통해 형성된다면, 거래비용은 줄어들고 연결망을 기반으로 한 가치 창출의 폭은 기하급수적으로 확대되는 네트워크 효과를 누릴 수 있게 된다.

2) 디지털 시장의 블루칩, 스토리텔링

네트워크를 기반으로 한 디지털 플랫폼에서 이전과 다른 시장경제 패러다임이 작동하고 있는 가운데, 스토리텔링이 새로운 시장의 블루칩으로 떠오르고 있다.

'이야기'가 소위 상품화되는 것은 어제 오늘의 일은 아니다. 셰익스피어의 『로미오와 줄리엣』이 쓰여진 이래, 작품 속 로맨스의 공간이었던 이탈리아 베로나는 지금까지도 전세계 연인들의 성지로 인기를 모으고 있으며, 〈반지의 제왕〉은 뉴질랜드를 관광 대국으로 급부상시켰다.

하지만 단순히 재미있는 이야깃거리가 시장에서 경쟁력을 갖는다고 볼 수는 없다. 바로 여기에서 '이야기'와 '스토리텔링'의 차이점이 발견된다.

스토리텔링은 '이야기(story)'에 '말하기(telling)'가 결합된 개념으로, 텍스트의 상호맥락성이 매우 중시된다. 즉, 화자와 청자가 어떠한 상황에 처해 있는지, 커뮤니케이션 메시지가 어떠한 형태로 전달되는지, 그리고 그러한 소통의 과정에서 감정적인 교류가 어떻게 형성되는지 등 복합적인 커뮤니케이션의 맥락이 강조되는 개념이다. 때문에 스토리텔링을 굳이 구분해 설명하자면, 좋은 이야기(story)도 필요하지만 그러한 이야기를 전달하는 과정(telling)이 더욱 강조될 필요가 있다.

유사 이래 스토리텔링은 인류와 항상 공존하고 있었다. 공동체적 삶을 본성으로 하는 인류에게 있어서 커뮤니케이션은 가장 기본적인 본능 중 하나이며, 끊임없이 누군가와 소통하고자 하는 존재이기 때문이다. 그럼에도 불구하고 스토리텔링이 최근 들어 이렇게 급부상하고 있는 이유는 무엇일까?

삭스는 이러한 스토리텔링의 특성이 20세기 후반부터 강조되고 있는 이유는 산업사회를 넘어서면서 문화의 중심적 역할이 더욱 확산되고 있는 것으로 보았으며, 실천과 문화적 목적을 동시에 충족시켜줄 수 있는 장점이 부각되고 있기 때문이라고 보았다.[3] 또한 오래 전부터 광범위한 정보를 조직화하는 의미로서 스토리텔링이 존재해왔지만, 정보가 급변하고 있는 오늘날과 같은 환경에서는 현상(event)에 관련된 중요성을 인식하게 해 주는 것이 스토리텔링의 기능이기에 그 중요성이 더욱 부각되는 것이라고 보았다. 즉, 정보의 유통량이 많아지고, 유통 속도가 빨라질수록 스토리텔링은 효과적인 커뮤니케이션 전략의 방법론으로 각광받게 된다는 것이다.

이러한 특성은 정보와 메시지가 빠르게 확산되는 디지털 네트워크 환경에서 더욱 부각된다. 때문에 단순히 이야기를 들려주는 것이 아니라, 이용자가 정확하게 얻고자 하는 정보와 메시지를 효과적으로 전달해 준다는 측면에서 스토리텔링은 매우 효율적인 디지털 시장의 마케팅 전략이라 할 수 있다.

---

3 Sax, "Storytelling in a liminal times", *On the Horizon*, 2006, pp. 147~151; Sax, "Storytelling and the "information overload"", *On the Horizon*, 2006, pp. 165~170.

2. 스토리텔링과 디지털 플랫폼

1) 스토리텔링과 플랫폼

디지털 시장의 가장 큰 특징 중 하나가 수확체증의 원칙이라는 점은 앞서 살펴보았다. 때문에 '네트워크 효과'를 기반으로 한 수확체증의 극대화를 노리기 위해, 디지털 시장은 플랫폼 전략을 적극적으로 도입하기 시작했다.

플랫폼은 하나의 완성된 가치를 구현하고, 목표를 충족시키기 위해 필요한 모든 구성요소들이 결집된 공간으로 정의내릴 수 있다. 그렇다면 디지털 시대이 플랫폼은 이렇게 개념화될 수 있을까?

『플랫폼 전략 – 장(場)을 가진 자가 미래의 부를 지배한다』(2011)의 저자 히라노 아쓰시 칼과 안드레이 학주는 디지털 플랫폼을 "둘 이상의 서로 다른 집단을 만나게 해주고, 거래가 이루어지도록 하는" 공간이라 정의내리고 있다.

가장 쉽게 생각할 수 있는 디지털 플랫폼의 사례는 애플의 '아이튠즈'이다. 애플의 아이튠즈에는 그 수를 헤아릴 수 없을 정도로 많은 어플리케이션들이 거래되고 있지만, 이는 애플이 아니라 '개발자(developer)'들의 생산물이다. 애플은 단지 이들 개발자들의 상품을 애플 이용자들과 매개시켜주는 하나의 '장(network)'을 제공해주고 있을 뿐이다. 그럼에도 불구하고 애플의 아이튠즈는 급성장을 거듭해왔고, 오늘날 대표적인 디지털 시장의 플랫폼 생태계로 인정받고 있다. 애플이 이러한 성공적인 디지털 플랫폼을 구축할 수 있었던 가장 큰 경쟁력은 바로 애플의 디바이스(아이폰, 아이팟, 맥북 등) 이용자들이 언제 어디서든 손쉽게 접근할 수 있는 플랫폼을 구축하고 있기 때문이다.

이처럼 디지털 플랫폼의 핵심은 외부와 지속적으로 공유하고 협업할 수 있는 자원을 확보한 네트워크라는 점이다. 디지털 시장에서 플랫폼이 갖는 경제적 가치는 '네트워크 효과'[4] 그 자체이다. 본 장에서는 디지털 플랫폼이 갖는 잠재적 가능성을 검토해본 뒤, '스토리노믹스'가 구현되기 위해서는 이러한 플랫폼이 어떻게 활용돼야 할 것인지에 대한 전망을 제시해보고자 한다.

(1) 디지털 시장에서 플랫폼이 갖는 경제적 가치

① 웹 2.0 시대 네트워크 효과와 플랫폼

네트워크와 디바이스, 그리고 콘텐츠가 수평적으로 융합하고 있는 IT컨버전스 시대에서 시장의 시공간 또한 융합되고 있다. PC, TV, 그리고 다양한 모바일 디바이스를 통해 언제 어디서나 온라인 접속이 가능해짐에 따라, 네트워크 효과가 글로벌 시장의 경쟁력으로 직결되고 있다.

이러한 환경에서 얼마나 양질의 네트워크를 선점하느냐가 곧 시장 효율성으로 연결된다. 아래 〈그림 1〉[5]은 바로 그러한 네트워크의 시장 경쟁력을 잘 보여주고 있다.

1 : N 네트워크

$F(1 + \cdots + N) = N$의 노드 발생

N : N 네트워크

$F(1 + \cdots + N) = N(2)$의 노드 발생

〈그림 1〉 네트워크 효과측정 함수식

---

4 한 사람의 경제활동이 다른 사람에게 이익이나 손해를 주는 효과.

5 강장묵, 「뉴미디어와 소통의 정치학」, 한울, 2009.

〈그림 1〉은 폐쇄적 네트워크와 개방형 네트워크에서 각각 나타나는 네트워크 효과를 측정하는 함수식이다. 폐쇄적 네트워크에서는 상호작용의 네트워크가 존재하기는 하지만, 정보의 비대칭성이 높아 소수의 통제권과 영향력이 장악하고 있다. 포털을 중심으로 한 정보의 유통이 대표적이다. '1 : N'의 네트워크 효과가 형성됨에 따라 접속하는 사람의 수에 따라 네트워크의 가치가 결정되어지는 특성을 갖는다. 이는 네트워크의 효과를 가장 고전적으로 설명한 '사노프의 법칙(Sarnoff's law)'[6]에 부합되는 모델로서, 네트워크를 '인간과 기계의 접속공간'으로 이해하는 관점이다. 이를 일컬어 통상 '웹 1.0', '시맨틱 웹'이라 칭한다.

반면 'N : N'의 특성을 갖는 개방적 네트워크에는 '사람과 사람'이 만나는 공간으로서의 성격이 강하다. 사람과 기계적 네트워크 간 접속이 아니라, 사람과 사람의 접속이 디지털 공간에서 형성되는 것으로서, '리드의 법칙(Reed's law)'[7]이 이를 잘 설명하고 있다. 정보를 가진 네트워크에 사람들이 모여들고, 이곳에서 개방 · 공유 · 참여가 이뤄짐으로써 기하급수적인 가치 상승 효과를 기대할 수 있다는 것이 가장 큰 특징이다. 이를 일컬어 통상 '웹 2.0', '소셜 웹'이라 칭한다.

이러한 네트워크 효과의 측면에서 볼 때, 디지털 시대 시장이 추구해야 할 가장 전략적인 '서비스'는 바로 플랫폼이다.

PC의 등장 이후 플랫폼은 '응용프로그램이 실행될 수 있는 기초를 이루는 컴퓨터 시스템'[8]에서부터 '소프트웨어를 실행할 수 있는 기반'[9]에

---

6 방송과 매스미디어로 대표되는 전통매체에서 네트워크 가치는 시청자(viewer) 수에 비례한다는 원리. 시청자가 많아질수록 네트워크 가치가 상승하게 된다.

7 네트워크의 가치는 노드의 수가 n이라고 했을 때 2의 n승에 비례한다는 원칙. 네트워크의 '협력' 가능성에 주목한다.

8 www.terms.co.kr

9 www.wikipedia.org

이르기까지 다양한 개념으로 확장해석되고 있다. 그리고 이들 개념들의 공통점은 바로 '이용자 + 소프트웨어 + 하드웨어'이다. 즉, 이용자가 하나의 소프트웨어를 이용할 수 있는 모든 환경을 플랫폼이라 할 수 있다. '애플'이 하드웨어/소프트웨어 제조업체가 아니라 하나의 '플랫폼 생태계'로 인정받을 수 있는 이유는 바로 이러한 이유에서다.

특히 최근에는 플랫폼이 개인 맞춤형 중심으로 이동하는 현상이 가속화되고 있으며, IT 컨버전스가 인터넷을 기반으로 미디어와 커뮤니케이션을 통합함에 따라 통합 플랫폼을 선점하기 위한 기업 간 경쟁이 확대·심화되고 있다. 여기에 애플과 삼성 등 기존의 제조업체들도 새로운 경쟁자로 참여하는 등 디지털 시대 플랫폼 전쟁은 시장의 전 영역으로 확대되고 있다. 이에 따라 개별 소비자를 위한 맞춤형 융합 서비스, 패키지형 상품에서 네트워크 기반 서비스[10]로의 변화, 규모의 경제 달성이 어려운 중소기업의 시장 진출 확대, 유무선 복합 애플리케이션 등 개인맞춤형·상호작용형 재화로 시장이 이전되고 있다.[11]

이러한 변화는 기업의 '비즈니스 플랫폼' 서비스 전략으로 확산되고 있다. 비즈니스 플랫폼이란 "여러 참여자가 공통된 사양이나 규칙에 따라 경제적 가치를 창출하는 토대"로, 플랫폼이 활성화될수록 사업기회 창출 및 비용 절감을 할 수 있으며, 참여자의 수가 늘어날수록 개별 참여자의 사업기회가 체증하는 선순환 효과가 발생한다.[12]

스마트폰 대중화로 큰 이익을 누릴 것이라 예상되는 통신사들이 오히려 매출과 네트워크 투자 간 Decoupling[13] 현상 심화로 인해 수익성

---

10 네트워크를 통해 접속해 각종 재화를 사용자가 필요로 하는 만큼(on-demand) 서비스 형태로 제공하는 방식.

11 이성호, 「컨버전스의 진화」, 『SERI 경제포커스』, 2009.

12 최병삼, 「비즈니스 플랫폼의 부상과 시사점」, 『SERI 경제포커스』, 2011.

13 일정 국가의 경제가 인접한 다른 국가나 보편적인 세계경제의 흐름과는 달리 독자적인 흐름을 보이

악화라는 난제에 시달리고 있는 것과 대조적으로, PC 기반 온라인 서비스 외에 스마트폰과 태블릿 PC라는 모바일 기반의 새로운 수익 플랫폼을 확보한 NHN, Daum이 흑자경영을 보인 사례[14] 또한 이러한 점을 반영하고 있다.

그렇다면 이러한 디지털 플랫폼 구축이 최근 들어 경제 영역 전반으로 확산되는 이유는 무엇일까? 우선 네트워크를 기반으로 한 재화 생산 비용이 대폭 줄어듦에 따라 규모의 경제 효과가 힘을 잃게 되고, 융합이 가능한 다양한 디바이스의 등장으로 중소기업뿐만 아니라 개인소비자들까지 플랫폼 구축과 운영에 참여하기 시작했다는 점이다.

둘째, 웹 2.0의 네트워크 효과를 기반으로 더 많은 이용자가 플랫폼에 참여할수록 더 폭넓은 가치사슬이 형성될 수 있는 환경이 구축[15]되고 있기 때문이다. 더 많은 이용자들이 네트워크에 참여할 수 있도록 하기 위해서는 '대량생산'보다는 '대량맞춤화' 전략이 필요하며, 이를 위해 참여자를 가치사슬 구도 속으로 포함시키는 것이 무엇보다도 중요하다.

셋째, 물리적/시간적 제약이 사라짐에 따라 글로벌한 영역에서의 '비동시성의 동시성'이 구현될 수 있다는 점도 주요한 요인이 되고 있다. '반복작업의 주 공간 또는 구조물'[16]이라는 전통적인 플랫폼의 정의에서도 알 수 있듯이, '네트워크화'된 개인들의 일상생활이 이제는 플랫폼에서 가능해질 수 있는 토대가 마련되고 있다. 이로 인해 '상시 접속의 시

는 현상.

14 김희윤 외, 「2012년 방송통신시장전망」, 『IT전략보고서』, 2011.

15 2015년 모바일 트래픽의 55.8%는 랩탑과 넷북에서 발생하고, 스마트폰에서 발생하는 트래픽 비중은 27%로 전망된다. 새로운 스마트 디바이스의 데이터 사용량은 2010년 대비 2015년까지 연평균 85%에서 190%까지 증가할 것으로 전망되며, 그 중 모바일 디바이스의 비중이 제일 높을 것으로 예측된다(장석권, 2011). 특히 아이폰과 안드로이드와 같은 모바일폰을 대상으로 한 개발플랫폼의 통합은 개인이 ICT 기술에 보다 쉽게 접근하고, 관리하고, 통제할 수 있는 것을 가능케 한다(OECD, 2012).

16 최병삼, 앞의 논문.

대'가 도래함에 따라 앱과 앱으로 이어지는 라이프 스타일과 스마트 워크 · SNS의 확산[17]이 일상화될 것이다. 인터넷을 기반으로 한 가상현실의 플랫폼은 ICT를 기반으로 한 협업 환경(웹사이트와 같은 웹 1.0에서부터 위키스, 블로그, SNS 등 웹 2.0에 이르는)을 중심으로 국가 간, 문화 간 역동적인 사회적 상호작용과 공동 작업을 활성화시키고 있다.[18] 때문에 시간과 공간을 초월한 정보가 실시간으로 언제 어디서나 네트워크에 연결되어 있는 공간으로서의 플랫폼 구축이 가능한 것이다. 클라우드 컴퓨팅, 웨어러블 컴퓨터 등이 이러한 동시성을 진행시켜나가고 있다.

이러한 동향을 토대로 최병삼은 시스템에서 핵심 공통 구조를 발견하여 이를 플랫폼으로 정하고, 인센티브 제공과 규칙 표준화를 통해 다양한 분야에 활용하는 '플랫폼 사고(platform thinking)'의 중요성을 강조했으며,[19] 김창욱은 플랫폼을 둘러싼 가치복합체와 기업 생태계 전체에 대한 전략이 세워져야 할 것임을 지적했다.[20] 구글, 애플, 아마존, 페이스북, 트위터 등 오늘날 글로벌 IT 시장을 선도하는 기업들의 공통점은 개방되고 공유되고 참여하는 웹 2.0의 플랫폼을 전략적으로 채택함으로써 이러한 플랫폼 사고를 실행하고 있다.

웹 2.0 시대의 네트워크 효과를 성공전략으로 채택한 이러한 사례는 디지털 시대 플랫폼이 새로운 시장으로서의 기능을 하고 있음을 보여주고 있다.

---

17 백준봉 외, 「스마트 혁명이 가져온 변화」, 『IT전략보고서』, 2012.

18 OECD, 앞의 책.

19 최병삼, 앞의 논문.

20 김창욱, 「플랫폼 전략의 이론과 실제—성공사례 분석을 중심으로」, 『SERI 이슈페이퍼』, 2012.

② 디지털 플랫폼의 변화

개방·공유·참여로서의 웹 2.0을 기반으로 개방적 혁신을 통해 협력적 창조를 이끌어내는 네트워크로서의 플랫폼 생태계 가치가 빠르게 확산되고 있다. 이러한 환경에서 플랫폼은 디지털 경제 시대를 선도하는 전략적 장(場)으로 활성화돼야 할 것이다.

이과 관련, 정명선은 IT 플랫폼 전략을 통해 한국이 IT 강국으로서 재도약하기 위한 '플랫폼 정부'로의 진화 필요성을 강조한 바 있다.[21] 디지털 시대 플랫폼을 중심으로 한 경제 시스템에서는 가치사슬의 형성구도 자체가 큰 변화를 맞이하고 있다. 기존의 일방향적 경로로 형성되던 가치사슬 구도는 다양한 참여자들이 개방된 플랫폼에서 수평적인 상호작용을 통해 형성되는 것으로 변화하고 있다.

이러한 변화가 특히 뚜렷하게 나타나고 있는 영역은 바로 미디어산업이다. 미디어산업은 사업자 간의 시장 경계가 사라지고 다양한 디바이스를 통한 정보의 소비 현상이 확대되면서, 가장 큰 가치사슬의 변화를 겪고 있는 중이다. 소수의 생산자가 다수의 소비자에게 일방적으로 재화를 전달하던 기존의 올드미디어가 위기를 겪고 있는 반면, 생산자와 이용자가 수평적 네트워크에서 활발한 상호작용과 협업을 통해 시너지 효과를 창출하는 뉴미디어가 급부상하고 있다. '컨버전스 저널리즘', '크로스 플랫폼 저널리즘'이라는 명칭으로 일컬어지는 이와 같은 현상에 대해 미국 미주리주립대 저널리즘스쿨 마이크 매킨 교수는 다음과 같은 다섯 가지 키워드를 제시했다.[22]

첫째, 주목을 끌되 이용하기 편리할 것. 회원가입을 통해 언제든지

21 정병선, 「IT강국 코리아의 퀀텀점프를 이끌 플랫폼 전략」, 「IT&Future Strategy」, 2011.

22 박서강, 「미래의 뉴스 콘텐츠가 갖춰야 할 다섯 가지 요건」, 「신문과 방송」, 2011, 88~91쪽.

다운로드가 가능한 팟캐스트(podcast) 방식의 편리성을 앞세워 뜨내기 독자를 단골 독자로 만드는 효과가 대표적이다.

둘째, 포괄적이면서도 개인과 밀접한 관련이 있을 것. 누구나 쉽게 콘텐츠를 만들고, 나눌 수 있는 디지털 환경에서 전통 미디어가 선택할 수 있는 변화 중 하나는 '포괄적이면서도 수많은 개인들과 밀접한' 뉴스의 생산이다.

셋째, 언제든지 네트워크를 통해 접근할 수 있을 것. 모바일 서비스를 이용하는 사용자들이 언제 어디서든 접근 가능한 플랫폼을 구축해야 한다.

넷째, 미디어 혼합 현상을 반영할 것. 전화(personal media)와 SNS(social media), TV나 인터넷(public media)를 하나의 단말기로 동시에 접하는 현상이 반영돼야 한다.

이러한 변화는 비단 미디어 산업에서만 나타나는 것이 아니다. 앞서 살펴본 바와 같이 ICT가 우리 삶의 전반적인 양식으로 접합되고 있기에, 가치사슬이 결정되어지는 모든 산업 영역에서 이러한 변화의 키워드가 플랫폼 전략으로 수용돼야 할 것이다.

본고에서는 이와 같은 변화의 키워드로 '융합', '개인 맞춤화', 그리고 '동기화'를 제시해보고자 한다.

웹 2.0의 가치는 플랫폼에 더 많은 행위자들을 참여케 함으로써 네트워크 효과를 확산시키고 있다. 이는 디지털 플랫폼에 대한 접근 경로가 확대됨을 의미한다. 미디어와 미디어, 네트워크와 네트워크, 나아가 사람과 사람이 온라인을 통해 결합하고 있는 '융합'으로서의 환경은 네트워크 효과를 촉진시키는 데 있어서 없어서는 안 될 중요한 기술적 기반이며, 사회문화적 조류이다.

이러한 융합된 환경에서 디지털 플랫폼의 수평적 가치사슬 구도에 참여하는 이용자들이 공통적으로 지향하는 것은 대량생산된 것이 아니라, '맞춤화(customized)'된 재화이다. 개방된 네트워크에서 공유하는 것뿐만 아니라 참여를 통해 또 다른 가치를 만들어내는 것이 웹 2.0 시대 이용자이기 때문이다.

그렇기에 이들은 언제, 어디서나 스스로가 원하는 재화에 대한 접근권이 확보됨을 요구하며, 다양한 플랫폼 접근경로를 통해 자유자재로 호환되고 연동될 수 있는 이용 환경을 필요로 하게 된다. 비동시성의 동시성으로서의 '동기화'는 바로 이러한 이용자들의 수요를 충족시키기 위한 디지털 플랫폼 전략의 필수적인 요소라 할 수 있다.

웹 2.0 시대 네트워크 효과를 발휘하기 위한 디지털 플랫폼의 이와 같은 특징을 토대로, 본 절에서는 디지털 시대 플랫폼이 새로운 시장으로서의 기능과 역할을 수행하기 위한 전략을 '융합', '개인 맞춤화', 그리고 '동기화'라는 세 가지 측면에서 살펴보고자 한다.

| 융합

디지털 컨버전스(digital Convergence)는 음성, 영상, 데이터와 같은 정보의 융합이나 방송·통신·인터넷과 같은 네트워크의 융합이다. 이 같은 디지털 기술을 기반으로 통신·가전·컴퓨터 등이 서로 융합된 새로운 형태의 제품과 서비스를 생성하는 것을 의미한다. 다시 말하면 디지털 컨버전스는 디지털 기술 제품과 서비스가 융합되어 새로운 서비스 제품을 창안하는 것이다.[23]

ICT의 발전은 음성과 데이터, 방송 등 기능적 서비스 간 융합에서 나아가 현재는 콘텐츠, 플랫폼, 네트워크, 터미널 등을 융합시키는 새롭고 다양한 융합 서비스를 창조하고 있다.

---

23 김희영·이용재, 「컨버전스시대 감성영역의 확장과 산업활용」, 『한국콘텐츠학회논문지』, 2010.

이와 관련, 포터는 온라인에서의 융합이 전통적 산업 구조에 미치는 영향을 다음과 같이 분석했다.[24] 우선 인터넷을 기반으로 한 디지털 네트워크에서 가치사슬의 과정이 융합한다는 것은 곧 기존 산업 구조에는 부정적인 영향을 미치는 것으로 볼 수 있다. 우선 시장에서의 독과점 기회가 사라지고, 진입장벽이 낮아져 협상력도 낮아지게 된다. 시장 규모의 확대로 대체 위협 요소가 많아지며, 지리적 시장의 확대로 경쟁 업체 수가 증가함으로써 가격 경쟁에 초점이 옮겨가게 된다.

이를 역으로 해석하자면, 디지털 플랫폼에서 형성되는 산업의 가치사슬은 진입장벽이 낮아져 공급자가 곧 수용자로 활동할 수 있는 프로슈머(prosumer)의 확대, 독과점 대신 가격이 결정되어지는 과정에 이용자가 참여할 수 있는 개방된 네트워크, 시장 규모의 확대로 공급재의 다양화, 그리고 강력한 유통 채널의 확보 등이 그 특징이라 할 수 있다.

때문에 다양한 소수 공급자들이 시장에 참여하는 기회가 부여되고, 또 그것이 곳곳에 분포해 있는 수요가 다양한 이용자들에게 효율적으로 전달될 수 있는 유통망을 확보할 수 있다는 것이 융합된 플랫폼의 가장 큰 장점이다.

이러한 환경에서는 사업자 간 시장 구획이 사라진 통합 플랫폼이 형성될 수 있다. 스마트폰과 태블릿 PC의 확산은 모바일 커뮤니케이션을 대중화하고 있으며, 크라우드 소싱(crowd sourcing)[25]이 활발해지면서 생산자와 소비자 간 경계가 허물어지고 융합되는 현상이 확산되고 있다.

---

24 Porter, "Strategy and the internet", *Harvard Business Review*(March), 2001, pp. 63~78.

25 크라우드 소싱이란 '대중'(crowd)과 '외부자원활용'(outsourcing)의 합성어로, 기업이 제품이나 서비스 개발 과정에서 외부 전문가나 일반 대중이 참여할 수 있도록 하고 참여자 기여로 혁신을 달성하면 수익을 참여자와 공유하는 방법을 말한다. 언론사에서 시민들로부터 현장 제보를 받거나 자료를 넘겨받아 기사를 작성하는 '크라우드 저널리즘'이 대표적인 사례다. http://terms.naver.com/entry.nhn?docld=17190&mobile&categoryld=2897.

소셜커머스, 아마존과 같이 이용자들의 입소문을 활용한 마케팅(바이럴 마케팅)은 기업에서 전략적으로 활용하고 있는 유통망으로서의 기능도 한다. 즉, 가치사슬이 융합되고 있는 플랫폼에서는 하드웨어뿐만 아니라 소프트웨어, 그리고 이용자가 유기적으로 연계된 환경이 구축되고 있다.

이처럼 생산과 소비, 유통이라는 가치사슬구도가 온라인을 통해 융합되면서, 네트워크 효과를 극대화하기 위한 플랫폼 전략이 곧 기업의 승패를 좌우하고 있다. 생산자와 소비자, 그리고 유통자로서의 역할을 모두 수행하는 다양한 이용자들을 얼마나 많이 참여시키는 장을 만들 것인가가 곧 비즈니스 플랫폼 전략의 관건이라 할 수 있다.

하지만 단순히 융합 현상이 발생한다고 해서 그것이 곧 수익 창출형 비즈니스 플랫폼으로 연계되지는 않는다. 양질의 네트워크와 디바이스가 융합만 한다고 해서 비즈니스 플랫폼이 창출되는 것이 아니라, 이용자의 태도 변화를 반영한 플랫폼 융합 전략이 수립돼야 하는 것이다.

그러한 관점에서 다음 절에서 제기될 개인 맞춤화와 동기화는 디지털 플랫폼이 비즈니스 전략을 수립하는 데 반드시 고려돼야 할 중요한 요소이다.

| 개인 맞춤화

오늘날 디지털을 기반으로 한 콘텐츠 소비 환경을 대표하는 키워드를 제시하라면, 단연 '맞춤형 시장(customized market)'의 활성화다. 아래 〈표 1〉에서도 알 수 있듯이, 콘텐츠 진화의 첫 번째 방향은 사용자에게 적합한 콘텐츠를 추천, 제공해주는 맞춤형 서비스다.

사 람	Anybody(누구나) → For me(나에게)
장 소	Anywhere(어디서나) → Right here(바로 여기서)
시 간	Anytime(언제나) → Right now(바로 지금)
서비스	Any service(어떤 서비스든지) → What I need(내가 필요한)
장 치	Any device(어떤 기기든지) → What I have(내 기기로)

출처 : 문화체육관광부, 2010

〈표 1〉 맞춤형 콘텐츠로의 진화

정명선(2011)은 스마트화로 개인화·맞춤화 서비스가 가능해짐에 따라 기능보다는 경험, 단독제품보다는 확장 가능한 플랫폼이 중요해짐을 강조했다. 애플의 아이팟이 mp3 플레이어로서의 기능에만 머무르지 않고, 음원을 구입할 수 있는 아이튠스 플랫폼과 연계함으로써 크게 성공할 수 있었던 것은 바로 이러한 개인 맞춤화를 플랫폼 전략 요소로 활용했기 때문이다.

머니투데이가 기사에 과금을 부과하는 전략보다 구매의사가 높은 특정 집단의 정보 습득과 커뮤니케이션이 이루어지는 접점에서 정보 구매가 이루어지도록 유료화를 시도[26]한 것 또한 이러한 맞춤화를 플랫폼 전략으로 활용하려는 것이라 볼 수 있다.

이러한 개인 맞춤화 플랫폼 전략은 『한겨레』가 선보인 유료 어플리케이션에서도 잘 드러나고 있다. '뉴스'라는 것은 공익성이 높은 재화이기에, 시장에서 유료 모델을 창출하는 것이 가장 큰 난제이다. 『뉴욕타임스』가 2004년 유료화 모델을 도입했다가 이용자들의 외면으로 결국 다시 무료 서비스로 전환한 사례[27]는 이러한 어려움을 잘 보여주는 것이라 할 수 있다. 국내 뉴스시장 역시 웹사이트를 통해 무료로 공개

---

26 박종국, 「기사 유료화 전략보다 특정 집단 대상 정보 유료화 준비」, 『신문과 방송』, 2010, 42~43쪽.
27 2012년 4월 『뉴욕타임스』는 다시 유료 서비스로 전환했다.

출처 : 한겨레가판대 어플리케이션

〈그림 2〉 '맞춤형' 유료화 모델을 선보인 '한겨레 가판대'

되는 뉴스를 유료로 전환할 경우 발생될 이용자 이탈 현상을 우려해 섣불리 유료시장으로의 전환을 시도하지 못하고 있었다. 이러한 가운데『한겨레』가 2011년 선보인 유로 뉴스 플랫폼 '한겨레 가판대'[28]는 단순히 이용자들에게 일방적으로 뉴스를 제공하는 것에서 그치지 않고, 다양한 동영상과 SNS와의 연동서비스 등을 통해 개별 뉴스 콘텐츠에 대한 독자들의 이용권을 강화한 서비스로 유료 뉴스 플랫폼 구축에 성공적으로 안착했다.

---

28 '한겨레 가판대'는『한겨레』의 모든 콘텐츠들을 가판대 형식으로 선택 가능한 서비스를 제공하고 있다. 하지만 타 언론사가 여전히 무료 뉴스 제공 서비스를 실시하는 것과는 달리, 유료 서비스(『한겨레』 신문 기준 주당 2.99$)로 출범했다. 그럼에도 불구하고 출시 한 달 만에 5만 5,000여건의 다운로드를 기록하며 앱스토어 뉴스 분야 1위를 기록해 주목을 받았으며, 오프라인 독자들의 경우 무료 다운로드 서비스를 제공함으로써 오히려 더 많은 독자층을 확보했다는 평가를 받고 있다.

| 동기화

가. 클라우드 컴퓨팅

IT분야 리서치 및 자문회사인 가트너(Gartner)는 '인터넷 기술을 활용해 다수의 고객들에게 높은 수준의 확장성을 가진 IT 자원을 서비스로 제공하는 컴퓨팅'[29]으로 정의내린 바 있다. 인터넷 상 서버에 정보가 저장되고, 데스크톱을 비롯한 태블릿 PC, 노트북, 스마트폰 등 다양한 IT 디바이스를 통해 정보에 대한 접근과 이용이 가능한 컴퓨팅 서비스를 뜻한다.

클라우드 컴퓨팅 시스템은 모바일 스마트 기기의 확산과 대용량 콘텐츠가 증가함에 따라 데이터의 효율적인 처리를 위한 서비스로 각광을 받고 있으며, 미래 핵심 ICT 서비스로 주목받고 있다. 그 기대효과는 다음과 같다.[30]

첫째, 기업 내 협업 환경 구축 및 비용 절감이 기대된다. 초기 클라우드 컴퓨팅은 기업 내에서 여러 대의 컴퓨터가 동시에 하나의 데이터에 접근할 수 있도록 해 협업 환경을 구축하는 데 이용됐다. 서버에 모든 데이터가 저장되므로 별도의 단말 저장매체가 불필요해 하드웨어 구축에 소용되는 비용 절감도 기대할 수 있으며, 서드파티 사업자가 제공하는 서버를 대여하는 퍼블릭 클라우드의 경우 기업이 직접 데이터 센터를 운영할 필요도 없어 차세대 IT 경영 기반으로 각광받고 있다.

둘째, N스크린 구현에 따라 클라우드 컴퓨팅 기술에 대한 기대가 증폭되고 있다. 최근 개인 클라우드 서비스는 하나의 콘텐츠나 서비스를 여러 단말에서 이용할 수 있는 N스크린 서비스로 발전하고 있으며, 태

---

29 http://www.gartner.com/it-glossary/cloud-computing.

30 한국콘텐츠진흥원, 『문화기술(CT)심층리포트 : 클라우드 컴퓨팅 기술동향』, 2011.

블릿 PC 등 신형 디바이스의 등장으로 개념이 더욱 확장되고 있다. 때문에 서비스 제공업체 입장에서는 디바이스 간 개별 콘텐츠를 구축할 필요가 없이 다양한 플랫폼을 대상으로 서비스 제공이 가능하며, 소비자 역시 다양한 디바이스를 통해 단일한 콘텐츠에 대한 소비의 동시성을 구현할 수 있다.

이러한 기대효과로 인해 2009년~2014년 세계 클라우드 컴퓨팅 시장은 연평균 34% 성장할 것으로 전망되고 있다. 세계시장 규모는 2009년 796억 달러에서 2014년에는 3,434억 달러가 될 것이며, 국내 클라우드 컴퓨팅 시장도 동기간 연평균 30.5% 성장할 것으로 전망한다. 국내 시장도 2009년 6,739억 원 규모에서 공공부문의 투자를 중심으로 확대되어 2014년에는 2조 5,480억 원 규모의 시장이 형성될 것으로 예상한다.[31]

정부 차원에서도 클라우드 컴퓨팅에 대한 정책적 지원에 적극적이다. 2009년 정부는 2014년까지 '세계 최고 수준의 클라우드 컴퓨팅 강국 실현'이라는 목표 아래 '범정부 클라우드 컴퓨팅 비전'을 선포했다. 이후 중앙부처 정보 자원의 통합, R&D 및 서비스 모델 검증을 위한 테스트베드 구축, 범정부 클라우드 컴퓨팅 정책 협의회 개최 등을 추진해 온 바 있다. 2011년 5월에는 방송통신위원회가 관계부처 합동으로 '클라우드 컴퓨팅 확산 및 경쟁력 강화 전략'을 발표하고, 다음 〈그림 3〉과 같은 발전 전략을 제시했다.[32]

이러한 공공 클라우드 컴퓨팅 서비스에 대한 관심은 각국에서 빠르게 전개되고 있다. 특히 일본의 경우 3·11 대지진을 겪은 뒤 데이터센터의 불안정성을 극복하기 위해 범정부 차원에서 클라우드 컴퓨팅을 공

---

31 http://www.kmobile.co.kr/k_mnews/news/news_view.asp?tableid=IT&idx=377537.
32 장석권, 「클라우드 서비스 발전전략과 정책 과제」, 정보통신정책연구원, 2012.

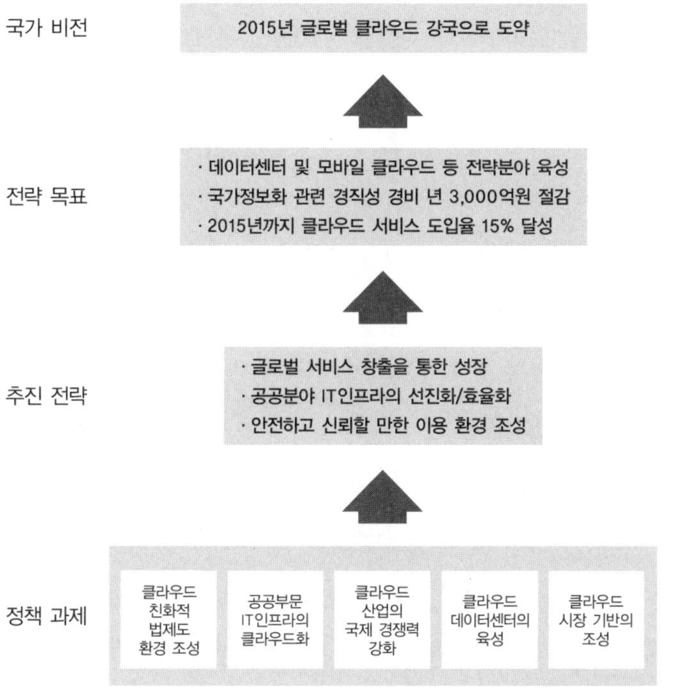

국가 비전	2015년 글로벌 클라우드 강국으로 도약

⬆

전략 목표	· 데이터센터 및 모바일 클라우드 등 전략분야 육성 · 국가정보화 관련 경직성 경비 년 3,000억원 절감 · 2015년까지 클라우드 서비스 도입율 15% 달성

⬆

추진 전략	· 글로벌 서비스 창출을 통한 성장 · 공공분야 IT인프라의 선진화/효율화 · 안전하고 신뢰할 만한 이용 환경 조성

⬆

정책 과제	클라우드 친화적 법제도 환경 조성	공공부문 IT인프라의 클라우드화	클라우드 산업의 국제 경쟁력 강화	클라우드 데이터센터의 육성	클라우드 시장 기반의 조성

출처 : 장석권, 2012, p.15

〈그림 3〉 정부의 클라우드 서비스 발전 전략

공인프라로 육성하기 위한 정책 실천 작업을 시행해오고 있다.

민간 기업 차원에서는 이보다 더 빠르게 클라우드 컴퓨팅을 기반으로 한 플랫폼 전략을 수립해오고 있다.

삼성전자의 경우 2012년 5월 미국의 클라우드 기반 콘텐츠 제공업체인 엠스팟(M-Spot)을 인수해 클라우드 경쟁 시장에 본격적으로 진입했으며,[33] LG전자 역시 2012년 4월 LG 클라우드 베타 서비스에 돌입했다.[34]

---

33 《디지에코》, 2012. 5.

34 《블로터닷넷》, 2012. 4. 30.

한편 구글은 지난 2012년 클라우드 스토리지 서비스 '구글 드라이브'를 공개했다. '구글 드라이브'는 애플의 아이클라우드나 드롭박스와 유사한 기능의 개인용 스토리지로 PC나 모바일 기기를 이용해 구글이 구축한 클라우드 서버에서 동영상, 사진, 구글독스, PDF 등 다양한 형식의 파일을 저장 및 사용할 수 있다. 무엇보다 문서나 사진 뿐만 아니라 동영상, 서드파티 앱들을 활용할 수 있어 '협업'의 캐치프레이즈를 더욱 강화했다. 또한 맥과 레노버 PC, 뉴아이패드, 삼성테블릿 PC 등 다양한 기기에서 서비스를 진행하고 있으며, 윈도와 맥, 안드로이드, 아이패드·아이폰 버전을 선보였다.[35]

구글 드라이브가 클라우드 컴퓨팅 시장에 본격 진출한 데 대해서는 다양한 전망이 제시되고 있다. 우선 구글은 강력한 검색 기술을 갖고 있다. 구글드라이브에서는 스캔한 파일에 있는 내용도 단어만 검색하면 찾을 수 있다. 이미지 인식 기능도 있어 그랜드캐니언에서 찍은 사진을 저장한 뒤 '그랜드캐니언'을 검색하면 찾을 수 있다. 또 저장된 동영상은 다른 사람이 볼 수 있도록 '구글플러스'에 올릴 수 있다.

한편 페이스북도 최근 클라우드서비스 업체인 드롭박스를 사들일 것이라는 예측이 제기되고 있어, 클라우드 플랫폼 시장이 새로운 IT 격전지로 부각될 전망이다.

나. N스크린

AT&T가 인터넷 TV를 중심으로 방송통신시장에 진출하면서 처음으로 소개한 것은 '3S'였다. 3S란 3Screen을 말하는 것으로, 텔레비전, 컴퓨터(인터넷), 그리고 모바일을 의미한다.[36] 즉, 하나의 콘텐츠가 3개의

---

35 《아이뉴스》, 2012. 4. 25.

콘텐츠 전송

클라우드 저장 공간

전자액자

클라우드 저장 공간

태블릿 PC

스마트폰

TV

출처 : 동아일보

〈그림 4〉 N스크린의 구조

스크린에서 동시에 유통과 소비가 가능해진다는 것으로, N스크린이 일찌감치 우리 사회의 소비 플랫폼으로 자리 잡았음을 인지하게 해 주는 부분이다.

N스크린이란 여러 개의 화면(스크린)을 통해 콘텐츠를 제공하는 서비스를 의미한다.[37] 예를 들어 VOD를 구입한 후 TV, 태블릿, 스마트폰, PC 등 다양한 기기에서 시청하는 경우가 이에 해당한다. 이러한 N스크린 서비스가 등장하게 된 배경은 아래 〈그림 4〉와 같이 클라우드 컴퓨팅과 스마트 디바이스에서 출발한다.

〈그림 4〉에서도 알 수 있듯이, N스크린과 클라우드 컴퓨팅은 공생관계라 할 수 있다. Daum이나 네이버, KT, SK텔레콤, 오피스365[38]와 같은 기업들이 개인들에게 클라우드 스토리지 서비스를 공짜로 제공하는

36 정동훈, 「다양한 경로 통해 콘텐츠 유통, 언론 산업에 돌파구」, 『신문과 방송』, 2010, 6~9쪽.

37 정보통신정책연구원, 『N스크린서비스 활성화 방안』, 2011.

38 마이크로소프트가 차세대 서비스로 밀고 있는 오피스365가 국내 시장에 안착했다. 2011년 말 국내에 상륙한 오피스365는 통합 커뮤니케이션, 이메일, 협업, 전사 콘텐츠 관리 등 핵심 기능을 온라인에서 제공하는 클라우드 서비스로, 문서 편집/이메일/문서 공유/인스턴트 메시지 등 기존 MS의 소프트웨어들을 온라인으로 제공한다(디지털데일리, 2012. 3. 18).

〈그림 5〉 SKT의 N스크린 플랫폼 '호핀'

이유는 바로 'N스크린'이라는 유료 플랫폼을 확보하기 위해서다. 현재 국내에서 대표적으로 상용되는 N스크린 서비스는 KT의 올레TV나우, SKT의 호핀, LG 유플러스박스 등 이동통신사업자들이 중심이 되고 있다. 조만간 스마트TV가 대중화되기 시작하면 N스크린은 대표적인 유료플랫폼으로 급부상할 전망이며, 여기에는 방송사업자와 통신사업자뿐만 아니라 게임, u-health, 이러닝, 전자출판 등 다양한 가치사슬구도가 형성될 것으로 예상된다.

이처럼 다양한 커넥티드 디바이스의 확산은 N스크린 환경을 조성하고 있으며, 이는 새로운 전송 플랫폼을 제공함으로써 콘텐츠 비즈니스에 큰 영향을 미칠 전망이다.

한편 N스크린은 이용자와 소비자의 행태와 습관을 변화시킬 전망이며, 최종적으로는 선택하거나 선호하는 콘텐츠의 양식을 변화시켜 다음과 같이 콘텐츠 비즈니스에 영향을 미칠 것으로 보인다.[39]

첫째, 콘텐츠 산업 가치사슬을 수직 구조에서 수평 구조로 전환시키

---

39 방송통신위원회, 『N스크린 서비스의 확산과 콘텐츠 비즈니스 미래 전망』, 2011.

스토리텔링 페시브 | 박선미 | 디지털 환경 기반으로 한 스토리닥스

면서 플랫폼의 독자적 위상을 강화함에 따라 서비스 플랫폼 시작이 더욱 확산될 것이다. 지금까지는 특정 네트워크에 따라 콘텐츠/서비스가 제약돼 콘텐츠와 소비자 간 접점을 관리하던 플랫폼의 역할이 네트워크에 종속돼 있었으나, N스크린 환경으로 네트워크의 영향력이 감소하면서 플랫폼이 독자적으로 콘텐츠와 소비자 간 접점을 관리하게 될 것이다.

둘째, 서비스 플랫폼은 연결성, 이동성, 통합성을 구현하는 서비스를 통해 이용자·소비자가 수많은 단말기와 콘텐츠를 소비하는 데 있어서 전환 비용을 감소시킬 수 있도록 맥락을 조정하고 새로운 이용 경험을 창출할 것이다. N스크린 환경은 전통적인 미디어·콘텐츠의 이용 맥락인 시간, 공간, 그리고 콘텐츠 간 동시성을 해체함으로써 콘텐츠를 집단이 동시 이용하는 가상적 집단 이용, 그리고 추천과 공유 등을 통해 콘텐츠의 생산과 유통에 참여하는 공유와 협력 이용 등의 이용 맥락을 조성할 것이다. N스크린을 넘어 텔레스크린으로 동기화 플랫폼이 확대된다는 것은 곧 아파트 엘리베이터, 버스나 지하철 정류장, 쇼핑몰 등 다양한 생활 공간 속에 N스크린이 체화되어가고 있음을 의미하는 것이라 하겠다.

이처럼 스마트기기가 대중화·일상화된다는 것은 공급자 입장에서는 무한한 기회가 될 수 있다. 이종근은 최근 N스크린이 재조명되고 있는 것은 바로 이러한 스마트기기의 대중화 관점과 무관하지 않으며, 스마트기기의 증가는 다음과 같은 근거에서 N스크린 시장의 본격적인 개화 및 확대를 촉진할 것으로 전망했다.[40]

첫째, 스마트기기의 확산은 기기 간 연결성을 강화시킬 수 있는 기반이 된다. 안드로이드, iOS 등 OS 탑재기기가 증가하면서 앱을 활용한

---

40 이종근, 「스마트 대중화 시대」, 『Issu&Trend』, 2012.

기기 간 연결성이 강화될 것이고, 디바이스 간 콘텐츠 공유 관련 표준이 탑재된 기기 수도 증가하게 되기 때문이다. 게다가 최근에는 동작 및 음성인식을 통해 기기 간 연결성이 강화되는 모습도 보이고 있다.[41]

둘째, 킬러 콘텐츠 제공을 위한 N스크린 도입이 확산될 것으로 전망된다. 스마트폰 등 스마트기기의 대중화가 본격적으로 진행되면서 콘텐츠의 다양성뿐만 아니라 킬러콘텐츠에 대한 니즈도 증대될 것으로 예상된다. 애플은 iOS 4.3으로 시스템을 업그레이드하면서 기존 앱스토어의 콘텐츠에 대해서도 개발자의 의도에 따라 N스크린이 구현될 수 있도록 했다. 그리고 주요 세트 제조사들도 N스크린 개발자 확보 및 양성을 위해 다양한 아이디어 공모전, 개발자 설명회 및 앱 콘테스트를 추진하고 있다.

마지막으로 네트워크 및 클라우드 인프라의 개선도 한몫할 것으로 전망된다.

이러한 N스크린에 대한 전망에서 알 수 있듯이, N스크린은 클라우드 컴퓨팅 서비스의 확산과 동기화 플랫폼의 저변화가 이뤄진다면 지금과는 상상할 수 없을 정도의 경쟁력을 갖춘 비즈니스 플랫폼으로 성장 가능할 것으로 전망된다. 물론 여기에는 이용자의 니즈를 충족시켜줄 수 있는 양질의 콘텐츠가 수급돼야 할 것이다. 하지만 '앵그리버드'나 '뽀로로'와 같은 콘텐츠가 세계적인 킬러 콘텐츠로 성장할 수 있었던 것은 생산자와 이용자를 손쉽게 연계해주는 N스크린 플랫폼이 큰 역할을 했다는 점, 문화적·지리적 경계가 와해되고 있는 디지털 네트워크 기

---

41 대표적인 사례가 애플의 혼다 재즈(Honda Jazz)라는 앱이다. 애플이 제조하지 않은 일반 TV를 통해 송출되는 혼다 재즈 광고를 보면서 아이폰을 흔들기만 하면 광고와 관련된 정보뿐만 아니라 게임도 동시에 즐길 수 있다. N스크린을 통해 향후 광고 비즈니스 모델까지도 검토해볼 수 있다는 점과 더불어 타 브랜드와의 N스크린 서비스가 강화될 수 있다는 점을 시사해주고 있다(이종근, 2012).

반 플랫폼에서 더 이상 문화적 할인율(cultural discount rate)[42]이 디지털 플랫폼 상에서 큰 변수가 되지 못한다는 점[43]은 희망적 전망을 제시해주고 있다.

(2) 스토리텔링은 왜 플랫폼과 융합해야 하는가?

소위 '인터넷 세대'라 불리는 오늘날의 디지털 원주민(digital native)에게 있어서 일방적으로 전달되는 '이야기'는 더 이상 흥미있는 놀잇감이 되지 못한다. 앞서 살펴본 바와 같이, 오늘날 디지털 플랫폼 시대는 지구촌 곳곳과 네트워크로 연결되고, 실시간 동기화가 이뤄진다. 때문에 일방적으로 전달된 메시지는 '메아리 없는 외침'과 같다. 네트워크에 던져진 정보나 메시지에 더 많은 이용자들이 참여하고, 공유할수록 그것의 가치가 구현될 수 있는 것이다. 디지털 시대 네트워크를 기반으로 한 스토리텔링은 이와 같은 현장 중심의 상호작용, 그리고 맥락화되어가는 과정이 중시되는 개념이다.

이인화는 이러한 디지털 스토리텔링에 세 가지 사회적 조건을 제시한 바 있다.[44]

첫째, 디지털 스토리텔링은 이야기 예술을 넘어 콘텐츠 산업 전체에 적용된다. 정보화 혁명은 인간 두뇌의 한계를 넘어서는 정보의 폭증을 야기했고, 방대한 분야의 지식을 소화하기 힘든 상황에서 스토리텔링에 대한 사회적 요구가 증가됐다. 복잡한 통계 자료와 개념으로 인간을 설득하기는 매우 어렵지만, 작중 인물에 대한 감정 이입을 통해 자연스럽

---

42 한 문화권의 문화상품이 다른 문화권으로 진입하였을 때 문화적 차이로 인하여 어느 정도 가치가 떨어지는 현상.

43 Bille, "Supply and location of the arts and creative industries : An economic perspective", *Cultural industries seminar network directions in research*, 2007.

44 이인화, 『한국형 디지털 스토리텔링』, 살림, 2005.

게 같은 전제를 공유하게 만드는 스토리텔링은 영화나 소설같은 좁은 범위에서 거의 모든 디지털 콘텐츠로 확산되고 있다.

둘째, 디지털 스토리텔링은 집합지능(collective intelligence)에 의해 창작된다. 산업 사회 개인의 공간이 해체되는 새로운 국면에 접어들면서, 사람들은 수십 개의 디지털 자아(아이디)와 사이버 육체(아바타)를 갖는 가상 주체로 사회적 삶을 영위한다. 인간은 개인으로 단자화되는 것이 아니라 개인에서 해체되고 재구성된 뒤 다시 인터넷을 통해 실용적·친교적 공동체와 연결되는 이른바 '네트워크화된 개인주의'의 사회를 살아가고 있다. 이러한 시대의 가장 중요한 문제는 개인의 정체성 인식이 아니라 아름다움에 대한 취향과 진리와 정의에 대한 자기 윤리를 네트워크 속에서 구현하고 공유하는 것이다. 그 결과 정보화 시대의 디지털 스토리텔링은 단일한 작가, 단일한 등장 인물, 단일한 화자의 통일된 목소리와 결별하고, 항상 네트워크의 편재성과 동시성, 물질적 개방성에 열려 있게 된다.

셋째, 디지털 스토리텔링은 디지털 사회의 인간화와 민주화를 추구한다. 근대 예술은 대중을 소외시켰지만, 디지털 스토리텔링은 예술적 커뮤니케이션의 수평적 확장과 민주적 상호 작용을 촉진한다. 디지털 스토리텔링에서는 수많은 디지털 자아들이 자신들의 취향에 맞는 사람들과 연대하여 함께 새로운 스토리를 창조한다.

이와 같은 디지털 스토리텔링의 사회적 조건은 본 장에서 논의하고자 하는 디지털 플랫폼과 매우 밀접한 연관을 갖는다고 볼 수 있다. 디지털 시장의 재화는 더 많은 이용자를 확보해야 하며, 하나의 소스로 다양한 이익을 창출하는 '원 소스 멀티 유즈(One Source Multi Use)'를 지향해야 한다. 현장성과 맥락성을 특징으로 하는 스토리텔링은 많은 사람들이 참여하는 네트워크일수록 더 가치있는 결과물을 도출하게 되며, 더 큰 수익을 창출하게 된다. 그것이 스토리텔링이 갖는 경제적 효과이며, 최근 들어 디지털 시장경제에서 화두가 되고 있는 '스토리노믹스(stori-nomics)'의 출발점이라 할 수 있다.

그렇다면 이와 같은 스토리노믹스의 효과 창출을 위한 플랫폼을 어떻게 구축해야 할 것인가라는 과제가 제시된다. 현재 성공적인 모델로 손꼽히고 있는 애플이나 구글의 디지털 플랫폼은 생산자와 소비자를 연계시키는 양질의 네트워크를 형성하고 있다. 하지만 모든 시장경제의 가치가 기업체를 중심으로만 형성되지는 않는다. 시장과 시민사회, 그리고 정부와 글로벌 사회가 점차 융합되고 있는 오늘날의 환경에서, 스토리노믹스는 시장 내에서만 논의되기에는 너무나도 큰 잠재적 가능성을 가진 개념이라 하겠다.

2) 스토리노믹스 구현을 위한 디지털 플랫폼

지금까지 공유와 참여를 기반으로 한 디지털 스토리텔링의 경제적 가치 창출 구조는 온라인 네트워크 플랫폼을 통해 수확체증의 효과가 극대화될 수 있다는 점을 살펴보았다. 그렇다면 이러한 스토리노믹스 창출공간으로서의 플랫폼을 구축하기 위해서는 어떠한 디자인이 병행돼야 할 것인가가 고민돼야 한다.

앞서 언급한 바와 같이, 오늘날의 경제적 가치는 반드시 시장 영역에서만 발생하지 않는다. 시장과 지역사회, 정부, 그리고 글로벌 네트워크가 쉴 새 없이 융합되고 있는 디지털 공간에서 경제적 가치가 창출된다. 때문에 스토리텔링은 정보나 상품에 대한 마케팅의 방법론으로 활용되어질 뿐만 아니라, 최근 들어서는 지역 브랜드나 관광 자원 활성화를 위한 목적으로도 매우 적극적으로 응용되어지고 있다.

국내에서도 일찌감치 지역 문화와 역사 자원을 스토리텔링으로 개발하고자 하는 정책적 지원과 움직임이 있어왔으며, 스토리텔링을 통해 도시 브랜드를 구축하고자 하는 광역·자치단체 차원의 지원 사업도 활성화되고 있다.

일례로 서울특별시의 경우 '스토리텔링 관광 도시'로 거듭나기 위한 정책적 일환으로 '시민이 만드는 나만의 스토리 관광 코스'와 같은 참여형 스토리텔링 관광 프로그램을 개발해 주목을 받은 바 있으며,[45] 부산은 '부산 스토리텔링 플랫폼'[46]을 통해 부산의 이야기를 중심으로 생산자와 소비자가 모일 수 있는 스토리텔링형 플랫폼 모델의 베타 버전을 공개한 바 있다.

서울시의 이와 같은 도시 스토리텔링 프로젝트는 '일반인이 참여하는 스토리텔링 플랫폼'의 취지를 정책에 반영한 것으로, 모든 사람이 이야기의 생산자이자 유통자, 소비자로 활동하게 되는 장을 마련하는 것이라 할 수 있다.

특히 온라인을 넘어 모바일 시대로 접어든 오늘날, 이와 같은 생산-유통-소비의 가치 창출 구조는 그야말로 실시간·즉흥적으로 이뤄지고 있다. 싸이의 〈강남스타일〉이 디지털 플랫폼의 대표적인 경제 창출 사례로 자주 언급되고 있는 이유도 바로 이러한 측면에서이다. 언제 어디서나 원하는 콘텐츠를 감상하고, 이용자의 네트워크에 연계된 수많은 잠재적 소비자들에게 전파되는 것이 모바일 네트워크의 가장 큰 경쟁력이다.

---

45 서울시는 한강·한양도성·동대문·세종대로·한성백제를 5대 대표지역으로 선정하고 이 외 서울 전 지역의 과거와 현재 이야기를 발굴해 관광 명소로 만드는 스토리텔링 개발 사업을 2013년 2월부터 시행해오고 있다(『경향신문』, 2013. 1. 23).

46 www.busanstory.org

이처럼 생산자와 소비자, 그리고 유통자가 역동적으로 스토리텔링을 생산하고, 개방하고, 공유함으로써 가치의 교환과 창출을 발생토록 하는 것은 디지털 플랫폼이 취해야 할 우선적 전략이라 할 수 있다.

앞서 살펴본 바와 같이, 이야기(story)는 그 자체만으로는 가치를 창출할 수 없으며, 새롭고 생소한 미발굴의 문화를 전달함으로써 역동적이고 충성스러운 소비자를 창출하는 동기를 부여한다는 '텔링(telling)'의 관점에서 살펴보아야 한다. 때문에 지역이든, 기업이든 스토리가 소비자 창출의 자원으로 활용되기 위해서는 더 많은 이용자들에게 효율적으로 전달될 수 있는 네트워크 플랫폼이 필요하며, 그러한 플랫폼에서는 무엇보다도 생산자-유통자-이용자 간 활발한 개방 · 공유 · 참여가 유도되어야 한다.

페이스북이 최근 전략적으로 도입한 '페이스북 스토리'는 이러한 플랫폼형 전략을 적극적으로 도입한 사례라 할 수 있다. 이용자들이 자신의 이야기를 개방하고, 다른 이용자들과 공유도 가능한 '페이스북 스토리'의 목표는 단 한 가지다. 바로 더 많은 이용자들이 더 자주, 더 오랜

〈그림 6〉 스토리텔링형 플랫폼을 지향하는 '페이스북 스토리' 사이트 화면

시간 페이스북에 머물게 함으로써 이용자 중심 스토리텔링을 이용한 브랜드 마케팅 효과를 창출하고자 하는 것이다.

하지만 현재 대부분의 국내외 스토리텔링 아카이브는 수직적 정보전달과 DB 검색에만 그침으로써 이용자 참여를 기반으로 한 확산의 플랫폼이 부재한 상황이다. 국내 최초로 이용자 중심 스토리텔링 마케팅을 정책에 도입한 서울시의 사례 역시 회원 가입과 로그인 등 수직적 시스템에 기반함으로써 이용자 참여의 활성화는 아직 발견되지 못하고 있다.

스토리텔링 플랫폼의 기본 전제는 접근과 이해가 쉽고, 감성적 교류를 통해 이용자가 유통의 역할을 담당하도록 해야 한다. 여기에 스마트폰, 태블릿 PC, SNS와 같은 모바일 디바이스 시장 환경도 고려하여, 상호작용성을 강화한 기술적 기반이 조성돼야 한다. 이러한 디지털 스토리텔링의 특성이 시스템에 반영될 때, 비로소 이용자들의 참여와 OSMU 유통망으로서의 역할을 이끌어낼 수 있는 것이다.

이와 관련, 2013년 한국콘텐츠진흥원 '지역 스토리 창작 센터 육성지원 사업'의 일환으로 진행되고 있는 '부산 스토리텔링 플랫폼'은 디지털 스토리텔링과 모바일 커뮤니케이션의 특성을 반영해 〈그림 7〉과 같은 '부산 스토리텔링 생태계' 구축을 목표로 하고 있다.

〈그림 7〉에서 나타나는 것처럼, 부산 스토리텔링 플랫폼은 부산에 대한 모든 이야기가 집결되는 통합 DB를 기반으로, 시민들이 직접 부산과 관련된 스토리를 생산하는 것을 1차 목표로 하고자 한다.

특히 SNS, 블로그, RSS 등 상호작용과 관련한 기술적 기반을 적극적으로 시스템에 반영함으로써, 디지털 스토리텔링과 플랫폼의 특성을 융합시킨 모델이라는 점에 주목할 만하다.

무엇보다 해당 플랫폼을 기반으로 부산의 이야기에 대한 개방·공유·참여가 실시간으로 이뤄지고, 네트워크를 통해 확산되는 '허브'로

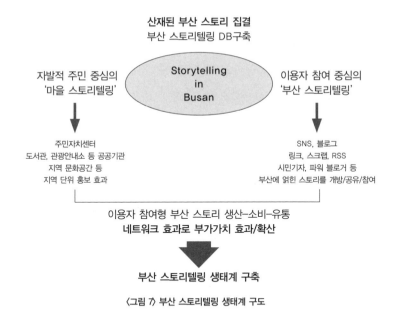

〈그림 7〉 부산 스토리텔링 생태계 구도

서의 역할을 하고자 함을 지향한다. 이는 시민과 함께 부산의 이야기를 '생산'하고, 이를 부산을 찾는 관광객과 시민들이 '이용'하고, 나아가 이용자들이 개별 블로그나 SNS 등을 통해 적극적으로 '유통'할 수 있는 네트워크 기반을 조성함으로써 부산의 스토리텔링이 가치를 창출하는 생태계를 구축하고자 함을 목표로 한다.

이처럼 온/오프라인과 모바일 등 스토리텔링이 가치를 창출하는 다양한 창구를 플랫폼에 결집시킴으로써, 지역 관광산업뿐만 아니라 다양한 창의 콘텐츠 생산을 유도하는 '부산 스토리텔링'의 브랜드 가치를 확산시키고자 함을 목표로 한다.

스토리텔링을 자원으로 활용하는 이와 같은 디지털 플랫폼 모델은 스스로의 이야기를 통해 더 큰 가치를 발견하고, 구현하고자 하는 오늘날의 디지털 유목민들에게 있어서 최상의 '감성 네트워크' 기능을 수행할 수 있을 것으로 기대된다.

3. 디지털 플랫폼의 향후 과제와 전망

클라우드 컴퓨팅이 공공과 민간 인프라를 정교하게 구현하는 환경이 구축된다면, 우리의 일상생활은 말 그대로 '네트워크화'된다. 가전제품에서부터 국가보안 DB까지 무수히 많은 정보가 우리 주위에 공기처럼 존재하고, 필요할 때마다 실시간으로 정보와 연결해 즉각적인 이용이 가능하기 때문이다. 이러한 환경에서 이용자는 네트워크의 주요한 노드(node)이자 허브(hub)가 된다. 어떠한 경로를 통해 누구와 연결된 정보를 이용하느냐에 따라 네트워크의 대역적인 질서가 변화하고, 새로운 가치가 창출되는 것이다.

본고에서는 이러한 가치가 창출되는 디지털 시대의 새로운 시장으로서 플랫폼의 역할과 기능을 검토해보고자 했으며, 이를 스토리텔링과 결합함으로써 스토리노믹스 창출의 장이라는 기대효과를 제시해보고자 했다.

모든 콘텐츠가 개방되고, 공유되고, 참여하는 웹 2.0의 플랫폼에서는 더 많은 이용자가 플랫폼을 거쳐갈수록 더 큰 가치가 창출되는 네트워크 효과가 발생한다. 그리고 그러한 네트워크 효과를 기반으로 한 플랫폼 생태계를 구축하는 것이 곧 디지털 경제 시대를 선두할 것이다.

마샬 맥루한은 "미디어는 메시지다"라는 유명한 말을 남긴 바 있다. 더 이상 미디어와 메시지가 개별적인 존재가 아니라, 미디어 그 자체가 하나의 메시지로 다가오는 유기적 결합이 인류의 미래 사회를 지배할 것이라는 예언이었다. 그러한 맥루언의 예언은 오늘날 디지털 플랫폼을 중심으로 한 ICT산업의 영역에서 활발하게 일상화되고 있다.

맥루한이 미디어의 가치를 이렇게 표현한 이유는, 기술이 인류의 삶을 윤택하게 해줄 것이라는 기술결정론적 관점에서가 아니다. 소통과 공유의 기술이 발전하면 발전할수록 그것을 소비하는 이용자의 주체적 역할이 더욱 부각돼야 할 것이며, 이용자의 관점을 토대로 한 생산과 유통, 소비의 환경이 조성돼야 함을 강조하기 위해서였다.

생산자와 이용자 간 역동적인 상호작용이 강조되는 스토리텔링은 바로 이러한 디지털 네트워크에서 가장 적극적인 가치구현의 방법론으로 활용될 수 있는 장점을 지니고 있다.

물론 그것이 반드시 정(正. positive)의 가치를 구현할 것이라고는 확신할 수 없다. 하지만 한 가지 확실한 점은 네트워크를 통해 형성되는 스토리텔링의 가치는 기존의 그것과는 비교할 수 없을 정도의 가치와 효과를 제공한다는 점이다. 긍정적이든 부정적이든, 그것이 우리사회를 변화시켜나갈 주요한 동인 중 하나라는 점에서 디지털 시대 스토리텔링 플랫폼에 대한 논의는 앞으로 더욱 활성화될 필요성이 제기된다.

• 참고문헌

강장묵, 「뉴미디어와 소통의 정치학」, 한울, 2009.

김희영 · 이용재, 「컨버전스시대 감성영역의 확장과 산업활용」, 『한국콘텐츠학회논문지』 10권 12호, 2010.

김희윤 · 정강현 · 전종배 · 김철원 · 박기찬 · 김승윤 · 김성일, 「2012년 방송통신시장전망」, 『IT전략보고서』, KT경제경영연구소, 2011.

김창웅, 「플랫폼 전략의 이론과 실제 – 성공사례 분석을 중심으로」, 『SERI 이슈페이퍼』, 2012.

박서강, 「미래의 뉴스 콘텐츠가 갖춰야 할 다섯 가지 요건」, 『신문과 방송』 제483호, 2011.

박중국, 「기사 유료와 선박보다 특정집단 대상 정보 유료화 준비」, 『신문과 방송』 제473호, 2010.

방송통신위원회, 「클라우드 컴퓨팅 활성화 종합계획」, 2009.

_____, 「N스크린 서비스의 확산과 콘텐츠 비즈니스 미래전망」, 2011.

_____, 「텔레스크린산업, '제4의 스크린 미디어'로 뜬다」, 2012.

백준봉 · 최명호 · 홍범석 · 박유진, 「스마트 혁명이 가져온 변화」, 『IT전략보고서』, KT경제경영연구소, 2012.

이성호, 「IT 컨버전스의 진화」, 『SERI 경제포커스』 no.228, 2009.

이인화, 『한국형 디지털 스토리텔링』, 살림, 2005.

이종근, 「스마트 대중화 시대」, 『Issue&Trend』, 2012.

장석권, 「정보통신의 미래지향적 시장구조와 정책방안 연구」, 디지털융합연구원, 2011.

_____, 「클라우드 서비스 발전전략과 정책과제」, 정보통신정책연구원, 2012.

정동훈, 「다양한 경로 통해 콘텐츠 유통, 언론 산업에 돌파구」, 『신문과 방송』 제471호, 2010.

정보통신정책연구원, 「N스크린 서비스 활성화 방안」, 2011.

정명선, 「IT강국 코리아의 퀀텀점프를 이끌 플랫폼 전략」, 『IT & Future Strategy』 제1호, 한국정보화진흥원, 2011.

최병삼, 「비즈니스 플랫폼의 부상과 시사점」, 『SERI 경제포커스』 no.802, 2011.

한국콘텐츠진흥원, 『문화기술(CT) 심층리포트 : 클라우드 컴퓨팅 기술동향』 제11호, 2011.

히라노 아쓰시 칼·안드레아 학주, 『플랫폼 전략 – 장(場)을 가진 자가 미래의 부를 지배한다』, 더숲, 2011.

Bille, T. Supply and location of the arts and creative industries : An economic perspective, Cultural industries seminar network directions in research, 2007.

OECD. "Virtual world : Immersive Online Platforms for Collaboration, Creativity and Learning", *OECD Digital Economy Papers*, no.184, 2011.

Porter, M. E. Strategy and the internet, *Harvard Business Review*(March), 2001.

Sax, B. Storytelling in a liminal times, *On the Horizon* 14(4), 2006.

_____. Storytelling and the "information overload", *On the Horizon* 14(4), 2006.

Shapiro, C. & Varian, H. R. "Information Rules: A Strategic Guide to the Network Economy", Harvard Business Review Press, 1998.

블로터닷넷, 「'가전기기 엮어줄게', 'LG 클라우드' 공개」, 2012. 4. 30.

아이뉴스, 「구글 클라우드, 마침내 '화룡점정'」, 2012. 4. 25.

제4부
—
스토리의
신세계

소셜미디어 시대, 스토리텔링의 미래
The Future of Storytelling in the Social Media Age

김태훈

> "스토리텔링은 뜻밖의 분야에서 전개되고 있다. 경영자들은 직원들의 의욕을 고취하기 위해 이야기를 하지 않을 수 없으며, 의사들은 환자들의 이야기를 듣도록 훈련되어 있다. 기자들은 내러티브 저널리즘으로, 심리학자들은 이야기 치료로 접근했다. 매년 수만 명 가량이 미국 스토리텔링 네트워크에 가입하거나, 미국에서 열리는 200여 개 스토리텔링 페스티벌 중 하나에 참가한다. 그리고 어느 서점을 가더라도 스토리텔링 기법을 마치 구도의 길이나 장학금 지원 전략, 갈등 해소방법 혹은 체중 감량 플랜으로 여기고 쓴 책들이 실로 엄청나게 많다는 사실을 한눈에 알 수 있다."

이 글은 미국의 사회학자인 프란체스카 폴레타(Francesca Polletta)가 2006년에 쓴 그의 책 『그것은 열병과 같았다(It Was Like a Fever : Storytelling in Protest and Politics)』의 첫 페이지에 소개한 내용이다. 본래 스토리텔링이라면 주로 문학과 철학, 즉 인문학적 개념으로 통용됐다. 그런데 어느새 경영학, 의학, 정치학 등으로 크게 확산됐다. 사람들은 그래서 지금을 '새로운 서사시대'라고 정의하기를 주저하지 않는다.

물론 이 같은 스토리텔링의 열병은 이역만리 대한민국에서도 크게 다르지 않다. 초등학교 1학년이 쓰는 웬만한 참고서에는 '스토리텔링'이 제목에 들어간다. 프리젠테이션에도 스토리텔링, 사업계획서에도 스토리텔링, 심지어 면접에도 스토리텔링 기법을 적용하라고 주문한다. 대대로 수많은 도깨비 방망이가 존재했지만, 21세기 대한민국의 스토리텔링만큼 만능이 있겠을까 싶다.

1. 스토리텔링 담론의 변질

스토리텔링에 대한 열병은 언제부터 시작됐을까? 크리스티앙 살몽의 『스토리텔링』을 번역한 류은영은 1995년 미국 콜로라도에서 열린 '디지털 스토리텔링 페스티벌'을 지목한다. 이때를 계기로 스토리텔링은 문학적 서사의 울타리를 뛰어넘어 디지털화되어 가는 모든 세상과 맞닥뜨리게 되었다고 한다.

'디지털'이라는 수식어가 붙으며 스토리텔링 담론이 날개를 단 것에서 알 수 있듯이 스토리텔링 담론의 대중화와 IT 환경 변화는 정확하게 궤를 같이 한다. 특히 인터넷의 등장과 하이퍼텍스트에 대한 기대감이 고조되면서 세상은 온통 디지털의 문법으로 해체되고 재구성되는 격변을 겪게 된다. 디지털은 실제로 모든 시간과 공간에 혁명적인 변화를 이끌어냈다. 스토리텔링은 디지털 시대의 핵심 교리가 됐다.

스토리텔링 담론이 사회 전 영역으로 확장되면서 효과성에 특히 주목한 '조작주의(operationalism)적 관점'이 기승을 부리기 시작했다. 대박을 이끌어내는 스토리텔링, 소비자를 유혹하는 스토리텔링, 학습 효과를 높이는 스토리텔링, 브랜드 가치를 높이는 스토리텔링, 기업 경영의 스토리텔링 등이 쏟아지기 시작했다.

여기서 현재 스토리텔링 담론을 '조작주의'로 판단하는 배경을 소개할 필요가 있겠다. 이 개념은 네덜란드의 문화철학자 C. A. 반퍼슨의 생각을 빌어온 것이다. 반퍼슨은 그의 책 『급변하는 흐름 속의 문화』(1994)에서 인류의 문화 발전 모형을 세 가지로 제시했다. 첫 번째는 신화적 사고, 두 번째는 존재론적 사고, 세 번째는 기능적 사고다.

반퍼슨의 문화철학이 빛나는 부분은 이들 발전 모형이 고정돼 있지 않고 시간과 환경의 변화에 따라 '변질'된다는 통찰이다. 그는 이 변화를 '내재'와 '초월'로 개념화했는데, '내재'란 사고 체계가 경직되면서 인간성을 억누르게 되는 부작용을 가리키고, '초월'이란 그 내재를 극복하기 위해 새로운 사고체계를 고안하고 마침내 인간성을 해방하는 과정을 뜻한다.

첫 번째 문화 모형인 '신화적인 사고'를 살펴보자. 신화란 공동체의 기원을 밝히고 규범과 질서를 세우는 순기능을 갖는다. 우리는 어디에서 왔고, 무엇이며, 어디로 가야 하는지를 설명하는 일종의 나침반 역할을 한다. 그러나 신화의 순기능이 약화되면 인간을 억압하는 '주술'로 변질된다. 주술은 인간의 존재와 공동체의 규범을 설명해주기보다는 불안과 공포로 몰아간다. 신화에서 안정감을 찾았던 사람들은 주술 앞에선 두려움에 휩싸인다. 제사장의 권위는 권력으로 둔갑하여 민중 위에 군림한다. 이런 변질이 바로 내재화인 것이다.

두 번째 문화 발전 모형으로 제시된 '존재론적 사고'는 신화적 사고 체계의 내재화를 초월(극복)하기 위한 인식론적 혁명이었다. 인간을 억압하는 추상적인 힘을 혁파하고 인간 존재 자체의 가치를 세우자는 도전이었다. 이성과 합리가 신화와 주술을 대치했고, 인간이 스스로 주인의 위치를 차지하는 데 성공한다. 하지만 존재론적 사고도 퇴행적인 변질을 피할 수 없었는데, 그 결과는 고립과 소외로 귀결되는 '실체주의'라고 반퍼슨은 지적한다. 존재론적 사고의 내재화는 바로 실체주의였다.

세 번째 문화 발전 모형인 '기능적 사고'는 실체들이 분절, 고립되어 있다는 사고체계를 초월(극복)하기 위한 것으로 모든 존재가 기능적으로 '연결'되어 있다고 설파한다. 독립적인 존재의 내재적인 가치가 아니라 다른 것과의 관계 속에서 비로소 의미가 발견된다고 보는 것이다. 하지만 이같은 기능적 사고도 내재화를 피할 수 없는데, 그 결과가 바로 '조작주의'라고 반퍼슨은 말한다. 관계를 통해 영향을 주고받는다는 차원을 넘어서 그것을 '조작'함으로써 다시금 인간을 통제하고 억압할 수 있다는 믿음이 생겨난다는 것이다.

다시 스토리텔링으로 돌아와보자. 공동체 사회에서 스토리텔링의 목적은 분명했다. 우리가 어디에서 왔는지, 어떻게 살아야 하는지, 어떻게 살아서는 안 되는지, 바람직한 인간상은 어떤 모습인지에 대한 공동체의 공감대를 확산하고 각인시키기 위한 것이었다. 다시 말해 스토리의 주인은 공동체와 구성원 자신들이었고, 공동체의 스토리텔러들은 공동체의 정체성을 세우는 데 봉사했다.

하지만 작금의 스토리텔링은 공동체의 울타리를 벗어나 갖가지 사적 목적에 복무하는 수단적, 도구적 개념으로 전락했다. 스토리텔링이 사람의 감성을 움직여 행동하게 만든다는 점을 착안해 특정 행동을 유도하기 위한 감성 조작 활동으로 이를 동원하는 것이다. 살몽의 표현을 빌리자면, 지금의 스토리텔링은 다분히 '행동 지침'이다. 반퍼슨이 지적한 '내재화'가 이미 시작됐다고 볼 수 있다.

우리나라에서 스토리텔링 담론이 본격적으로 시작된 시점은 1998년 김대중 대통령이 이끄는 국민의 정부가 출범하면서부터였다. 당시 새 정부는 우리나라 경제를 이끌어갈 핵심 동력으로 IT 중심의 벤처산업과 새로운 카테고리로 '문화산업'을 내세웠다. 주무부처였던 당시 문화관광부는 문화산업 육성을 위한 핵심 정책을 모색하기 위해 다양한 세미나를 개최했는데, 그 과정에서 스토리텔링, 디지털 스토리텔링이 본격적으로 언급되기 시작했다. 그 초점은 문화콘텐츠였다. 〈쥐라기 공원〉이나 〈타이타닉〉, 〈반지의 제왕〉이나 〈해리포터〉처럼 세계적으로 흥행해 국가 경제에 기여할 수 있는 스토리텔링을 찾고 싶어 했다.

한국 정부가 주도한 스토리텔링 담론은 이처럼 '경제'라는 관점에서 출발했다. 그 영향은 전국 각 지역과 사회 각 분야에 고스란히 미쳤다. 각 지자체는 지역 공동체라는 관점보다는 지역 마케팅, 지역 관광 활성화라는 테마 안에 스토리텔링을 가뒀다. 기업은 매출 증진과 소비자를 유혹하기 위해 스토리텔링을 동원했다. 심지어 개인들도 입학과 취업을 위한 포장 수단으로 스토리텔링을 이용하고 있다.

이런 식이라면 한국에서 스토리텔링 담론이 얼마나 지속될 수 있을까? 지금쯤 옐로 카드를 꺼내들어야 하지 않을까? 사람의 감성을 조작하겠다는 헛된 꿈은 잠시 접어두고, 공동체의 정체성과 규범을 세우는 스토리텔링의 '본질'을 찬찬히 더듬어봐야 하지 않을까? 이 시대의 스토리텔링이란 과연 무엇일까?

2. 공동체의 미디어와 스토리텔링

세계적인 미디어학자인 마샬 맥루한은 "미디어란 인간의 확장(media is the extension of man)"이라고 정의했다. 땅을 파야 한다면 삽, 굴삭기 등이 맨손을 확장하는 미디어이고, 달려야 한다면 자전거, 자동차, 기차 등이 맨발을 확장하는 미디어이며, 소리를 외치려 한다면 메가폰, 마이크와 앰프 등이 육성을 확장하는 미디어이고, 메시지를 전달하려 한다면 편지, 잡지, 신문, 방송 등이 웅변을 확장하는 미디어인 셈이다.

사람은 자기 기능을 확장하려고 애썼고, 그 결과 다양한 미디어를 만들어냈다. 공동체의 존속과 안녕을 위해서는 일정한 규범이 필수였는데, 이를 확산하고, 교육하기 위해서는 메시지를 전파할 미디어가 필요했다.

1) '의식(儀式)'과 '구전(口傳)'

구석기 시대부터 인류 공동체는 저마다의 스토리텔링 활동을 유지해 왔다. 쇼베 동굴의 예처럼 성스러운 장소를 따로 만들고 거기서 '그림' 과 '음악'(같은 시기 동굴에서 동물 뼈로 만든 피리가 발굴됐다)으로 표현되는 일정한 제의가 있었을 것이다. 하지만 당시 공동체의 규모는 그리 크지 않았다. 학자들은 신석기 시대의 공동체를 150여 명으로 추정한다. 넉넉하게 잡아도 수백 명 수준을 넘지 않았을 것이다.

이처럼 공동체의 규모가 크지 않을 때는 특별한 미디어가 필요치 않았다. 아니 뒤집어 생각하는 게 더 정확할지도 모르겠다. 특별한 미디어가 없을 때 공동체의 규모는 제한적일 수밖에 없었다고 말이다. 당시의 공동체 미디어라고 해봐야 쇼베 동굴에서 추정하는 것처럼 일정한 '의식(儀式)'과 '구전(口傳)', 그리고 눈에 보이는 '상징'이 전부였을 것이다.

2) 문자 미디어의 등장

하지만 문자라는 미디어가 등장하면서 상황은 달라진다. 구전에 의존하던 메시지가 '기록'되기 시작했고, 매우 '정확하게' 전파되기 시작했다. 메시지의 내용도 신화처럼 간단한 형태에서 벗어나 제법 복잡해질수 있었고(메소포타미아의 함무라비 법전이 대표적이다), 분야도 다양해질 수 있었다. 또 기록을 통해 노하우가 축적되면서 다양한 학문이 발전하게 된다.

공동체의 규모도 급격하게 커지기 시작한다. 수백 명 수준에서 수만 명, 수백만 명으로 확대되면서 이른바 '문명'을 만들어낸다. 메소포타이마, 이집트, 황하, 인더스 문명 모두 문자 미디어의 기반 위에 세워졌다는 공통점을 가지고 있다.

3) 인쇄술의 발명

인쇄술은 엄청난 변화를 이끌어냈다. 인쇄술이 발명되기 이전에는 문자에 접근할 수 있는 신분과 계급이 제한적일 수밖에 없었다. 당연히 그들이 공동체의 메시지를 장악했다. 하지만 인쇄술은 책의 양을 기하급수적으로 늘렸고, 동시에 문자에 대한 접근성을 획기적으로 낮췄다. 문해력만 갖추고 있다면 신분과 계급을 물론하고 중개인 없이 메시지에 도달할 수 있는 토대가 마련된 것이다.

더구나 인쇄술은 당시로선 최첨단 기술이었지만 비용 면에서나 난이도 면에서 누구나 쉽게 사용할 수 있는 범용 기술이기도 했다. 마치 1990년대 말의 인터넷이 최첨단이었지만 누구나 쉽게 쓸 수 있었던 것처럼 인쇄술도 사회 전반에 영향을 미치는 기반 기술이 되어준 것이었다.

인쇄술이 가져다 준 변화 중에서 특히 '잡지'라는 미디어를 주목할 필요가 있다. 잡지는 공동체 메시지의 독과점이 허물어졌다는 신호탄이었다. 활자를 다루는 지식인이라면, 계급이나 지위에 크게 구애받지 않고 누구나 세상을 향해 메시지를 던질 수 있게(등단) 된 것이다. 특히 잡지를 중심으로 기존에는 잘 알려지지 않았던 다종다양한 공동체들이 세상에 얼굴을 내밀기 시작했다는 사실에 주목할 필요가 있다. 이념이나 철학, 기호와 새로운 계층을 중심으로 하는 공동체가 잡지를 촉매제 삼아 활발하게 조직되었다.

4) 라디오의 등장과 대중매체 시대

한편 19세기 말 라디오의 발명과 함께 대중매체, 즉 매스미디어 시대가 열린다. 라디오 전파를 타고 전달되는 음성은 활자매체와는 또 다른 파괴력을 만들어냈다. 활자 미디어는 최소한의 문해력을 전제로 하지만, 음성은 그에 대한 교육 수준 자체를 필요로 하지 않기 때문이다. 매스미디어의 등장과 함께 동일한 메시지가 공동체의 지위고하와 유무식을 불문하고 동시에 전달될 수 있는 획기적인 공간이 만들어졌다.

대중의 눈과 귀는 당연히 활자보다는 훨씬 쉽게, 직관적으로 이해 가능한 이 대중매체에 집중됐다. 옛날 같으면 건너건너 이야기로 전해 듣던지, 그도 아니면 활자를 해독하며 발신자의 뜻을 이해해야 했다면, 이제는 바로 옆에서 듣는 것처럼 발신자의 육성을 직접 들을 수 있는 상황이 만들어졌다. 매체 환경이 바뀐 만큼 공동체의 주도권도 빠르게 재편됐다. 라디오로 시작된 대중매체의 시대는 텔레비전으로 꽃을 피웠다.

그러나 대중매체의 출현은 공동체에겐 지독한 악재가 됐다. 저마다의 메시지로 저마다의 공동체를 꾸려가던 움직임이 위기에 봉착했다. 고작 잡지 미디어에 의존하던 공동체는 매스미디어의 압박을 이겨낼 수 없었다. 공동체의 활기는 눈에 띄게 줄어들었고, 사라지는 공동체도 속출했다. 근근히 살아남은 공동체는 운 좋게 대중매체의 조명이라도 받아야 그나마 활기를 띠는 정도가 됐다.

5) 수평적 미디어, 인터넷의 등장

네트워크 기술이 발달하면서 기존 매스미디어와는 완전히 다른 수평적인 미디어, 인터넷이 등장했다. 매스미디어와 인터넷의 가장 큰 차이는 바로 '별도의 관문'이 있냐, 없냐에 있었다. 매스미디어는 송출하는 주체와 콘텐츠 생산자가 방송국이란 형태로 명확하게 정의되어 있다. 대중은 매스미디어에 일률적으로 연결되어 수동적으로 콘텐츠를 소비할 수밖에 없다.

하지만 네트워크로 연결된 인터넷은 장악이나 독점 자체가 거의 불가능하다. 누구나 생산할 수 있고, 누구나 소비할 수 있다. 굳이 방송국이란 거간꾼을 거치지 않아도 생산자와 소비자 간 직거래가 가능하다. 이런 수평적 네트워크 구조는 2000년대 초 P2P(peer to peer) 서비스를 통해 극명하게 표현됐다. 별도의 중앙 서버 없이도 각자의 컴퓨터 하드끼리 네트워크로 연결돼 음원 파일을 얼마든지 공유할 수 있었다. 매스미디어만 바라보고 있던 기존의 음악시장은 엄청난 타격을 받았고 결국 시장 주도권을 내놓고야 말았다.

이처럼 수평적 미디어가 등장하면서 특정 부류가 공동체의 메시지를 독점하기 어려운 환경이 만들어졌다. 굳이 특정 부류에 속하지 않더라도, 특정 관문을 통과하지 않더라도, 특정 스펙을 쌓지 않더라도 원하는 메시지를 누구나 발신할 수 있고, 또 수용할 수 있는 환경이 만들어진 것이다. 미디어의 혁명적인 변화는 새로운 개인의 등장을 촉진했다. 네트워크에 연결된 사람들은 전혀 새로운 콘텐츠에, 완전히 새로운 스토리텔러들에게 열광했다. 이 같은 변혁의 힘이 콘텐츠 시장의 체질을 바꾼 것은 물론이다. 하지만 개인의 눈부신 활약에 비해 공동체는 썩 성공적으로 변화에 적응하지 못했다. 기민하게 움직인 게 홈페이지를 만드는 정도였는데, 콘텐츠의 지속적인 생산과 관리 부담이라는 벽에 부딪혀 그것을 공동체의 미디어로 활용하는 데는 대부분 실패했다. 공동체에게 인터넷은 그저 낯선 환경이었다.

6) 인터넷 포털의 한계와 소셜미디어의 등장

한국에서 인터넷 환경은 2000년대 중반을 거치며 수평적 미디어로서의 매력이 사그라들기 시작했다. 인터넷이 소수 포털 사이트 중심으로 재편되면서 수평적이어야 할 인터넷 환경은 다분히 수직적으로 변해갔다. 방송을 타지 않으면 세상에 없다고 여겨진 것처럼 포털의 검색 결과에 노출되지 않으면 인터넷에서 없는 존재로 취급 받았다.

2009년 11월에 애플의 아이폰이 우리나라에 상륙하면서, 새 바람이 불기 시작했다. 새로운 수평 미디어인 소셜미디어 시대가 본격적으로 열렸다. 소셜미디어가 기존의 인터넷과 다른 점은 웹 환경이 콘텐츠 중심이 아닌 '사람 중심'으로 재편되기 시작한 것이다. 예전에는 '훌륭한 콘텐츠'를 찾기 위해 인터넷을 검색하며 정보를 뒤졌다면, 이제는 '친구가 추천하는 콘텐츠'를 함께 공유하며 수다를 떨기 위해 인터넷을 하게 됐다.

소셜미디어가 기존 인터넷 환경과 또 다른 점은 콘텐츠 생산에 대한 진입장벽이 현저하게 낮아졌다는 것이다. 홈페이지 시대에는 양식을 갖춘 그럴 듯한 콘텐츠를 생산하고 시스템을 유지, 보수, 관리하는 이슈가 적지 않은 부담이었다. 반면 소셜미디어는 140자의 글, 사진 한 장만으로도 훌륭한 콘텐츠가 될 수 있다. 고도로 훈련 받지 않아도, 마음만 먹으면 누구나 부담 없이 시작할 수 있는 미디어 시대가 된 것이다.

3. 미디어의 변화와 스토리텔러

스토리텔러는 공동체에서 매우 중요한 위치를 차지한다. 스토리텔러는 단순히 흥미로운 이야기나 요긴한 정보를 전달하는 메신저가 아니다. 스토리텔러는 공동체의 설계자이면서 동시에 살아 있는 권력자다. 하버드 대학의 교육심리학자 하워드 가드너 교수가 "우리 시대의 리더는 스토리텔러다"라고 말한 것도 같은 맥락이라 할 수 있다. 스토리텔러는 구성원들에게 들려주는 이야기를 통해 규범을 세우고 질서를 만든다. 아울러 공동체의 균형이 흐트러졌을 때 적극적으로 개입하고 조정하는 책임을 진다. 하지만 미디어의 변화와 함께 스토리텔링이 바뀌어 왔다. 당연히 스토리텔러의 정체와 지위도 바뀔 수밖에 없다.

1) 원시 스토리텔러, 사제

구전과 의식이 지배하던 초기 공동체 시대의 스토리텔러는 사제(제사장, 무당)들이었다. 하늘에 제사를 지내고, 의식을 집전하며, 초월적인 힘에게서 들은 메시지를 공동체에게 전달(이야기)한 이가 바로 그들이다. 그들은 '지혜로운 사람'으로 구성원들에게서 존경 받았고, 아울러 공동체의 실질적인 리더이기도 했다. 분쟁과 갈등이 생기면 권위를 가지고 조정했고, 행동들에 대한 상벌을 결정했으며, 아프거나 다친 사람을 치료하는 의사 역할도 했다. 이른바 제정일치 사회였다.

2) 지식인의 등장

앞서 문자의 등장과 함께 문명도 형성됐다고 언급한 바 있다. 문자가 가져온 가장 큰 변화는 지식의 축적이 가능해졌다는 것이고, 이를 통해 지식을 전문적으로 다루는 지식인이 등장하게 된다. 이들은 기억과 직관에 주로 의존하는 이전의 사제들과는 달랐다. 사물과 상황을 대하는 태도나 문제를 해결하는 방법에서 새로운 신뢰감을 사람들에게 심어주기 시작했다. 이는 공동체의 스토리텔러가 바뀌었음을 뜻한다. 공동체의 규범과 질서, 갈등 조정의 기준은 사제 개인의 통찰이 아니라 축적된 지식, 즉 지식인으로부터 만들어지기 시작했다.

3) 책과 잡지, 많아지고 다양해진 스토리텔러

인쇄 테크놀로지는 신분과 지위에 무관한 새로운 스토리텔러들을 쏟아냈다. 지성과 함께 글솜씨로 무장한 개인과 특정한 기호와 이해관계를 공유하는 공동체가 책과 잡지라는 매체를 통해 자기 존재를 세상에 알리기 시작했다. 이 시대의 가장 큰 변화라면, 대중들도 스토리를 '선택'할 수 있게 됐다는 것이다. 일단 책과 잡지라는 미디어에 접근하기가 크게 쉬워졌고, 스토리텔러의 숫자가 폭발적으로 증가했을 뿐만 아니라 내용적으로도 다양해졌기 때문이다.

4) 매스미디어, 미디어가 스토리텔러

라디오와 TV 같은 매스미디어가 등장하면서 상황은 빠르게 바뀐다. 대중의 눈과 귀는 해독의 수고를 거쳐야 하는 활자보다는 바로 듣고 이해할 수 있는, 거기에다 재미까지 가미한 음성과 영상에 고정되기 시작했다. 따라서 이 시대는 미디어 자체가 스토리텔러가 된 시대라고 봐도 무방하다. 사람들의 눈과 귀가 가장 많이 머무는 곳이니, 영향력도 지대하게 클 수밖에 없었다.

인쇄매체 시대를 거치며 숫자적으로 늘어나고 내용적으로 다양해졌던 스토리텔러들은 매스미디어 시대를 거치며 다시 위축됐다. 매스미디어는 인쇄매체와 달리 쉽게 접근할 수 있는 매체가 아니었다. 엄청난 고가의 장비와 설비를 갖춰야만 미디어 기능을 할 수 있었고, 이 시스템에 들어가기 위해서는 상당한 고등교육과 고도의 훈련을 거쳐야만 했다. 마치 인쇄 시대 이전에 특정 계급과 지위를 가진 사람만이 스토리텔러가 될 수 있었던 것처럼 매스미디어 시대도 특정한 자격 요건을 갖춘 사람에게만 세상을 향해 이야기할 기회가 주어졌다.

한편 매스미디어의 영향력이 커지자 스스로 공동체의 스토리텔러(지배자)가 되고 싶은 세력들이 매스미디어를 탐내기 시작한다. 하나는 라디오를 장악했던 히틀러, 무지막지한 언론 통폐합을 실행했던 신군부, 비판 언론을 숙청하고 보수 언론에 엄청난 특혜를 줬던 이명박 정부처럼 막강한 스토리텔러를 꿈꾼 권력이었고, 또 다른 하나는 광고라는 돈줄을 쥐고 자기에게 유리한 스토리텔링을 유도 또는 강제했던 기업, 즉 자본이었다.

5) 소셜미디어, 대중이 스토리텔러

소셜미디어 시대의 스토리텔러는 과연 누구일까? 소셜미디어는 이전에는 존재하지 않았던 완전히 새로운 미디어다. 누구나 가질 수 있고, 누구나 쉽게 이용할 수 있다. 더구나 스마트폰이 보급되면서 언제, 어디서나 접근 가능한 철두철미 개인화 미디어다.

소셜미디어의 가장 큰 특징이라면 '중심'이 없다는 것이다. 꼭 거쳐야 할 거점도, 특정한 중개인도 없다. 사람들은 그 누구의 개입 없이 직접 연결된다. 또 하나의 특징은 '매우 쉽다'는 것이다. 다양한 이야기가 존재했던 인쇄매체 시대에도 최소한의 경비(종이와 제본비 등)와 전문가(인쇄 업자)의 도움을 받지 않으면 안 되었다. 하지만 소셜미디어 시대에는 그만큼의 진입장벽조차도 획기적으로 낮춰버렸다. 글만 안다면,

아니 사진만 찍을 수 있다면 세상을 향해 제 목소리를 낼 기회를 얻은 것이다.

그렇다면 소셜미디어 시대의 스토리텔러는 누구일까? 바로 대중이다. 그중에서도 소셜미디어를 다룰 줄 아는 대중이다. 소셜미디어를 통해 단순히 친구와 접촉하고 소통할 뿐만 아니라 자기의 세계관을, 자기의 이야기를 펼쳐낼 수 있는 사람들이다. 미국 CBS의 부사장을 지낸 앤드류 헤이워드가 5년 전 "오늘날 모든 기업은 미디어기업이다(Every company today is a media company)"라고 주장한 것과 같은 맥락이다.

4. 새로운 스토리텔링 시스템

스토리텔링에 대한 현재 우리나라의 지배적인 담론은 다분히 조작주의적이라고 앞서 주장한 바가 있다. 스토리텔링만 제대로, 멋지게 해낼 수 있다면 떼돈도 벌 수 있고, 돌아선 소비자의 맘도 되돌려 놓을 수 있을 거라고 믿고 있기 때문이다. 여기서의 스토리텔링은 다분히 실체적이다. 쉽게 찾을 수는 없겠지만, 엄청난 성과를 이끌어낼 스토리텔링이 어딘가에는 있을 거라 믿는다. 마치 무림계를 평정할 비서(秘書)처럼, 용을 불러들일 드래곤볼처럼, 지니를 불러낼 램프처럼 스토리텔링을 생각하는 경향이 있다.

하지만 현실에서의 스토리텔링은 모호하기 짝이 없다. 〈쿵푸팬더〉의 마지막 장면에서 스승 시푸를 제치고 무림을 재패하고 싶었던 타이렁이 비기가 담겨 있을 거라 믿었던 용문서를 결국 입수하지만, 그의 눈에 비친 건 텅 빈 종이에 반사되는 자기 얼굴이었던 것처럼, 스토리텔링이란 것도 쫓아가서 찾아내야 할 그 무엇이 아니라 이야기를 찾아가는 여정 그 자체가 아닐까?

사실 스토리텔링은 고정되어 있지 않다. 이야기는 한 사람의 입에서 다른 사람의 입으로 전파된다. 게다가 그 과정에서 저마다의 '편집'이 일어난다. 두어 단계만 지나도 이야기에 대한 태도가 크게 달라진다. 더해지기도 하고 덜해지기도 한다. 최초의 이야기는 하나이더라도 과정을 거친 이야기는 다양해질 수밖에 없는 것이다.

게다가 이야기가 전파되는 과정이 질적으로 달라졌다. 과거에는 이야기를 수동적으로만 소비하던 사람들이 각자의 (소셜)미디어를 활용해 능동적으로 개입하기 시작했다. 과거에는 기성 미디어(기자)와 핵심 스토리텔러(평론가 등)들만 잘 관리해도 기대했던 대중적인 태도를 이끌어낼 수 있었지만, 지금은 그런 활동이 거의 의미가 없어졌다. 스토리텔링 네트워크에 주목해야 할 이유가 여기에 있다.

1) 스토리텔링 네트워크

스토리텔링 네트워크란 정확하게는 스토리텔러간의 네트워크를 뜻한다. 하나의 이야기가 전파되는 과정에 위치한 사람들을 단순 전달자가 아니라 엄연한 스토리텔러로 봐야 한다는 게 이 개념의 핵심이다. 대중매체가 지배하던 시대의 스토리텔러는 지극히 제한적이었다. 특정한 교육과 자격, 그리고 상당한 훈련도 거쳐야만 스토리텔러의 지위를 누릴 수 있었다. 예를 들어 대학에서 창작 관련 전공을 마쳤든지, 아니면 영화아카데미처럼 사회에 마련된 콘텐츠를 직접 창조하는 스토리텔러뿐만 아니라 이를 소개하고 평하는 스토리텔러들도 마찬가지였다.

하지만 소셜미디어가 급성장하고 있는 지금 시대에는 이들만이 스토리텔러가 아니라는 사실을 주목해야 한다. 소설이나 영화, 드라마 같은 상당 수준의 엘리트 콘텐츠를 만들어내는 스토리텔러는 여전히 제한적일 수밖에 없겠지만, 이들을 소개하고 전파하는 다른 형태의 스토리텔러들은 급격하게 많아졌고, 다양하며, 영향력도 빠르게 커지고 있다.

한편으론 테크놀로지가 발전하면서 원작 콘텐츠를 생산하기 위한 진입장벽도 크게 낮아지고 있다. 웬만한 촬영과 녹음, 편집은 물론 네트워크에 발행하는 활동까지도 스마트폰 하나로 해결할 수 있는 시대가 됐다. 2013년 7월에는 이인화 교수와 엔씨소프트가 스토리 제작을 도와주는 소프트웨어인 '스토리헬퍼'를 개발해 무료로 배포했다.

대중도 엘리트 콘텐츠뿐만 아니라 아마추어 콘텐츠에 관심을 기울이고 있다. 방송과 신문의 시청률과 구독률은 지속적으로 하락하고 있고, 유튜브 시청시간과 소셜미디어 이용시간은 해마다 증가하고 있다. 아마추어 스토리텔러들이 세상과 만날 수 있는 기회도 크게 늘어났다. 초단편영화제, 29초 영화제 등과 같이 변화된 미디어환경과 테크놀로지에 적응하고 새로운 참여를 이끌어내기 위한 플랫폼이 계속 만들어지고 있다.

그렇다면 엘리트 스토리텔러, 엘리트 콘텐츠 제작자들은 이런 변화에 어떻게 대처해야 할까? 2000년대 초 음반사들이 디지털 음악을 보며 그러했던 것처럼 적대적으로 경쟁해야 할까? 급격한 변화는 항상 두려움을 낳기 마련이다. 19세기 독일의 시인 하인리히 하이네는 기차를 보고 "기차가 공간을 죽였다"고 표현했다. 너무 빠른 속도로 이동하는 바람에 출발지와 목적지 말고는 의미 없는 공간으로 만들었다는 한탄이었다. 전화가 처음 등장할 때도 비슷했다. 적지 않은 사람들이 전화 때문에 인간 관계가 망가질 거라고 우려했다. 전화로 용건을 주고받으면, 더이상 사람들을 만나려들지 않을 거라고 생각했기 때문이다.

하지만 변화에는 항상 흐름이 있었다. 변화가 야기하는 부작용을 피할 수는 없겠지만, 사람의 적응력은 또 놀라워서 문제는 극복하고 새로운 장면들을 만들어내기 때문이다. 디지털 음악에 대해 음반사들은 적대적이었지만, 스티브 잡스의 애플은 디지털 음악의 문제보다는 효용성에 초점을 맞춰 새로운 디지털 음악 시장을 창출하는 데 성공했다. 소셜미디어의 영향력이 증가하며 매스미디어가 고전하고 있지만, 개중에는 독자와 시청자들과 생산적인 관계를 형성하는 데 성공해 새로운 도약의 발판을 만드는 기업도 나오고 있다.

이런 맥락에서 소셜미디어를 통해 등장한 수많은 대중 스토리텔러들을 바라봐야 한다. 경쟁이 아닌 공생, 적대가 아닌 파트너십을 선택해야 한다. 사실 이들 소셜미디어 스토리텔러들 상당수는 엘리트 스토리텔링의 헤비유저(heavy user)들이다. 엘리트 콘텐츠를 그만큼 많이 읽고, 보고, 느꼈기에 소셜미디어에서 자립적인 스토리텔러로 성장할 수 있었던 것이다.

사실 소셜미디어가 없을 때 이들의 영향력은 제한적이었다. 하지만 지금은 다르다. 엘리트 스토리텔러들이 저마다의 팬 커뮤니티를 가지고 있듯이, 이들 대중 스토리텔러들도 나름의 커뮤니티를 가지고 영향력을 행사하고 있다. 따라서 엘리트 스토리텔러와 대중 스토리텔러간의 관계가 앞으로 중요한 변수가 될 것이다.

2) 개방과 수평, 그리고 협력의 네트워크

또 한 가지 기억해야 할 것은 대중 스토리텔러들은 조작하거나 특정한 방향으로 영향을 미치기가 매우 어렵다는 사실이다. 스토리텔러의 숫자가 적을 때는 그들을 특별 관리함으로써 영향력의 방향에 어느 정도 개입할 수 있었다. 하지만 수평적으로 연결돼 있고 숫자 또한 가늠하기 어려운 개방적인 네트워크 안에서는 어설프게 영향을 미치려는 시도 자체가 더 큰 위기를 자초할 수 있다.

소셜미디어의 이런 개방성은 원하든 원치 않든 '자정 기능'을 하게 된다. 이 장 앞 부분에 변질된 스토리텔링 담론을 다루며 '조작주의적 관점'을 우려했는데, 개방적인 스토리텔링 네트워크가 하나의 대안이 될 수 있다. 생일 패러독스의 예처럼 개방적인 관계는 무수한 체크포인트를 만들어내며 자정 효과를 발휘한다. 물론 자정 효과를 담보하기 위해 몇 가지 전제가 필요하다.

첫 번째는 개방성이다. 진입장벽이 최대한 낮아야 한다. 누구나 쉽게 발견할 수 있어야 하고, 쉽게 다가설 수 있어야 하며, 쉽게 연결될 수 있어야 한다. 개방성이 중요한 이유는 바로 다양성을 담보할 수 있기 때문이다. 건강한 생태계를 판단하는 핵심 기준이 다양성인 것처럼, 긴깅힌 스토리텔링 네트워크도 다양성 위에서 성장할 수 있다.

두 번째는 수평성이다. 바꾸어 말하자면, 네트워크에 연결된 스토리텔러에게 발언의 기회가 최대한 공평하게 주어져야 한다. 누구에게나 네트워크를 혁신할 기회가 열려 있어야 한다. 우리나라 인터넷의 대표적인 커뮤니티 서비스인 카페의 특징은 '등급'이다. 등급에 따라 발언권과 영향력이 달라진다. 이 같은 수직 구조는 단기간에 폭발력을 이끌어내는 데는 효과적이다. 하지만 활성화된 에너지가 장기간 지속되기는 어렵다. 히딩크 이전 수직적인 구조의 국가대표 축구팀을 상상해보면 된다. 선후배간의 규율이 단기간의 효능은 쉽게 만들어내지만, 일정한 한계는 뛰어넘지 못한다는 것을 두 눈으로 확인한 바 있다.

세 번째는 협력이다. 생명력이 강한 네트워크일수록 북적이는 분위기다. 북적인다는 건 소란스러운 것과는 다르다. 북적이는 곳에서는 생산과 창조가 주로 일어난다면, 소란스러운 곳에서는 갈등과 반목이 주로 일어난다. 신뢰를 기반으로 한 네트워크는 뭐든지 해낼 수 있겠다는 강한 자신감을 만들어 실질적인 집합효능(collective efficacy)을 이끌어낸다.

특히 엘리트 스토리텔러와 아마추어 스토리텔러 간에 협력적 네트워크가 형성될 때 기존의 콘텐츠 비즈니스에서는 찾기 어려웠던 공동 창작, 공동 제작, 공동 유통이 통합적으로 진행될 수도 있다.

한국에서 소셜미디어가 대중화된 지는 올해로 4년째다. 결코 길지 않은 시간이지만, 많은 변화가 있었다. 초창기에 엘리트 스토리텔러들은 소셜미디어에 대해 대체로 부정적이었다. 휘발성과 깊이 없음이 가장 큰 회피의 이유였다. 하지만 시간이 흐르며 그들 눈에도 새로운 관계와 깊이 있는 소통이 보이기 시작했다. 2013년 지금은 상당수의 엘리트 스토리텔러들이 소셜미디어에 자리를 잡았다. 단순 평판 관리 수준이 아니라 네트워크에 온몸을 흠뻑 적시고 함께 어울리고 있다.

예전에 엘리트 스토리텔러들은 오로지 결과물(콘텐츠)만 가지고 독자와 소통했다. 그 결과는 판매량이나 입장객 숫자였다. 하지만 독자들이 대중 스토리텔러로 진화해 엘리트 스토리텔러와 긴밀하게 연결되자 새로운 국면이 펼쳐지고 있다. 투자자가 따로 없고(크라우드 펀딩), 창작 과정에 함께 참여하며, 수많은 홍보대사들이 아무 대가 없이 마케터로 발벗고 나선다. 잊혀졌던 시집이 다시 빛을 보고, 새로운 강좌가 열리고, 다양한 기획이 쏟아진다.

5. 결론 : 집단 지성에서 집단 감성으로

에릭 슈미트는 그의 책 『새로운 디지털 시대』에서 이렇게 말했다.

> "역사상 그토록 많은 장소에서, 그토록 많은 사람들이, 손끝에 그토록 많은 힘을 가졌던 적은 없었다. 거의 모든 사람들이 중개인을 거칠 필요 없이 실시간 콘텐츠를 소유하고, 개발하고, 확산시킬 수 있게 된 것은 확실히 이번이 처음이다. 사실 우리는 아직 제대로 시작하지도 않았다."

에릭의 말대로 시공간을 초월해 거의 모든 인류가 직접 연결된 적은 확실히 이번이 처음이다. 이런 초연결 상태로 새로운 현실과 에너지가 생성되고 있고, 상당수의 기존 질서는 소멸의 길을 걷고 있다. 스토리텔링도 마찬가지다. 과거에는 신분과 지위로 스토리텔러가 결정되었다면, 지금은 소셜미디어 활용 여부가 중요한 변수가 됐다. 의지만 있다면 누구나 자기 손 끝에 자기 이야기를 세상에 들려줄 '매체'를 가질 수 있는 시대가 됐다.

21세기 초 인터넷이 대중화되며 인류를 흥분시켰던 개념 중의 하나가 바로 '집단 지성'이었다. 프랑스의 사회학자인 피에르 레비(Pierre Levy)는 사이버 공간에서의 집단 지성 개념을 "어디에나 뷰포하며, 지속적으로 가치가 부여되고, 실시간으로 조정되며, 실제로 역량이 동원되는 지성"이라고 정의한 바 있다. 그는 또 『세계철학(world philosophy)』이란 책에서 "과학 기술을 이용해 인류 사회는 공동의 지적 능력과 자산을 서로 소통하면서 집단적 지성을 쌓아 왔으며, 이 집단 지성을 통해 시공간의 제약을 극복한 인류의 진정한 통합으로 새로운 진화의 완성단계에 이를 수 있다"고 낙관했다. 그의 전망대로 인류는 몇 가지 성공적인 작품을 내놓았고, 그 대표적인 사례가 '위키피디아'라 할 수 있다.

하지만 소셜미디어 시대가 되면서 웹 환경도 변화를 겪게 된다. 가장 큰 변화는 기존에 콘텐츠 중심으로 구성됐던 웹 환경이 '사람'을 중심으로 재편되고 있다는 사실이다. 다시 말해 문서를 찾아주던 인터넷에서 사람을 찾아주는 인터넷으로 바뀐다는 말이다. 구글이 검색결과에 '구글플러스'를 반영하는 것이나, 페이스북이 최근 그래프 검색을 도입한 것 모두 단순 콘텐츠가 아니라 사람을 통해 콘텐츠를 찾아주겠다는 패러다임의 변화로 볼 수 있다.

이런 변화를 두고 폴 아담스는 '웹 개발이 3단계로 접어들었다'고 논평했다. 1단계는 문서만을 잔뜩 웹에 올려놓은 상태라면, 2단계는 각각의 문서에 리뷰나 댓글을 남길 수 있는 기능이 추가된 상태이고, 3단계는 웹사이트들이 본격적으로 사람 중심으로 움직이기 시작한 상태를 가리킨다. '소셜 댓글'을 예로 든다면, 댓글의 내용이 그 문서뿐만 아니라 댓글 단 사람의 소셜미디어 계정에서도 생생하게 나타나는데, 이때 문서는 소셜미디어 포스팅의 링크 파일로 둔갑하게 된다.

이 같은 사람 중심의 네트워크는 콘텐츠 중심의 네트워크와는 또 다른 차원의 변화를 만들어내고 있다. 콘텐츠 중심의 네트워크가 '집단 지성'을 만들어내는 토대가 됐다면, 사람 중심의 네트워크는 '집단 감성'을 만들어내는 바탕이 되고 있는 것이다.

그 대표적인 예가 최근 주목 받고 있는 '공유경제'다. 소셜미디어를 통한 사람의 연결은 이전에는 경험하기 어려웠던 엄청난 '신뢰자본'을 만들어냈다. 오로지 소통만으로 만들어진 신뢰는 자격증이나 규모, 외양이나 스펙이 만들어줄 수 있는 신뢰 수준을 크게 뛰어넘었다. 특히 비즈니스 세계에서 상대방의 신뢰를 얻기 위해서는 엄청난 투자와 실적이 뒷받침돼야 하는데, 소셜미디어를 통한 소통의 신뢰는 그만큼의 비용을 절감할 수 있는 근거를 만들어 줬다.

사람들은 소셜미디어로 연결되면서 자기만의 기술을 공유하고, 방을 공유하고, 물품을 공유하고, 심지어 자가용도 공유하기 시작했다. 2000년에 제레미 리프킨이 『소유의 종말』을 썼을 때 많은 사람들이 꿈 같은 이야기라고 폄하했지만, 불과 10여 년이 지난 오늘은 현실이 되고 있다. 이같은 현상은 단지 지역사회 차원에서뿐만 아니라 글로벌 서비스로도 성공하고 있다.

공유경제의 키워드인 신뢰는 감성의 대표적인 얼굴이다. 감성이 공유될 때 엄청난 창조성과 생산성을 기대할 수 있는 이유가 바로 여기에 있다. 소셜미디어가 만들어내는 집단 감성은 인터넷이 만들어낸 집단 지성과는 또 다른 폭발력을 만들어낼 것이다.

그렇다면 소셜미디어 시대에 스토리텔링은 어떤 미래를 그리게 될까? 핵심은 '스토리텔링 네트워크'가 될 것이다. 엘리트 스토리텔러들이 대중 스토리텔러와 어떤 네트워크를 만들어낼지, 대중 스토리텔러들이 이 네트워크를 통해 얼마나 많이 엘리트 스토리텔러로 성장할지, 또 이들 스토리텔러들이 네트워크 안에서 어떤 아젠다를 만들어 사회를 변화시켜나갈지가 스토리텔링의 미래가 될 것이다.

아울러 비즈니스의 관점에서는 스토리텔링 네트워크, 즉 다양한 스토리텔러 사이이 네트워크를 잘 조직하고 관리할 수 있는 '에디터'의 역할이 중요해질 것이다. 어떤 작품을 발표하든, 어떤 사업을 추진하든, 어떤 서비스를 운영하든, 그 과정에 수많은 스토리텔러들과 맞닥뜨릴 수밖에 없다. 게다가 스토리텔러들은 대부분이 통제 불가능한 지역에 존재한다. 이 상황을 어떻게 대처할 것인가, 통제 불능으로 보이는 네트워크에 어떻게 질서를 부여하고 목적한 바의 에너지를 만들어낼 것인가가 비즈니스 성공을 좌우하는 결정적인 변수가 될 것이다.

새로운 소셜미디어 스토리텔러들의 등장으로 스토리는 이제 결과가 아닌 '과정'이 되었다. 창작과 제작, 유통 과정에 이들 스토리텔러들이 개입하기 시작하면서 스토리는 끊임 없이 창작과 제작을 반복하는 과정이 돼버렸다. 이제는 이들의 역할과 개입을 인정하고 함께 '집단 감성'을 만들어가는 과정으로 스토리텔링을 고민해야 한다. 이 글의 마무리는 세계적인 과학 칼럼니스트인 렌 피셔의 말로 대신한다.

"대중의 합이 제일 세다. 최상의 답은 대중 속에 있고, 우리 모두를 합친 것보다 똑똑한 천재는 없다."

스토리텔링, 마케팅과 만나다
Storytelling Meets Marketing

김원우

　스토리텔링과 마케팅의 만남은 소설, 드라마 같은 스토리 콘텐츠상 품을 대상으로 한 마케팅(marketing for story)과 런닝 슈즈나 스마트폰 같은 일반적인 상품의 마케팅에 스토리텔링 요소를 접목하는(story for marketing) 두 가지 측면에서 살펴볼 수 있다.

1. 스토리 콘텐츠 마케팅(marketing for story)

1) 스토리 콘텐츠 상품

　'스토리 콘텐츠'는 신화, 전설, 특정 인물과 사건 등의 소재를 가공하 여 소설, 드라마, 영화 또는 게임과 같이 소비자들이 구매, 이용할 수 있 는 형태로 만든 '상품(product)'을 의미한다. 마케팅 활동은 스토리가 아닌 스토리 콘텐츠 '상품'을 대상으로 한다(이후 '스토리 콘텐츠'로 통칭).

　스토리 콘텐츠는 소재의 가공 수준에 따라 1차, 2차 및 3차 상품으로 구분할 수 있는데, 그 내용은 아래와 같다.

- 1차 상품 : 소재의 스토리만을 가공하여 상품화한 경우로 소설과 같은 출판물이 여기에 해당한다.

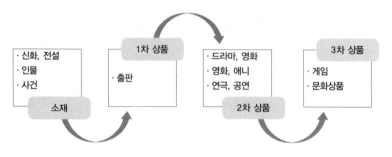

〈그림 1〉 소재의 가공 정도에 따른 스토리 콘텐츠 상품 분류

- 2차 상품 : 소재 또는 1차 상품의 스토리를 각색하고, 여기에 배우, 연출, 음향 같은 다양한 요소들을 결합함으로써 또 다른 형태로 상품화한 것으로서, 드라마, 영화, 애니메이션, 연극 등이 포함된다.

- 3차 상품 : 소재 자체 또는 해당 스토리가 상품의 일부가 되는 경우로서, 게임은 초기 몰입이나 전개 과정의 이해를 위해, 그리고 지역의 문화 축제 같은 문화상품은 해당 행사를 대표하는 상징으로서 스토리를 채택한다.

1차 상품의 성공을 위해서는 흥미로운 소재를 발굴하는 것과 발굴된 소재를 매력적인 이야기로 완성도 있게 풀어낼 수 있는 역량이 중시되며, 2차 상품은 스토리와 함께 배우, 연출, 음악과 음향, 의상, 조명 같은 요소들이 중요하게 다루어져야 한다. 특히, 3차 상품에서는 스토리와 관련이 없는 교통편, 관광 거리, 음식, 부대시설 등 다양한 요소들을 하나의 소비자 경험으로 집대성할 수 있어야 한다.

2) 관여도와 FCB 그리드

마케팅에서 가장 중요한 요소 중 하나는 '소비자에 대한 이해'다. 소비자는 기업이 판매하는 상품을 실제로 구매, 이용하는 주체이기 때문이다. 스토리 콘텐츠의 소비자를 파악하기 위해서는 '관여도(involvement)'란 것을 이해해야 하는데, 관여도는 소비자가 제품에 대해 갖는 관심과 중요성의 정도에 따른 소비자 구매/이용 패턴을 설명해 준다.

- 고관여(high involvement) : 소비자는 자신이 관심을 많이 갖고 있고, 중요하게 인식되는 제품에 대해서는 신중하게 구매를 결정하려는 경향이 있다. 일반적으로 고가(high price)로 분류되는 자동차, TV, 냉장고, 컴퓨터 등이 고관여 제품으로 분류된다.
- 저관여(low involvement) : 소비자는 상대적으로 중요도가 낮은 제품에 대해서는 습관적이고 다양성을 추구하는 구매 경향을 보인다. 라면이나 치약, 과자, 비누 등이 여기에 속하며, 다른 제품들과의 비교를 통한 합리적 선택보다는 습관적 구매 패턴을 나타낸다.

한 가지 기억해야 할 것은 소비자들이 고관여 제품을 구매할 때 '인지부조화(cognitive dissonance)'과정을 겪는다는 것이다. 제품을 구매하기 전에 기대했던 것과 실제 구매한 후의 평가가 달라졌을 경우 내적 갈등을 겪게 되며, 자신의 선택을 합리화하기 위해 노력하게 된다. 고관여, 저관여의 구분은 절대적인 것은 아니며, 마케팅 전략에 따라 다르게 포지셔닝 할 수 있다.

'FCB 그리드'는 미국 광고대행사 FCB(Foote, Cone & Belding)가 개발한 광고 전략 모델로서, 소비자 관여도에 좌측 뇌는 이성적 사고를, 우측 뇌는 감성적 사고를 한다는 '두뇌 세분화' 이론을 결합한 것이다.

스토리 콘텐츠는 〈그림 2〉와 같이 FCB 그리드에 대입할 수 있는데, 스토리가 사람들에게 감정, 정서를 전달하는 수단이라는 점을 고려하면 스토리 콘텐츠가 우측의 감성적(feeling) 소비 영역에 해당한다는 것을 쉽

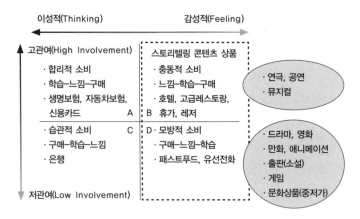

〈그림 2〉 FCB 그리드 모델과 스토리 콘텐츠

게 일 수 있나. 세부적으로는 관여도에 의해 충동적 소비 영역(B)과 모방적 소비 영역(D)으로 구분된다.

- 충동적 소비 영역(B) : 상대적으로 높은 가격인 연극, 공연, 뮤지컬 등은 고관여 상품으로서, 이성보다는 상징적이고 감정적인 가치가 중시된다. 특히, 소비자들은 공연을 관람하거나 관람 후의 자기 모습을 상상하며 그 의미를 되새기는 경향이 있다.
- 모방적 소비 영역(D) : 상대적으로 저가인 소설, 드라마, 영화, 애니메이션, 출판, 게임, 문화상품 등은 저관여 상품으로서, 역시 상징적이고 감성적인 가치가 중시된다.

충동적 소비 영역(B)에 대한 광고는 구체적인 사실, 정보 보다는 소비자의 심리적 욕구, 감성을 자극하는 것이 보다 중요한데, 이러한 전략을 '정서소구 전략(affective appeal strategy)'이라고 한다. 특히 자신을 더 나은, 그리고 더 고급스런 이미지로 보이고 싶은 심리, 과시욕 등의 판타지를 자극하는 것이 효과적이다.

모방적 소비 영역(D)에 대한 광고는 호의적 정서를 유도하는 것이 가장 중요하다. 소비자는 이 영역의 상품을 구매, 사용할 때 감각적인 만족을 추구하고, 구매도 기분에 따라 결정하는 습성이 있다. 이성적 소구보다는 독특한 광고를 통해 즉각적으로 원하는 이미지를 떠올리도록 하는 것이 효과적이다.

3) 지역문화상품 마케팅

지역문화상품은 흔히 지역의 문화 행사를 가리키는 것으로서, 1, 2차 상품 및 기타 다양한 상품들을 결합하여 만들어진다. 또한, '함평 나비축제'나 '보령 머드축제'처럼 특별한 스토리 없이 지역의 특산물 자원을 중심으로 한 문화 행사를 포함하기도 한다.

지역문화상품은 FCB 그리드의 '모방적 소비 영역(D)'에 해당하는데, 통상 대중(mass)을 대상으로 하고, 비교적 적은 비용으로 소비가 가능한 저관여 상품에 해당하기 때문이다(2012년 문화체육관광부 조사 결과, 2만 원 이하가 약 50%, 3만 원 이하가 약 90%를 차지하고 있다).

따라서 이미지 광고를 통한 호의적 정서를 유도하는 것이 필요하며, 소비자 행동모델 모델인 'AISAS'를 활용하여 추가적인 가이드를 제시한다. 'AISAS'는 상품에 대한 주의(attention)를 끌고 흥미(interest)를 유발시켜 고객이 검색(search)을 통해 쉽게 구매(action)할 수 있고 이를 지인들과 공유(share)하도록 유도하는 것이다.

- A(attention) : 광고를 통한 주의 환기 및 이미지, 정서를 확립한다. 특히, 소비자에게 인상적이고 오래 기억될 수 있는 소재나 브랜드네임을 선정하는 것이 중요하다. 또한, '보령 머드축제'나 '함평 나비

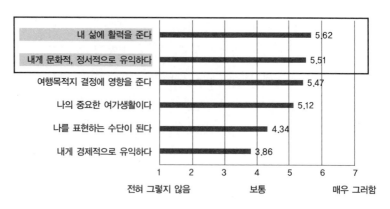

내 삶에 활력을 준다	5.62
내게 문화적, 정서적으로 유익하다	5.51
여행목적지 결정에 영향을 준다	5.47
나의 중요한 여가생활이다	5.12
나를 표현하는 수단이 된다	4.34
내게 경제적으로 유익하다	3.86

전혀 그렇지 않음　　　　보통　　　　매우 그러함

〈그림 3〉 문화축제를 찾는 소비자 가치 (출처: 문화체육관광부)

축제'처럼 소비자들의 감각을 자극하거나 '금산 인삼축제'의 같이 미각을 느끼게 하는 것 등의 '오감(五感)' 자극이 효과적이다.

- I(interest) : 소비자의 시선을 사로잡은 후에는 지역 축제 자체에 대한 관심을 유도해야 한다. 특히, 소비자 니즈, 즉 '왜 이곳에 오는가?'에 대한 이유를 파악하는 것이 중요하다(〈그림 3〉 참조).

- S(search) : 지역 문화 축제를 찾는 소비자의 83.1%는 인터넷 기사나 배너 광고와 같은 인터넷을 통해 정보를 얻고 있다. 26.1%가 온라인 SNS를 통해 정보를 얻었다는 점을 감안하면 온라인 매체를 활용한 홍보가 얼마나 중요한가를 잘 알 수 있다(출처: 문화체육관광부, 2012).

- A(action) : 소비자를 지역 문화 행사에 참여하도록 만들려면 효과적인 홍보 채널과 함께 소위 '촉진자(booster)'라는 장치를 사용할 수 있다. 촉진자는 소비자의 구매 부담을 낮추고 구매 의사를 촉진시킬 수 있는 가격 할인, 쿠폰, 마일리지, 상품권, 멤버십, 간편한 예약 및 취소 절차와 같은 것들이다. 물론, 가장 중요한 것은 상품 자체임을 잊지는 말아야 한다.

- S(share) : 지역 문화 행사에 다녀간 소비자들을 프로슈머(prosumer)로 만들어야 한다. 단순한 참여로 끝나는 것이 아니라, 자신의 경험을 인터넷과 SNS를 통해 전파할 수 있도록 하는 것이다. 이때, 기억에 남을 만한 사진을 촬영할 수 있는 독특한 장소나 기념품을 마련하는 것이 좋다. 사진은 우리 눈을 가장 먼저 사로잡을 뿐만 아니라 가장 전달력이 높은 수단이기 때문이다.

2. 스토리텔링 마케팅(story for marketing)

1) 스토리텔링 마케팅의 중요성

스토리텔링 마케팅은 기업 브랜드, 제품 및 서비스와 관련하여 소비자가 관심을 갖고 반응할 만한 흥미로운 스토리를 찾아 소구하는 마케팅 커뮤니케이션 기법이다. 기업, 제품의 탄생 비화나 성공 과정을 스토리 형태로 전달함으로써 몰입과 재미를 불러일으키는 것이다.

최근 스토리텔링 마케팅의 중요성이 갈수록 높아지고 있는데, 그 배경 및 이유는 다음과 같다.

- 누구나 선호 : 스토리는 남녀노소에 관계없이 누구나 좋아하고 궁금해 하며, 사람들의 마음속에 파고드는 효과가 있다. 종교의 중심에 스토리가 담겨 있는 것도 그 때문이다.
- 높은 기억력과 전달력 : 인간은 단어의 나열보다는 이야기 형태를 더 쉽게 기억한다. 스토리가 신선하고 흥미로울 때는 더욱 그렇다. 여기에 인터넷, SNS, 모바일이 맞물려 스토리를 전달하는 최적의 환경이 마련되었다.

- 차별화 수단 : 요즘처럼 제품들 간 품질이 크게 다르지 않는 경우, 기업은 흥미로운 스토리를 통해 소비자의 뇌리에 원하는 이미지를 각인시킴으로써 브랜드를 차별화할 수 있다. 특히, 잘 구성된 스토리는 장황한 설명 없이 소비자의 공감을 얻어낼 수 있다.
- 경제적 가치 제고 : 소비자들은 스토리가 담긴 브랜드의 제품에 대해서는 가격이 비싸도 구매하는 경향을 보인다. 제품이 아닌 스토리를 구매하는 것이기 때문이다.

2) 스토리텔링 마케팅의 유형

스토리텔링 마케팅은 스토리의 가공 정도에 따라 사실, 수정, 창작의 세 가지 유형으로 구분할 수 있다.

- 사실(historical fact)을 전달
  - 에피소드(episode) : 기업이나 제품의 탄생 배경, CEO의 일화를 소재로 활용한다. '스티브 잡스(Steve Jobs)'의 스토리는 매스컴, 책, 영화 등 다양한 매체를 통해 전달되었고, 그가 사망한 지금까지도 계속 회자되고 있다.
  - 경험담(experience) : 삼성의 스마트폰 갤럭시, 유한킴벌리의 화이트 CF에서처럼 소비자가 직접 제품에 대한 경험담을 전달하여 제품과의 유대감 및 브랜드 경험을 강화하는 것이다.
- 스토리를 수정(modification)하여 전달
  - 루머(rumor) : 흥미롭고 재미있는 이야기를 지어내어 세간에 유행시키는 것으로서, 실제와 허구의 결합을 통해 사실적 느낌을 준다. 담배 브랜드 '말보로(MARLBORO)'는 존과 수잔의 로맨틱하면서도 비극적인 스토리를 통해 사람들의 이목을 끌었다.

〈그림 4〉 드라마 시크릿 가든 vs. 카스 라이트 CF

- 패러디(parody) : 과거에 유행했던 인기 스토리를 새롭게 가공, 전달함으로써 소비자가 빨리, 그리고 친근하게 받아들일 수 있게 만든다. '카스 라이트' CF는 드라마 〈시크릿 가든〉을, 'All-IP' CF는 드라마 〈너의 목소리가 들려〉를 패러디했다.

• 스토리를 창작(creation)하여 전달

- 드림(dream) : 기업 및 제품 브랜드에 소비자가 동경하는 꿈과 희망을 담아 동경을 느끼게 하는 것으로서, 나이키는 최고의 스포츠 선수들을 등장시켜 승리에 대한 동경을 불러일으킨다.

- 시리즈(series) : 하나의 주제와 컨셉 하에서 다양한 스토리를 연속적으로 전달하여 광고 효과를 극대화하는 것으로서, 롯데칠성의 '바쁘니깐 청춘이다. 청춘차렷! Hot 6'라는 멘트가 반복되는 Hot 6 CF는 엽기적인 발상으로 인기를 얻었다.

3) 스토리텔링 마케팅의 전개

스토리텔링 마케팅은 세 단계로 전개된다. 첫 번째는 비즈니스 목표에 맞는 콘텐츠를 생산(product)하는 단계이고, 두 번째는 완성된 콘텐츠를 각종 매체에 실어 소비자에게 전달(communications)하는 단계이며, 세 번째는 전달된 콘텐츠를 소비자가 소비(use)하는 단계다.

〈그림 5〉 스토리텔링 마케팅의 전개 단계

- 생산 단계 : 기업 및 제품 브랜드를 차별화할 수 있는 독특한 소재를 찾는다. 소재는 기업, 제품과 관련된 신화, 비하인드 스토리, 고객의 소소한 일상, 오피니언 리더의 의견, 사회 트렌드 등을 자세히 살핌으로써 찾을 수 있는데, 소재 발굴이 끝나면 스토리의 가공 여부, 즉 스토리를 얼마나 사실적으로 다룰 것인가를 결정한다.
- 전달 단계 : 적합한 유포 채널을 결정한다. 기업이 보유하고 있는 채널을 활용하거나 새로운 채널을 구축할 수 있는데, TV, 잡지, 신문 같은 대중매체를 활용할 수도 있고, 입소문, 영화, 드라마, 축제, 박물관 같은 새로운 채널을 만들 수도 있다. 다양한 채널을 복합적으로 활용하면 소비자와의 접점이 다원화되어 스토리의 전파 효과를 극대화할 수 있다.
- 소비 단계 : 소비자들이 자사의 마케팅 활동에 자발적으로 참여할 수 있도록 한다. 즉, 소비자를 '프로슈머(prosumer)'로 만드는 것인데, 다른 사람에게 이야기하고 싶어할 만한 흥미로운 이야깃거리를 제공한다.

4) 스토리텔링 마케팅의 주의사항

스토리텔링 마케팅을 전개할 때에는 다음과 같은 사항에 유의해야 한다.

- 흥미로운 스토리 : 어릴 적 엄마, 아빠가 들려주셨던 이야기처럼 흥미진진한 스토리여야 한다. 또한, 경쟁자들과 차별화할 수 있는 자기만의 스토리여야 하고, 동시에 소비자의 공감을 얻을 수 있어야 한다.

- 진짜 스토리 : 사람들은 진짜 이야기에 흥미와 신뢰를 갖는다. 믿었던 스토리가 가짜임을 알게 되면 소비자는 흥미를 잃고 더 이상 기업을 신뢰하지 않는다. 특히, 루머 마케팅을 전개할 때 각별한 주의가 필요한데, 인터넷, SNS를 통해 스토리의 진위를 쉽게 알 수 있기 때문이다.

- 제품, 브랜드의 일관성 : 스토리는 제품은 물론 브랜드와의 일관성을 유지해야 한다. 특히, 제품의 포장과 배송까지 세심한 배려가 필요하다.

- 문화 창출 : 단순한 제품 판매를 넘어 문화를 창출하기 위해 노력해야 한다. 나이키는 육상, 농구 등 스포츠 문화를 구축하며 성공한 반면, 도요타는 힙합 붐에 맞춘 자동차 '사이언'을 출시하며 단순한 타깃 마케팅을 펼쳤기 때문에 힙합 마니아들의 마음을 사로잡을 수 없었다.

5) 나이키의 스토리텔링 마케팅

나이키는 스토리텔링 마케팅의 대명사와 같다. 설립자들은 일찌감치 스토리의 힘과 영향력을 인지하여 홈페이지부터 보고서에 이르는 모든 의사소통에 스토리텔링 기법을 활용하고 있다. 나이키의 CF를 통해 어떠한 스토리를 전달하고 있는지 살펴보기로 하자.

<그림 6> 김연아의 'Just Do It' CF

- 나이키는 선수이며, 승리다 : 마이클 조던, 타이거 우즈, 김연아 등 당대 최고의 선수들의 승리를 향한 집념과 열정을 보여줌으로써 승리에 대한, 나이키에 대한 사람들의 동경심을 자극한다. 특히, 김연아 선수가 출연한 'Just Do It' CF는 '신기록을 세울 수 있을까?', '실수하지 않을 수 있을까?'와 같은 이야기를 들려준다.

- 나이키는 꿈이다 : 'Just Do It' 캠페인에서는 스스로의 꿈에 도전하라는 메시지를 전달하였고, 'Possibilities' 캠페인은 누구에게나 무한한 가능성이 잠재되어 있으니 목표를 설정하고 도전하라고 말한다. 나이키는 이러한 마케팅을 통해 우리가 스스로의 꿈을 끊임없이 일깨우도록 하고 있다.

- 나이키는 함께 한다 : '우리는 듣고 있다, 우리는 항상 당신과 함께 한다'라는 슬로건으로 양방향 대화를 시도하며, 특히 '우리'라는 단어를 통해 우리들을 자신들의 이야기 속으로 끌어당기고 있다.

3. 결론

지금까지 스토리텔링과 마케팅의 만남을 스토리 콘텐츠 마케팅(marketing for story)과 스토리텔링 마케팅(story for marketing)의 두 가지 측면에서 살펴보았다.

스토리 콘텐츠는 특정한 소재로부터 스토리를 가공하여 상품화한 것을 의미하는데, 여기에서는 소비자 관여도 및 FCB 그리드라는 도구를 활용하여 스토리 콘텐츠를 분석해 보았다. 또한, 지역문화상품에 대해 추가적으로 알아보았는데, AISAS 모델을 통한 광고 방향을 기술하였다.

스토리텔링 마케팅에 대해서는 그 중요성과 함께 스토리텔링 마케팅의 유형과 전개에 대해 알아보았고, 마케팅 전개 시의 유의사항을 제시했다. 또한, 대표적인 사례로서 나이키의 스토리텔링 메시지를 CF를 통해 분석해 보았다.

마케팅에서의 소비자 분석은 인간이 컴퓨터와 같은 이성적 의사결정 시스템을 갖고 있다는 가정 하에 발전해 왔다. 본고에서 활용한 FCB 그리드나 AISAS 역시 그러한 가정에 기초하고 있다. 최근에는 인간의 무의식을 겨냥한 마케팅 이론 및 기법들이 등장하고 있어서, 그러한 연구 결과를 스토리텔링과 접목할 필요가 있다.

제5부

—

도시에 스토리텔링을 입히다

스토리가 도시를 바꾼다
Story to Change a City

윤지영

1. 들어가며

18세기 산업혁명을 계기로 우리가 살고 있는 도시는 급속한 성장과 변화를 겪게 된다. 이후, 20세기 후반에 들어서면서 IT 기술의 발달로 인한 지식정보화 사회를 맞이하게 되었다. 정보와 지식이 고부가가치를 창출하는 산업의 원동력으로 작용하면서, 도시도 지식정보화 사회가 도래한 글로벌 시대에 맞춰 변하고 있다. 지식 사회의 핵심은 정보를 공유하고 나누는데 있다. 이러한 지식과 정보화 사회가 바탕이 된 도시 발전은 국가간, 도시간의 격차가 평준화되면서 '문화'가 도시간의 경쟁력을 높이고 지역 경제에도 도움이 되는 중요한 핵심으로 주목받기 시작했다. 정보를 공유하고 나누는 일은 문화 공유가 중심이 되고 있으며 문화 공유를 도와주는 보조적 장치인 IT 기술에 의해 발전해 나가고 있다. 이처럼 IT 기술과 문화를 중심으로 성장해 나가는 도시의 모습은 디지털적인 측면과 함께 사람과 사람이 만나고 생활과 감수성을 담는 아날로그적인 측면도 여전히 공존하면서 발전해 나가고 있다.

외국이나 다른 도시를 방문하게 되면 평소 무심하게 지나치던 도시의 모습이 새롭게 다가오는 것을 느낀다. 단순히 삶을 위해 존재하던 공간에 문화적 가치와 이야기, 감성을 담게 될 때 더 가치 있고 의미 있는 공간으로 새롭게 느껴지게 되는 경험을 하게 된다. 같은 공간이라 할지라도 그 공간에 생명력을 불어넣었을 때 그 도시는 생동감이 넘치는 매력적인 도시로 탈바꿈된다. 그리고 그것이 곧 도시의 경쟁력이자 국가의 경쟁력으로 이어지게 된다.

산업 시대에서는 노동자와 노동집약적 사회로 만드는 것이 곧 도시의 경쟁력을 좌우하는 것이었지만, 오늘날의 도시 경쟁력은 그것만으로는 부족하다. 결국 앞으로의 도시는 기술과 감성인 디지털(digital)과 아날로그(analog)가 적절히 조화되면서 공존하는 디지로그(digilog) 도시로 진화할 것으로 예상된다.

이러한 시대적 흐름의 맥락에서 살펴보면, 최근 이슈하되고 있는 스토리텔링이 사회적 화두로 부상하고 있는 것은 자연스런 현상이다. 도시에서의 스토리텔링은 스토리전달자와 수용자 간의 공감대를 형성하여 무형적 부가가치에 중요성을 둔 일종의 도시 전략 방법이다.

스토리텔링은 IT 기술의 발달과 개인의 욕구와 맞물리면서 공유의 미학을 실천하며 빠른 속도로 성장하기 시작했다. 서사학이나 문학, 영화 등에서 한정적으로 활용되었던 스토리텔링은 현재 다양한 분야에 적용되면서 매체의 성격에 따라 그 효과도 다양하게 나타나고 있다. 이 중 도시를 브랜딩하고 마케팅하는 과정에서 스토리텔링의 역할과 그 효과에 대해 살펴보고자 한다.

2. 도시와 스토리텔링의 관련성

1) 도시 브랜드 제고를 위한 스토리텔링의 역할

도시의 역사, 이미지, 그리고 도시민의 생활과 문화 등 그 도시만이 가지고 있는 독특한 특성의 이야기는 도시의 콘텐츠들을 기반으로 하고 있다.

오늘날의 도시 경쟁력은 도심의 도로 표지판부터 거리 간판, 가로수, 관광 명소에 이르기까지 부가가치가 더해질 때 도시의 잠재력은 확장되고 경제적 가치는 빛을 발하게 된다. 도시의 경제적 가치는 궁극적으로 도시가 가지고 있는 브랜드 가치로 평가된다. 사람들이 기억하는 그 도시의 매력인 충성도, 그 도시에 대해 얼마나 알고 있는가에 대한 인지도, 연상되는 도시 이미지들, 그 도시만의 독특함에서 지각된 차별화된 요소들 등에서 도시의 경쟁력은 발산된다. 이러한 도시의 콘텐츠들의 수요를 높이기 위한 전략은 오감(五感)을 자극하여 경험하는 커뮤니케이션의 과정을 통해 도시는 브랜딩이 된다.

도시의 브랜드 가치는 도시 마케팅과 연계된다. 도시의 브랜드 가치는 도시 마케팅을 어떻게 하는가에 따라 도시의 브랜드 가치는 결정된다고 하여도 무방하다. 사람들은 살고 싶은 도시, 방문하고 싶은 도시로 인식되어지는 순간, 그 도시에 대한 매력도는 상승하게 되기 때문이다.

도시의 매력은 지속적으로 발현되는 다양한 이야기들로부터 채워진다. 이 이야기들을 의미 있고 누구에게나 공감할 수 있도록 만드는 방법이 바로 '스토리텔링'이다. 스토리텔링은 일종의 커뮤니케이션 과정으로 공급원이 가지고 있는 다양한 메시지들을 수요자인 사람들에게 전달하는 수단으로 도시에서는 도시의 매력적인 요소들을 전달하는 하나의 도구로써 활용되고 있다. 즉, 도시가 담고 있는 이미지를, 정체성의 담론을 스토리를 통해 시민과 방문자들과 소통을 한다는 것이다.

이러한 도시의 스토리를 활용한 스토리텔링은 도시 마케팅 전략에 있어 중요한 역할을 한다. 도시가 내포하고 있는 유·무형적인 스토리의 소스들은 도시의 이미지 원형 발굴에 활용되기도 하며 부정적인 도

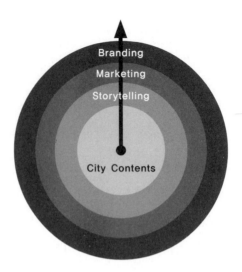

도시 콘텐츠에서 도시 브랜딩으로의 구조

시 이미지를 긍정적인 도시 이미지로 변모할 수 있는 매개 역할을 하기도 한다. 도시를 구성하고 있는 여러 유·무형의 요소들을 토대로 각각의 요소들에 생명을 불어 넣어 의미를 담고 이야기를 만들어 이 이야기들이 전파될 수 있도록 전략적 마케팅을 통해 성과를 낸다. 이러한 전략 과정이 바로 도시의 브랜드 가치를 높이는 전략이다.

도시가 가지고 있는 도시의 콘텐츠 요소들은 스토리텔링을 통해 가치사슬(value chain)로서 부가가치가 생성되어 도시의 매력도는 상승하게 되고 도시의 긍정적 이미지를 구축하는 데 원동력을 행사하게 된다. 이 원동력은 도시의 콘텐츠를 소비하는 사용자들로부터 공감대를 필요로 한다. 공감대를 이끌어내는 일은 오감을 자극하는 일에서부터 시작된다고 볼 수 있는데 스토리텔링이 바로 오감을 자극하여 공감대를 형성할 수 있도록 돕는 매개체로서의 역할을 담당한다. 스토리 구성에 있어 단일화된 소스는 한계가 있기에 다른 소스들과 연계하여 연동할 수 있도록 스토리를 구성해야 하는 것이 스토리텔링 전략의 핵심이다. 또한,

스토리텔링은 OSMU(One Source Multi Use)방식으로 접근하는 것이 주 고객뿐만 아니라 잠재 고객에게까지 지속적인 관심을 일으킬 수 있다.

감성 소비 성향으로 바뀌어 가고 있는 오늘날, 기능적 니즈 만족에서 감성적 니즈를 만족시키는 마케팅 방향의 변화로 상품에 스토리를 입혀 마케팅하는 상품 브랜드 마케팅의 중요성이 부각되기 시작했다. 감성을 자극하는 마케팅의 일환으로 스토리텔링이 이슈화되면서 곧 마케팅의 성공으로 이어지는 전략으로 관심이 집중되고 있는 추세이다.

정보 사회에서 꿈의 시대로 도래한다는 롤프 옌센[1]의 예견처럼 21세기는 'Dream Society'의 시대로 이야기를 통하여 꿈과 감성을 사고파는 사회로 전환하고 있다. 물질의 풍요로움 속에서 물질의 욕구보다는 재미와 꿈을 주는 이야기 즉, 스토리텔링을 기반으로 하는 소비 구조 형태로 변화하고 있는 것이다. 이렇듯, 이야기가 중심이 되는 시장의 변화는 인간의 감성 욕구를 자극하는 요소들이 시장의 경쟁력이 되고, 상품이 가진 1차 기능의 단순 필요에 의한 소비가 아닌 2차 기능 즉, 의미를 부여하며 소비를 하는 감성 소비로 전환하게 된다.

2) 스토리텔링, 그 무한한 파급력

유럽 및 일본에서는 옛 건물을 리모델링하여 역사적 스토리와 문화를 매칭한 스토리텔링을 통해 관광 명소로 활용한 사례가 많다. 영국의 테이트모던(Tate Modern: 화력발전소에서 미술관으로) 미술관, 파리의 오르세(Orsay: 오르세역에서 미술관으로) 미술관 등 상반된 이미지였던 소재를 리모

---

1 롤프 옌센(1942~), 덴마크의 미래학자. 'Dream society'에서는 과거로의 회귀, 잃어버린 가치에 대한 중요성을 강조. 이야기가 없는 상품은 도태할 것이며, 제품의 본연의 모습에 이야기가 덧붙였을 때 감성을 자극하여 그 가치를 브랜딩한다는 내용

델링하여 재탄생시킨 스토리는 경제적 효과와 함께 호기심 자극으로 관광효과를 증폭시키고 있다.

도시에서의 스토리텔링의 역할을 살펴보면 다음과 같다.

첫째, 스토리텔링을 통해 부정적인 도시 이미지를 긍정적 이미지로 변화시킬 수 있다. 예를 들어, 영국의 코벤트리(Coventry)시는 2차 세계대전으로 폐허가 된 도시를 '전쟁'과 '레이디 고디바'의 전설을 스토리텔링화하여 재건하는 데 성공하였다. 또한, 미국의 라스베가스(Las Vegas)는 황무지였던 사막에 오락과 유흥콘텐츠를 통해 무에서 유를 창조한 관광의 대표 도시로 거론되고 있다.

둘째, 스토리를 통해 도시의 정체성을 형성한다 이탈리아이 베로니(Verona)시는 '로미오와 줄리엣'의 명작을 도시 전체에 스토리텔링하여 오페라와 더불어 사랑의 도시로 포지셔닝 하는 데 성공하였다. 영국의 리버풀은 비틀즈의 고향으로 도시 전체가 비틀즈를 연상시킬 수 있도록 관광 투어 및 곳곳에 비틀즈에 관한 콘텐츠로 가득하다. 오스트리아의 잘츠부르크 역시 모차르트의 고향으로 도시 전체가 모차르트를 중심으로 형성되어 있다 해도 과언이 아닐 만큼 모차르트를 만나기 위해 세계 각지에서 방문하고 있다.

셋째, 스토리텔링을 통해 문화도시로 탈바꿈할 수 있다. 문화도시를 지향하고 있는 시대가 도래하면서 각국의 도시들은 문화도시로서의 면모를 갖추기 위한 노력에 박차를 가하고 있다. 도시의 콘텐츠를 통해 문화도시로 탈바꿈하여 도시 경쟁력을 높이는 사례가 증가하고 있는 추세이다. 문화도시의 이미지는 도시의 구조 및 기반시설, 시민들의 의식 구조, 역사, 환경 등의 콘텐츠로부터 시민과 방문객과의 지속적인 상호 전달의 커뮤니케이션과정을 통해 형성된다. 즉, 도시의 하드웨어와 소프트웨어의 콘텐츠들을 도시의 문화적 요소로 활용하기 위해서는 스토리텔링을 통한 문화적 메시지들의 전달로부터 시작된다.

3. 도시콘텐츠 유형별 사례 조사

1) 건축물에 스토리텔링 : 그라츠(Graz) – 무린셀&쿤스트하우스

그라츠는 오스트리아에서 두 번째 큰 도시로 동부 구도심 전체가 세계문화유산으로 지정되어 있다. 또한 무린셀[2]과 쿤스트하우스[3]는 2011년 유네스코 지정 디자인 도시로 선정되기도 하였다. 그라츠는 도시 사용자와 공간, 공간과 도시 사용자와의 컨넥션을 시도하였고 그 공간에서 체험할 수 있는 공간을 형성하고자 하였다. 이 중 쿤스트하우스는 2003년 Peter Cook에 의해 설계된 건축물로 그라츠의 역사와 풍습을 주위 환경과 상당히 대조된 디자인으로 구도시와 신도시와의 화합과 소통을 소망한 외양으로 구성되었다. 이러한 의도적인 외양의 모습은 하나의 스토리를 형성하면서 방문객들의 호기심을 자극하기에 충분하였다. 또 다른 건축물인 무린셀의 카페는 단절되었던 동·서의 도심을 연결하는 디자인으로 그라츠 시민들이 모여 융화될 수 있도록 만든 커뮤니케이션 공간으로 탄생되었다.

그라츠의 건축물은 공해와 구·신시가지와의 단절인 부정적 이미지를 상반된 스토리의 앙상블을 통하여 친환경과 화해의 도시로 보존과 개발이라는 변화와 혁신을 가져왔다. 그라츠를 대표하는 두 개의 신 건

---

2 무어(Mur)강에 있는 인공섬으로 미국의 건축각 비토 아콘치(Vito Acconci)가 설계했고 내부에는 카페와 야외극장, 놀이공간이 있음.

3 영국의 건축가인 Peter Cook과 콜린푸르니에(Colin Fournier)가 설계하였으며 2003년 현대미술관으로 개관, 총 4개 층 구조로 독특한 형태의 유선형 건축물로서 '친근한 외계인'이라는 애칭을 가지고 있음.

Murinsel Cafe   Kunsthaus

축물에 스토리를 입혀 단순 기능의 건물이 아닌 그라츠의 역사와 회복
하고자 하는 스토리로 도시 환경에 감성을 담은 성공한 사례로 회자되
고 있다.

2) 인물에 스토리텔링 : 리버풀(Liverpool) - 비틀즈

리버풀은 산업혁명의 시작과 더불어 영국 공업의 중추적인 역할을
하였으나 제 1, 2차 세계대전 피해 등으로 20세기 중반 급속히 지역 경
제가 쇠퇴하였다. 침체의 길을 걷고 있었던 리버풀 지역이 1960년대 '비
틀즈'의 등장으로 공업 도시에서 문화도시로 다시 부흥하게 된다. 리버
풀이 문화 관광 도시로 탈바꿈하는 데 크게 기여한 것은 바로 영국의
전설적 그룹인 '비틀즈'의 역할이 매우 컸다. 리버풀은 이러한 비틀즈
의 영향을 관광 콘텐츠로 잘 활용해 '비틀즈 투어'를 기획하였다. '매지
컬 미스테리 투어(magical mystery tour)' 버스를 타고 비틀즈와 관련된 곳을
안내와 함께 둘러보는 상품 기획으로 매년 방문객을 불러들이고 있다.
리버풀은 유명 관광 명소에서 볼 수 있는 건축물이나 기념비 또는 자연
경관보다는 유명인이 직접 머물렀던 곳, 식사를 했던 곳, 비틀즈 박물
관 및 음악 작업을 하던 그 흔적들을 보고 느끼며 공감을 하고 싶어하는

음악 축제

비틀즈 첫 공연 클럽

비틀즈 박물관

매지컬 미스테리 투어

관광객을 대상으로 마케팅을 지속적으로 추진하고 있다. 또한, 이곳에서 비틀즈와 관련된 많은 음악 축제 중 매튜 스트리트 페스티벌(Mathew Street Festival)을 조직화함으로써 매년 30만 명 이상의 방문객을 모으고 있다(기획재정부 공식 블로그).

리버풀시는 문화관광도시다운 면모를 구축하기 위해 2000년에 'European Capital of Culture 2008'이라는 목표를 정하고 Liverpool Culture Company를 설치하고 운영하였다. 리버풀시는 문화도시 조성 사업으로 비틀즈의 관광 자원화, 축제 개최 등에 국한된 콘텐츠 개발이 아닌 문화와 도시 개발의 통합된 발전 계획을 수립하는 등 도시 전체를 대상으로 스토리텔링을 한 도시이다. 특히, 음악과 관련된 관광 콘텐츠로의 관광 산업 발전은 리버풀 지역 경제에 새로운 활력소가 되고 있다.

비틀즈에서 출발한 문화의 이미지를 도시 전체 환경 조성과 연계하여 개발함으로써 리버풀의 문화콘텐츠 인프라를 구축하여 도시 전체의 이미지를 문화도시로 변모시킨 것이다.

3) 자연 환경에 스토리텔링 : 제주도 – 올레길

제주 올레길은 제주의 아름다운 자연 환경과 더불어 사색과 명상, 소통과 만남의 길, 세계인이 함께 걷는 길이라는 메시지로 브랜드 가치를 형성하였다. 제주 올레길은 자연 환경이 가져다 준 콘텐츠에 스토리텔링을 더하여 홍보에 성공한 케이스로 올레 스토리 마케팅, 유명인을 앞세운 스타 마케팅, 책 출간을 통한 콘텐츠 마케팅 및 지속적인 교육과 강연, 적극적인 홍보 마케팅 등 다양한 콘텐츠를 활용하여 스토리텔링의 시너지 효과를 창출하고 있다.

특히, 다양한 경험 스토리를 통해 유대감을 일으켜 공감대를 형성하고 자연 친화적인 '올레 스피릿(spirit)'[4]은 '힐링(healing)' 트렌드와 잘 맞물려 초고속 관광 콘텐츠로 부상하고 있다. '걷기'와 '스토리'가 있는 제주 올레길은 제주도의 브랜드 가치를 상승시키는 데 큰 역할을 하였으며, 제주 올레길 브랜드는 일본 규슈에 4개 코스 조성 계약으로 브랜드명과 표기 방식까지 그대로 쓰는 협약 체결[5]을 하기에 이르렀다.

제주 올레길을 중심으로 제주의 관광 코스는 발전하게 되었고, 제주 원도심을 중심으로 옛 길을 걸으며 느끼는 감성 자극은 제주인의 삶과 문화를 공유한다는 차원에서 성공적인 스토리텔링 사례로 꼽을 수 있다.

---

4 『경향신문』, 2012. 4. 4.

5 《조선닷컴》, 2012. 2. 29.

제주올레길

4) 매체에 스토리텔링 : 그라스(Grasse) - 향수

그라스는 프랑스 남부 지중해변에 위치한 인구 5만 명의 별다른 자원이 없는 작은 도시이다. 하지만, 연중 기후가 온화하고, 풍부한 햇살을 지니고 있어 일 년 내내 화훼 및 허브 사업을 재배할 수 있는 최적의 기후 조건을 갖추고 있다. 향수라는 차별화된 테마와 최적의 기후 조건, 자치단체와 주민과의 협력 등으로 전 세계 향수 원액의 70%를 공급하고 있다.[6] 프랑스가 향수의 종주국이라는 연상 이미지를 만든 일등 공신이 바로 그라스의 향수 도시이다. 그라스는 향수 제조 방식을 전통생산 방식에 따르고 천연 향수만을 고집하면서 그라스만의 개성을 살리고 있다. 그라스는 향수 생산에만 주력하지 않고 향수 제조에 사용했던 여러

---

6   김선기 외, 2006

영화 〈향수〉

향수 제조공장

가지 기구들을 전시하고 예전 향수 공장 모습 그대로 시대별로 보존하는 등 향수와 관련된 관광 콘텐츠를 키워나가고 있다. 꽃 퍼레이드, 바이오 박람회 및 향수 제조법 프로그램을 개설하여 제조 수료증을 수여하는 등 관광거리와 즐길거리를 방문객들에게 제공하고 있다. 또한, 소설『향수』와 영화의 공간 배경이였던 그라스는 영화의 흥행에 힘입어 매체를 통한 그라스의 향수 스토리텔링의 홍보 효과도 한 몫을 하고 있다.

이러한 그라스의 노력은 향수 제조·생산에만 그 치지 않고, 향수라는 테마에 다양한 사업 및 관광산업 등과 관련시켜 통일성을 도모하여 그라스만의 개성있는 스토리로 이미지를 창출하고 있다.

5) 지역 상품에 스토리텔링 : 안동시 - 유교 문화

안동시는 유교 문화를 간직하고 있는 정신 문화의 도시로 우리나라를 대표하는 전통 지역이라는 정체성을 가지고 있다. 안동시의 전통 이미지를 제고하기 위해 탈춤, 국악 공연, 농악 등 지역 주민의 공동체 의식과 자긍심을 증진하기 위한 전통 문화콘텐츠를 지속적으로 개발하고 있다. 또한, 외국인의 공감대를 형성하기 위해 지역의 국제화 및 사회적 교류에 기여하고 전통 문화를 계승·발전시킬 수 있는 전통과 관련된 콘텐츠들을 발굴하고 있다. 1999년 영국 엘리자베스 2세 방문으로 지역의 홍보와 지역의 매력성은 더욱 부가되고 있으며, 2007년 개관한 전통 문화 콘텐츠 박물관에서 안동시의 유·무형의 전통 문화를 만날 수 있다. 안동시의 박물관 및 전시관에서는 전통과 현대의 콘텐츠를 첨단 기술을 통해 과거의 전통을 현대적 감각으로 조명함으로써 세대간의 이해도를 높이고 있다. 또한, 스토리텔링과 함께 체험을 할 수 있는 다양한 방식의 프로그램은 문화예술 및 관광 산업과도 연계하고 있다.

유교 문화 체험을 할 수 있는 안동유교문화박물관은 경북 전역에 산재된 유교 관련 요소들을 관광 자원화하여 유교 문화에 대한 지식, 우리 생활 속의 유교 문화 등을 방문객들에게 전달하는 스토리텔링형 박물관이다. 2010년 등재된 세계문화유산인 하회마을, 안동 한지, 안동민속박물관, 도산서원과 주요 관광지를 기반으로 한 고택 체험, 실경 뮤지컬 공연, 정신 문화 체험 프로그램 등은 타 지역과 차별화된 문화콘텐츠를 개발해 관광객을 불러들이고 있다(『경북일보』, 2012년 4월 4일자).

이처럼 안동시는 유교 문화를 토대로 한 전통 문화콘텐츠를 발굴하고 개발하여 이들을 연계하여 활용하는 하드웨어와 소프트웨어와의 시너지 효과를 창출하고 있다. 안동시는 전통 문화 마을에서 그치지 않고 지속적인 자원 발굴과 유교 문화를 기반으로 한 다양한 문화 체험과 연동될 수 있는 콘텐츠를 개발함으로써 안동시만의 브랜드 스토리를 구축하고 있다.

4. 도시 스토리텔링 전략

도시도 스토리텔링의 중요성을 인지하여 긍정적이면서 문화적 이미지 강화를 위한 노력을 할 필요가 있다. 건축물 역사와의 체험, 공공 시설과의 접촉을 통한 체험, 도시 공간에서의 환경 체험 등 '체험의 확장'에 의한 콘텐츠와 사람들과의 커뮤니케이션 스토리텔링이 필요하다. 도시 장소성에 의한 체험과 그로 인한 감성 공유는 공유 가치를 형성하여 도시 마케팅의 구전 효과를 기대할 수 있을 뿐만 아니라 스토리를 통한 문화 창출은 지속적인 긍정적 도시 이미지 강화의 원동력이 될 수 있다.

현대 사회는 문화산업이 미래 시대를 이끄는 핵심으로 문화에 대한 투자가 곧 도시의 경쟁력의 원천력이 된다. 다라서 도시 곳곳에 잠재되어 있는 콘텐츠들을 스토리텔링하여 경제적 효과와 관광 효과를 동시에 누리는 윈-윈(win-win) 전략이 필요하다.

도시의 스토리텔링

구분	story	tell	~ing
도시 특성	지역성	(오감에 의한) 경험성	(상호작용에 의한) 관계성

구분	story	tell	~ing
도시 콘텐츠	도시의 유·무형 자산	도시 체험	도시 이미지
도시 스토리텔링	스토리 원 소스 발굴 및 개발	스토리 테마에 의한 체험	이미지에 의한 도시 브랜드 가치 형성

〈그림 1〉은 스토리텔링은 해당 지역이 가지고 있는 유·무형 자산을 통해 도시를 디자인하고 산업을 육성시킬 수 있음을 도식화한 것이다. 가시화된 지역의 자산들은 주 고객인 1차 고객들을 유인하고 스토리텔링을 통해 개발된 도시는 잠재 고객인 2차 고객들을 형성하게 된다. 살아있는 도시의 모습은 도시의 겉모습뿐만 아니라 그 공간 속에 담겨있는 이야기들을 공감하면서 잠재 고객까지 유인할 수 있는 것이다.

〈그림 2〉는 〈그림 1〉의 스토리텔링화 할 수 있는 범주를 좀 더 구체적으로 발전시킬 수 있는 콘텐츠들을 설명하고 이들을 통해 발현될 수 있는 도시의 브랜드 가치를 도식화하였다. 도시 공간에 존재하고 있는 수 많은 요소들은 스토리텔링을 통해 생명력을 가지면서 도시가 가지는 브랜드로서의 가치를 승격시키는 역할을 하게 된다.

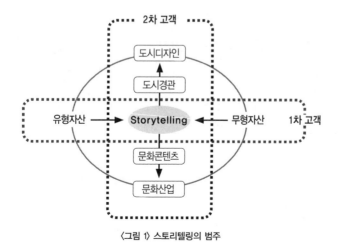

〈그림 1〉 스토리텔링의 범주

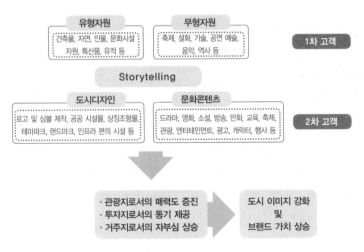

〈그림 2〉 스토리텔링 과정

　　여기서 중요한 관점은 스토리텔링의 소스(source)가 되는 도시의 콘텐츠가 바로 지역 문화에서부터 유래되므로, 지역적 특성화는 매우 중요한 관건이 될 수 있다. 이를 위해서는 첫째, 도시의 콘텐츠 자원 요소들과의 융·복합과 각 사업들과의 연계 및 첨단 기술과의 접목이 필요하다. 둘째, 스토리텔링을 통한 인간 중심형 서비스와 오감을 반영한 디자인, 감성 자극의 R&D 사업 육성이 필요하다.

　　관광산업 활성화는 문화 관광 자원 개발 및 홍보, 체험을 통한 스토리 발굴, 지역 주민들의 문화 및 역사를 반영한 스토리텔링이 핵심이다. 하지만, 아직까지 국내에서는 관광 축제를 통한 단편적인 스토리텔링이 대부분을 차지하고 있다. 도시의 행정·산업·문화·생활 전반에 걸쳐 스토리텔링을 적용하여 지속적인 콘텐츠를 개발하는 것이 도시 경쟁력을 강화하는 원천이 될 수 있다. 경쟁적 정체성(competitive identity)을 위한 스토리텔링 구축이 차별화된 도시의 매력도를 제고시키고 도시 브랜드 가치를 상승시키는 주요인이 된다.

5. 도시 스토리텔링 구축 방안

1) 도시의 브랜드 포지셔닝 방향이 중요

우선 해당 도시의 상징적 경관 및 공간 구성을 이루는 하드 콘텐츠 (hard-content)와 이를 풍부하게 만드는 소프트 콘텐츠(soft-content) 등 일관성이 있는 기획이 필요하다.

이를 위해서는 현재의 복합적인 도시 이미지를 통합형 도시 이미지로 연계할 수 있도록 포지셔닝을 설정해야 한다. 도시의 역사, 문화, 콘텐츠, 스토리 등을 통해 도시의 소비자인 시민과 방문객 등이 공감할 수 있는 지역의 스토리가 담긴 이미지 메이킹으로 해당 도시의 브랜드 포지션을 구축하고 도시의 독특한 가치를 설명할 수 있는 스토리텔링이 필요하다. 이때에는 그 도시만이 가지고 있는 매력적인 요소를 발굴하여 도시 소비자들의 이목을 끄는 포인트 전달이 선행되어야 한다.

따라서 지역성, 역사성 등 주민들의 스토리에 기초한 콘텐츠 자원 발굴이 필요하며 이를 스토리텔링한 콘텐츠 개발로 지역의 브랜드 소프트 파워로 강화시켜야 한다. 소모성 콘텐츠나 전시성 콘텐츠의 생명력은 짧다. 이를 보완하기 위해서는 각 콘텐츠마다 스토리텔링을 접목하여 콘텐츠간의 연계 스토리가 필요하다.

2) 도시 스토리텔링 강화를 위한 주요 전략

도시 스토리텔링 강화를 위해서는 다음의 네 가지 전략적 요소를 제안하고자 한다.

첫째, 'history'가 있어야 한다. 그 도시만이 가진 독특한 스토리가 무엇인가, 이 도시는 사람들에게 어떤 도시인가에 대한 고민이 필요하다.

시민 모두가 공감할 수 있는 스토리를 공유하는 전략을 내세우는 것이 무엇보다도 중요하며, 전략이 수행되어 성과를 기다려주는 인내심 또한 중요하다. 무엇보다도 도시의 특성을 파악하여 그 도시가 나아가야 할 방향에 대한 비전과 전략을 중장기적인 차원에서 접근해야 한다.

둘째, '내용(content)'이 있어야 한다. 시민 및 방문객들이 보고 느끼고 경험할 수 있는 다양한 콘텐츠 개발과 육성이 절대적으로 필요한데, 이를 위해서는 시민들 및 방문객들의 자발적 참여가 필요하다. 그들이 느끼고 공감하는 콘텐츠들이 곧 스토리텔링의 중요한 소스가 되어 스토리노믹스(storinomics: 스토리텔링 + 마케팅 + 기획창출)[7]로 이어지기 때문이다.

셋째, '감성'이 있어야 한다. 경험은 도시 소비자들에게 어떤 특별한 느낌을 유발시키는데 개개인의 욕구와 기호를 스토리에 반영하여 지역에 대한 충성도를 고조시킬 필요가 있다. 오감을 활용하여 감성을 움직일 수 있는 인문적 가치를 콘텐츠 설계에 투영해야 한다. 여기에 지식 전달과 상상력을 표현하는 커뮤니케이션의 수단으로 오감을 활용하여 스토리텔링 전략을 구체화할 필요가 있다. 이를 위해 인간 중심형 서비스와 오감을 반영한 콘텐츠 개발이 필요하며, 감성 자극을 구체화시킬 수 있는 R&D사업 육성이 뒷받침되어야 할 것이다.

그럼으로써 사용자들에게 공감대를 형성하고 이들의 감성 자극을 통해 이야기가 전달됨으로써 비로소 스토리텔링의 메커니즘은 형성된다.

3) '지역형 스토리텔링' 방향 : '스토리노믹스(storinomics)'로 지역 활성화 모색

21세기에 들어서면서 소프트 파워 경쟁이 갈수록 심화되고 있다. 문

---

7 수잔 기넬리우스, 『스토리노믹스』, 윤성호 역, 미래의 창, 2009.

화를 토대로 한 연성(軟性)국가 시대의 지식 경영 패러다임은 스토리노믹스를 통한 경제적 효과를 창출하고자 함에 이르렀다. 문화 원형 발굴, 콘텐츠 개발, 지역 특성이 반영된 소프트웨어 생산 및 개발, 하드웨어에 문화적 이미지나 감성을 입히는 스토리텔링 작업은 이성에 호소하기보다는 감성을 자극하는 것이 필요하다.

지역에 산재한 이야기의 발굴이 스토리노믹스의 원천임을 인식하고 시민의 관심과 참여, 언론 단체와의 협업으로 아이디어 발굴 및 집단 참여를 유도하고 문화예술 교육의 지역 사회 확대 등 다각도에서의 접근이 필요하다. 최근 들어 시민 주도형 사업과 민간 네트워크가 도시 재생의 열쇠를 가진 시점에서 민간 협력에 의한 원형 발굴 및 창작 집단 · 관련 기관 · 전문가 · 언론 · 시민들과의 연계성을 확대하고 협업 시스템 구축으로 아이디어 발굴 및 창작화, 상품화 등 다양한 통로와 기회요인으로 확대되어야 할 것이다. 시민 참여와 의사 반영을 위한 커뮤니티 중심의 스토리텔링 클럽을 운영하는 등 관(官)주도형보다 민간 중심의 소프트 파워 네트워크를 통한 자발적인 추진으로 성공 확률을 높여야 할 것이다.

뿐만 아니라 인문학은 지역의 삶을 발견하는 통로이기에 인문학 공간 지원, 시민 인문학 강좌 확대 등을 위한 재정을 지원하고 단기적인 성과에 집착하지 아니하며, 지속적이고 장기적인 관점의 정책 개발과 투자를 하여야 할 것이다.

6. 마치며

본고(本稿)는 스토리텔링을 통해 도시 브랜드 가치 향상을 위한 노력의 일환으로 이루어졌다. 스토리텔링은 도시 이미지를 긍정적으로 변화시킬 뿐만 아니라 도시 정체성을 형성하고 문화도시로의 변화에 기여하며 궁극적으로 도시자체의 가치를 향상시키는 역할을 한다. 이는 스토리텔링이 잘된 도시들에서 나타나는 경제적 효과가 공통적으로 이를 입증하고 있다. 현재 스토리텔링은 경제적 효과뿐 아니라 도시 이미지 향상에도 긍정적인 효과를 거두고 있다. 스토리텔링을 위한 시민의 참여와 협업은 스토리노믹스의 창출, 도시 브랜딩의 기회요인으로 더욱 더 확대되고 견고해질 것으로 보인다.

도시의 스토리텔링 강화를 위해서는 'history', '내용', '감성'의 세 가지 요소를 중심으로 이들을 집약하고 연계하여 살아있는 콘텐츠로 육성시키는 것이 중요하다. 또한 이를 보다 구체화하기 위해서는 '지역형 콘텐츠 발굴', '시민 참여를 통한 협력 체계', '언론 홍보와 네트워크 강화', '전문 기관과의 협업' 등이 함께 이뤄져야 한다. 무엇보다 모두가 스토리텔링의 중요성을 인지하고 스토리텔링이 가진 잠재력을 공감하여 도시가 가진 콘텐츠를 최대한 활용한다면 도시의 매력은 한층 강화될 것이며 그 도시의 경쟁력은 상승될 것이다.

● 참고문헌

경북테크노파크 전략산업기획단, 「스토리텔링을 통한 문화관광산업 활성화 방안」, 2009.

김배호, 「쇼핑관광이벤트가 개최지 두바이에 미친 영향에 관한 연구」, 배재대 석사학위 논문, 2010.

김선기 · 김현호, 『신활력사업의 추진실태분석 및 개선방안』, 한국지방행정연구원, 2006.

이동수, 『도청신도시권 & 관문도시 : 문경시, 과거와 현재』, 대구경북연구원, 2010.

이부형, 「영상촬영지의 장소만들기에 관한 연구 : 남이섬과 정동진의 비교연구를 통하여」, 서울시립대 석사학위 논문, 2007.

조정민, 「문화콘텐츠 이용동기와 만족도가 재방문의도에 미치는 영향에 관한 연구 : 남이섬 문화체험프로그램을 중심으로」, 성균관대 석사학위 논문, 2009.

편집부, 「영국 BBC 선정 세계 최고의 여행지-두바이」, 『Marketing』, 2011, 86~87쪽.

「김석종의 만인보 : 올레길 '공동창시자' 서동철」, 『경향신문』, 2012. 4. 4.

「도시를 바꾸는 디자인 : (상) 스페인 빌바오 · 발렌시아」, 『서울신문』, 2008. 3. 11.

「부산의 스토리가 세상을 바꿉니다」, 『국제신문』, 2012. 4. 17.

「안동, 유교문화콘텐츠산업 박차」, 『경북일보』, 2012. 4. 4.

「전통문화 '자연'레포츠 한곳서? 안동이 딱이네」, 『매일신문』, 2012. 7. 19.

조선닷컴, 「올레길 만든 그녀, 이번엔 日 규슈에 로열티 받고 수출」, 2012. 2. 29.

연합뉴스, 「위기를 기회로 : 문화산업도 新블루오션」, 2008. 12. 22.

기획재정부 공식 블로그(http://bluemarbles.tistory.com/1766).

안동시 전통문화콘텐츠 박물관 홈페이지(http://www.tcc-museum.go.kr).

외교통상부(2010), 주아랍에미레이트대사관, 「아랍에미리트 개관」(http://are.mofat.go.kr/korean /af/are/policy/overview/index.jsp).

부산광역시 도시브랜드 3개년 기본 계획

Busan Metropolitan City
Three-Year Brand Strategy Master Plan

안청자

1. 개요

2012년부터 2014년끼지 추진하게 되는 제1단계 〈부산광역시 도시 브랜드 3개년 기본 계획〉의 정책 비전은 〈동북아 시대 해양 수도 부산〉 이다. 이는 민선 5기 시정 비전과 일치하는 것으로 도시브랜드 정책 비전을 시정 비전과 통일성을 가지고 추진함으로써 달성도를 높이기 위한 것으로 분석된다. 도시브랜드 정책 목표는 〈세계인이 즐겨 찾는 매력적인 명품 도시〉이다. 국내 2위 도시의 벽을 넘어 세계 속의 부산으로 발전하려는 의지를 표명한 것이라고 볼 수 있다. 또한 도시브랜드 정책의 핵심 가치는 개방성, 역동성, 국제성이다. 이 가치는 부산의 지리적 특성과 오랜 역사적 배경으로 이루어진 해양 도시의 브랜드를 강화하고, 부산의 대표 슬로건의 이념인 부산 시민의 열정과 역동성을 구현하고, 세계 도시로서의 품격을 높여 나가기 위한 것이다. 그리고 천혜의 자연 경관과 영화와 같은 문화콘텐츠의 조화로 '세계인이 즐겨 찾는' 명품 브랜드 도시로 창조해 나가기 위한 부산시의 의지를 담았다. 이 핵심가치와 정책 목표를 달성하기 위해 해양 문화, 영화 · 영상산업, 도시 재생(창조) 등 세 영역을 설정하고, 부산의 강점인 해양성을 부각시켜 개방적인 도시 이미지를 강화하며, 영화 영상 콘텐츠를 중심으로 영화/영상산업을 육성하고, 부산의 정체성을 살린 공간 재창조로 부산의 고유한 장소성을 복원하여 도시의 매력도를 높여 나간다는 전략을 세우고 있다.

부산시는 기존 추진하고 있는 사업에 스토리텔링(storytelling)으로 상징성을 부여, 소프트 파워를 강화하는 한편, 단기·중장기적으로 추진하고 있는 사업을 도시브랜드 특화사업으로 발전시키고, 예산이 많이 소요되지 않는 틈새 전략으로 잠자고 있는 브랜드 자원을 발굴하며, 각 부서에서 산발적으로 추진되고 있는 유사 사업에 대해 상호 유기적인 방법을 통해 도시브랜드의 시너지 효과를 높이는 방향으로 추진하고 있다.

2. 계획 내용

1) 도시브랜드 추진 주체 기능

도시브랜드 기본 계획은 2011년 7월에 출범한 도시브랜드 전담 부서의 전문성을 강화할 것을 정하고 있다. 도시브랜드사업에 대한 컨설턴트 기능을 부여하고, 도시브랜드 관련 정보를 시민들과 추진 부서에 제공하며, 담당 공무원들과 브랜드 관련 기업, 공공기관과의 네트워크를 구축하는 기능을 담당하도록 했다. 또한 도시브랜드 위원회의 자문 역할을 강화하기 위해 해양, 영화 영상과 같은 전략 분야별 전문가들을 확보하여 부산시 도시브랜드 정책 싱크탱크(think-tank)역할을 담당하도록 했다.

2) 도시브랜드 세부 사업 내용

추진전략	10대 중점 브랜드 과제	세부 추진 사업명
해양 · 문화 개방성과 역동성을 통한 해양 도시 브랜드 구축	1) 해양 브랜드 상승을 위한 인프라 구축	Bridges of BUSAN, 세계 명품화 추진
		오페라하우스 건립
		신항 배후 부산 에코델타 시티 친수구역 조성
	2) 해양 문화 도시 이미지 제고	부산타워, 세계인의 '희망 등대'로 부활
		부산항 축제 확대 개최
		시어(고등어) 브랜딩 추진
영화산업 부산의 대표적 콘텐츠 영화 영상을 타겟 마케팅	3) 로맨틱 시네마 시티 이미지 강화	부산 갈매기 응원 문화 브랜드화 추진
		영화의 전당 관광 상품화 추진
		부산국제영화제, 세계3대 영화제로 비상
	4) 영화 · 영상 산업 경쟁력 제고	유네스코 '영화' 창의 도시 가입
		세계인의 로망, 부산불꽃축제 개최
		부산국제영화 · 영상 콘텐츠 컨벤션 개최
도시 · 재생 사람 중심 창조 도시 조성	5) 지속가능한 그린 도시 만들기	영화 · 영상 클러스터 공원 조성
		부산시민공원 세계 명품 숲 조성
		송상현 광장 조성
	6) 시민이 행복한 도시 공간 재창조	갈맷길 브랜드화 추진
		산복도로 르네상스 추진
		강동권 창조 도시 만들기
도시브랜드 홍보 마케팅 강화	7) 지역 브랜드의 세계화 추진	관문 경관 및 간판 디자인 디자인 개선
		직할시 승격 50주년 기념 사업
		전통 시장 특화 육성
		로컬 푸드 세계 브랜드화 추진

추진전략	10대 중점 브랜드 과제	세부 추진 사업명
도시브랜드 홍보 마케팅 강화	8) 다양한 해외 도시 마케팅 활동 전개	부산 지역 기업 해외 마케팅 지원
		해외 방송매체를 활용한 부산 명품 브랜드 홍보
		유튜브 해외 마케팅 사업
		해외 무역 사무소 연계 의료 관광 마케팅 실시
		부산 사랑 전국 파워 블로거와의 만남
	9) 글로벌 도시 이미지	글로벌 시민 교육
		자매 도시 해외 봉사단 파견
평가 시스템	10) 도시브랜드 평가	사업 평가와 인지도 평가

(자료: 부산시 도시브랜드 3개년 기본 계획, 2011)

〈표 1〉 도시브랜드 세부 사업 내용

3) 브랜드 의식 제고 및 인적 역량강화

소관부서 담당자 간 정보와 아이디어를 공유함과 아울러 도시브랜드 전문 역량을 함양하기 위해 도시브랜드사업을 주제로 하는 〈브랜드 파워링 워킹그룹〉 워크숍을 실시하고, 브랜드 역량 강화를 위한 교육 프로그램을 운영하며, 매달 뉴스레터를 발간하여 시민들과 도시브랜드 정보를 공유하도록 정하고 있다.

4) 도시브랜드 세부 사업 모니터링 및 평가

기본 계획에서 정한 브랜드 세부 사업이 부산의 도시브랜드 가치를 제고할 수 있는 방향으로 추진될 수 있기 위해서는 정기적인 평가를 할 필요가 있다. 이를 위해 부산시에서는 도시브랜드사업 평가 지표를 개발했다. 사이먼 안홀트(Simon Ahnholt)[1]가 제시한 도시브랜드 평가지표 여

섯 개 요소인 6P 즉, 존재감(presence), 장소(place), 잠재력(potential), 기반
시설(prerequisities), 사람들(people), 생동감(pulse) 등을 토대로 부산시가 추
구해야 할 다섯 가지 가치속성을 도출하였다. 그 속성은 즉, 장소 정체
성 확보를 통한 매력적인 도시, 지역 경제 활성화를 위한 풍요로운 도
시, 문화 도시, 소통하는 도시, 세계 도시이다. 이 다섯 가지 속성을 달
성하기 위해 각 항목별 두 가지 지표씩, 총 열 가지 지표를 개발했다.

단계	구분	평가항목	평가지표	비중
1차 평가	계획 (Planning) (30)	1. 도시브랜드 기본 계획과 연계성	1-1. 핵심 가치, 전략 추진 계획 반영	20
			1-2. 협황 분서과 문제 헤결 위힌 적절한 대책 제시 여부	10
	집행 (Processing) (50)	2. 추진 과정의 성실성 (추진 의지, 추진 방법 등)	2-1. 사업 홍보 실적	20
			2-2. 유관기관, 단체와의 네트워크 협조 체재구축, 시민참여 노력도	20
			2-3. 새로운 콘텐츠 발굴을 위한 노력도 (워크숍 개최 및 참여도, 자문위 구성 등)	10
	성과 (Product) (20)	3. 목표 달성도	3-1. 브랜드 사업 효과성(대외 기관·언론 평가, 수상 실적, 자체 분석 등)	20
계				100
2차 평가	매력적인 도시 (Attractive) (20)	1. 도시 정체성 확보 (해양성, 역사성 차별성)	1-1. 지역의 자원을 잘 활용하고 있는가(지역의 특성 및 인지도 계획 반영 여부)	10
			1-2. 타 시도, 외국 도시 사례 조사 분석 여부	10

---

1   전 세계 도시의 브랜드 가치평가 자료로 널리 활용되고 있는 사이먼 안홀트-GPK로퍼 도시브랜드
    지수를 개발했다. CBI(City Brand Index)는 연간 프로젝트로 세계 50개 도시를 선정하여 매년 브랜드
    가치를 조사 발표하고 있다.

단계	구분	평가항목	평가지표	비중
2차 평가	풍요로운 도시 (Affluent) (20)	2. 경제 활성화 기여 일자리 창출, 타 산업과의 연관성, 외국인 투자자 고려	2-1. 일자리 창출, 타 산업과의 연계성	10
			2-2. 외국인 투자자 고려 여부	10
	문화 도시 (Cultural) (20)	3. 문화수혜 층 확대 (축제, 이벤트)	3-1. 시민 참여 체험 프로그램 유무	10
			3-2. 시민 반응 분석, 시민 설문조사 실시 여부(즐거움을 주는가?)	10
	소통하는 도시 (Communicative) (20)	4. 시민 의식 고취 (친절도, 공동체 의식 등)	4-1. 의식 제고를 위한 시민 교육, 캠페인 워크숍 개최	10
			4-2. 공동체 회복 프로그램 추진 여부	10
	세계 도시 (Cosmopolitan) (20)	5. 국제적 인지도 향상	5-1. 국제적 지위 향상을 위한 네트워크 구축 여부(도시 간 교류 실적)	10
			5-2. 세계 원조 프로그램 추진	10
계				100
비고	— 1차·2차 평가 산정된 점수에 가중치 적용 최종 점수 산정 — 가중치는 총괄 평가 계획 수립시 검토 적용			

〈표 2〉 도시브랜드사업 평가 지표

3. 도시브랜드사업의 스토리텔링 사례 및 확대 방안

1) 도시브랜드사업의 스토리텔링 사례

(1) 브리지 오브 부산(Bridges of Busan) 명품화 추진

① 사업 개요

부산의 해양성을 부각시켜 줄 이 사업은 과거와 미래, 세대 간, 계층 간, 지역 간을 이어 주는 다리(bridge)의 상징성을 구현하여 소통하는 도시로서의 이미지 창출을 목적으로 한다. 광안대교, 부산항대교, 남항대교, 을숙도대교, 신호대교, 가덕대교, 거가대교까지 총 7개의 교량(총 52km)으로 이루어진 해안 순환 도로망은 전 세계적으로 부산이 유일하여 관광 자원으로 활용이 가능하다.

2012년 4월에 다양한 콘텐츠 발굴과 시민들의 관심을 유도하기 위해 콘텐츠 공모를 실시했다. 그리고 2012년 12월에 부산발전연구원에서 해양 교량 특화를 위해 연구를 마치고, 이 용역에 근거하여 기본 계획을 수립하여 추진할 계획이다. 기본 계획 내용으로는 교량별 컨셉에 맞는 애칭 부여와 해안 순환 도로망 전체를 아우르는 트래킹 로드 개발, 구간별 테마 전망대 및 One-Stop형 종합 기념관 건립 사업 등이다.

교량 명칭	교량 특성	브랜드 요소	주요 콘텐츠	칠보 명칭 (색상 고려)
광안대교	국내 최대 현수교	경관조명, 불꽃축제	번지점프	다이아몬드
북항대교	하얀 케이블	북항재개발구역	교량 박물관	크리스탈
남항대교	연속교	자갈치시장	전망 데크	비취
을숙도대교	연속교	철새 도래지	생태 체험	에메랄드
신호대교	합성교	낙동강 낙조	자전거 길	루비
가덕대교	연속교	치솟는 경사		펄(진주)
거가대교	해저 터널		분수 터널	사파이어

〈표 3〉 7개 교량 브랜딩 전략

② 스토리텔링 사례와 분석

하늘에는 오작교, 바다에는 부산 브리지

매년 음력 7월 7일은 하늘나라 견우와 직녀가 만나는 날이다. 까마귀와 까치들이 만들어 준 오작교를 타고, 두 연인은 극적으로 만나 사랑을 나눈다.

두 사람에게 허락된 만남의 시간도 잠시, 일 년 후를 기약하며 그들은 다시 헤어져야 한다. 가슴 아픈 이별의 시간 앞에서 두 사람이 흘린 서러운 눈물은 비가 되어 지상으로 내린다.

견우와 직녀의 아름다운 해후를 가능케 했던 오작교는 고립된 장소를 이어서 사랑이 이루어지게 했다. 세대 간의 단절을 이어서 소통과 이해가 가능케 하고, 중앙과 지방의 교류를 활발하게 하여 상호 발전을 촉진할 수 있게 하는 것이 다리의 상징적 의미이다.

최근 부산시에서는 광안대교와 거가대교 간을 연결하는 7개의 교량에 대한 브랜드 사업이 시작됐다. 각 교량이 지니고 있는 저마다의 특성과 스토리를 살리고, 경관조명과 함께 애칭을 부여하고, 바다 트래킹사업 등 시민들이 체험하고 즐길 수 있는 공간도 만들 계획이다.

부산에 가면 헤어진 연인을 만날 수 있다. 하늘을 잇는 오작교에서 견우와 직녀가 만나듯, 바다를 잇는 부산 브리지에서는 지상의 연인들이 다시 만나 사랑을 꽃피운다.

거가대교

광안대교

〈브리지 오브 부산〉 사업에 대한 스토리텔링은 칠월 칠석에 대한 설화를 활용했다. 견우와 직녀의 러브마크를 도입하여 까마귀와 까치가 만들어 준 오작교를 〈부산브리지〉에 대입하여 〈부산브리지〉를 청춘 남녀들의 사랑과 꿈을 이루게 하는 '오작교'의 이미지로 브랜딩 하고자 했다. 이 스토리는 앞으로 〈부산브리지〉 명품화를 위한 콘텐츠 개발에도 활용이 가능하다. 매년 음력 칠월 칠일에 〈부산브리지 축제〉를 개최하여 세계의 청춘남녀들이 부산에 모여 사랑을 나누고 희망의 장을 만드는 것도 의미가 있을 것이다.

(2) 부산타워, 세계인의 희망 등대로 부활

① 사업 개요

용두산 공원에 세워진 부산타워는 일찍부터 부산을 상징하는 랜드마크로 널리 알려져 있다. 1973년 11월 21일, 해발 69m에 높이 120m로 세워졌다. 〈부산타워 희망 등대 사업〉은 부산 시민의 의리를 등대를 통해 구현함으로써 세계인의 희망 등대로 브랜딩하기 위한 목적이다. 지난 2012년 타워 내 등명기를 설치하여 해양 도시로서의 매력을 높였다. 또한 남항을 입출항하는 선박의 항로 표지로 활용하며, 2012년 6월에 부산지방해양항만청에서 등대 지정을 고시하기도 했다.

② 스토리텔링 사례 및 분석

용두산 공원에서 사랑을 만나다

"향단아 그넷줄을 밀어라. / 머언 바다로 배를 내어 밀 듯이 / 향단아."

(서정주, 「추천사」)

옛날, 우리 조상들은 단오 절기를 전후하여 그네뛰기와 같은 공개 청혼 이벤트를 만들어서 젊은이들이 자연스럽게 만나서 사랑을 고백할 수 있도록 했다. 이몽룡과 성춘향의 사랑도 그렇게 시작됐다.

현대적 의미의 단오 행사가 용두산 공원에서 개최되고 있다. 부산시설공단 주최로 용두산 공원에서 열리고 있는 '러브러브 용두산 프러포즈'가 시민들의 가슴을 설레게 하고 있다. 가슴에 품은 사랑을 전하지 못한 이들을 위해 마련된 이 프로젝트 참가자들은 오랫동안 가슴속에 묻어 두었던 애절한 사연들을 전하며 사랑을 확인한다.

2011 러브러브 용두산 프러포즈 행사 장면

한때 용두산 공원은 젊은이들의 데이트 장소로 인기가 많았다. 남포
동 일대의 극장가, 국제시장의 풍부한 볼거리와 먹거리 등으로 젊은이
들의 데이트 장소로는 안성맞춤이었다. 푸름이 짙어지는 5월 단오, 우
리 조상들은 그네뛰기 같은 공개 행사를 통해 청춘 남녀들이 데이트를
즐기도록 했다. 〈러브러브 용두산 프로포즈〉는 옛날 단오절 행사가 부
활한 것으로 보고 스토리를 만들었다.

(3) 로컬 푸드 세계 브랜드화 추진

① 사업 개요

〈로컬 푸드 브랜딩〉 사업은 부산의 향토 식품을 체계적으로 브랜딩
하여 방문객들의 미각을 자극, 풍미가 있는 글로벌 식품으로 관광 상품
화하여 세계인을 위한 건강 자연 식품으로 발전시키기 위한 사업이다.
향토 음식 인구 저변확대를 위한 홍보, 체험, 전시 경연대회를 개최하
고, 향토 식품(부산어묵)을 고부가 전략 식품산업으로 육성 중이다.

② 스토리텔링 사례와 분석

느림과 나눔의 미학-로컬푸드 브랜딩

FTA와 패스트푸드의 확산으로 먹거리에 우려의 목소리가 높아지고 있다. 식품
의 대량 생산, 맛의 표준화로 지역별 전통 음식의 다양한 맛이 사라지면서 슬로우
푸드와 더불어 향토 음식(local food)에 대한 가치가 주목받고 있다. 부산어묵, 산
성막걸리, 기장미역, 돼지국밥, 가야밀면 등 부산을 대표하는 향토 음식에는 힘들
었던 시절의 애절한 삶의 이야기들이 담겨 있다. 추위와 배고픔을 서로 달래며 나
누어 먹었던 따뜻한 돼지국밥, 어묵 국물, 그 향토 음식에 녹아 있던 '나눔의 문화'
가 스토리로 브랜딩된다.

| 제9회 부산국제음식박람회 | 향토음식경연대회 |

지역의 음식에는 고유한 문화가 녹아 있다. 식재료와 조리법, 그리고 먹는 법 하나 하나가 스토리텔링의 중요한 재료이다. 특히 부산의 향토 음식에는 시민들의 애환이 서려 있다. 이러한 역사적인 배경을 토대로 재미있는 이야기를 만들고, 관광객들이 즐겨 찾는 웰빙 식품으로 발전 시킬 필요가 있다.

(4) 전통시장 브랜딩

① 사업 개요

최근 지역의 생활 체험 관광 수요가 높아짐에 따라 관광 상품으로서 의 전통시장에 대한 재조명 작업이 한창이다. 〈전통시장 브랜딩〉 사업 은 인간적인 교류와 소통이 이루어지는 전통시장의 장소성에 대한 가치 를 확산시켜 지역을 활성화하기 위해서 추진하고 있다. 시설 현대화 사 업 이외에도 디자인과 미술을 가미한 문화 중심의 사업도 추진 중이다. 전통시장을 특성화시켜 전문 시장으로 육성하고 문화관광콘텐츠와 연 계한 볼거리, 먹거리, 즐길거리를 개발하고, 다양한 축제와 이벤트를 개 최하고 있다.

전통시장을 브랜딩 하다―꿈과 추억의 장소성

옛날, 전통시장은 꿈과 희망이 있는 곳이었다. 집집마다 아이들은 5일마다 돌아오는 시장을 손꼽아 기다리며, 엄마 손 잡고 시장 나들이 갈 생각에 밤잠을 설치기도 했다. 모든 것이 넉넉하지 않았던 시절, 아이들에게 시장은 즐거움과 꿈의 원천이었다. 맛있는 수박, 엄마와 함께 먹었던 잔치 국수, 바람에 나부끼던 갖가지 색깔들의 옷, 그리고 서커스단의 공연...

물질적으로 풍족한 세상에서도 우리가 그리워하는 것은 따뜻한 인간적인 교류와 질펀한 즐거움이다. 왁자지껄한 흥정이 이루어지는 전통시장에는 인간적인 삶의 온기가 있다. 상품 소비만이 있는 공간이 아니라 생생한 삶의 이야기가 있는 곳, 시민들의 열정과 혼을 느낄 수 있는 공간으로서의 장소성 확보가 시급하다.

밴드 공연 나루 카페 이벤드

전통시장에 대한 스토리텔링은 어른이면 누구나 갖고 있을 전통시장에 대한 추억을 활용했다. 공동체가 사라지고 사회적인 유대감이 점점 느슨해져 가는 요즘, 인간적 교류를 위한 제3의 소통 장소로 부상하고 있는 전통시장의 가치를 재발견하기 위해 어린 시절의 추억을 회상케 하는 스토리텔링이다.

(5) 산복도로 르네상스-마을 만들기

① 사업 개요

〈산복도로 르네상스〉 사업은 6·25 전쟁 중 피난민들의 삶의 터전이었던 산복도로 일대 주거 공간을 뷰(view)와 예술이 있는 부산의 '산토리니'로 만들기 위한 사업이다. 원도심 산복도로, 아미 감천구역, 범일 범천구역 등 3개 권역이 대상 지역이며 조례를 제정하고 포럼을 운영하며, 주민 역량 강화 사업 등을 시행하고 있다.

② 스토리텔링 사례와 분석

'큰바위 얼굴' 같은 마을리더를 기다리며…

남북 전쟁 직후 미국 북부 어느 조그마한 마을에 홀로 된 어머니와 소년이 살고 있었다. 이 마을에는 언젠가 마을 언덕 큰 바위에 새겨진 얼굴을 닮은 사람이 나타나 이 마을을 행복한 곳으로 만들어 준다는 전설이 있었다. 소년은 큰 바위 얼굴을 매일 바라보며 그러한 사람이 꼭 나타나길 기도하며 살아간다.

세월이 흐르는 동안 돈 많은 부자, 전쟁에서 승리한 장군, 정치인, 시인 등이 나타나 자신이 큰 바위 얼굴이라고 했다. 어느덧 소년도 늙어갔다. 어느 석양 무렵, 큰 바위 얼굴을 배경으로 마을 주민들을 향하여 조용히 설교하는 이 노인을 보고 마을 주민들은 소리친다. "큰 바위 얼굴이다!"

공동체 회복이 시대적인 화두로 떠오르면서 전국적으로 마을 만들기 사업이 한창이다. 마을 만들기 사업에서 가장 중요한 것은 마을 리더이다. 누구보다 지역을 사랑하고, 지역민의 아픔을 나눌 수 있는 호돈(Nathaniel Hawthorne)의 소설 「큰 바위 얼굴」 같은 마을 리더가 나타나길 바란다.

감천문화마을 풍경

산복도로 르네상스사업의 핵심은 마을 리더 양성 사업이다. 여기에 착안하여 나다니엘 호돈의 소설 「큰 바위 얼굴」을 브랜드 스토리로 활용했다. 공동체 복원을 위한 마을 만들기 사업은 계획가나 활동가의 역할이 무엇보다 중요하다. 지속 가능한 도시의 근간이 될 마을 만들기 사업의 성공적 추진을 위해 '큰바위 얼굴' 같은 마을 리더들이 많이 출현하길 기대한다.

2) 부산시 도시브랜드 정책 스토리텔링 확대 방안

이상으로 5개 도시브랜드사업의 대해 스토리텔링 기법 사례를 살펴봤다. 도시브랜드사업이 시민적인 공감을 얻고 지속적으로 추진될 수 있기 위해서는 우선 이 사업의 브랜드적 가치를 공유하는 층이 두터워져야 한다. 이를 위해 부산시는 사업 홍보 시 스토리텔링 기법을 활용했다. 다소 지루한 정보 전달보다는 전설이나, 동화, 개인적인 체험을 바탕으로 한 스토리텔링 기법은 정보 수용자의 관심을 끄는 데 효과적일 뿐만 아니라 브랜드 콘텐츠 발굴을 위해서도 활용될 수 있다. 부산 도시브랜드사업 사례 분석을 토대로 앞으로 스토리텔링 기법을 도시브랜드 정책에 확대 적용할 수 있는 방안을 몇 가지 제시하고자 한다.

첫째, 지역에 흩어져 있는 브랜드 자원을 발굴해야 한다. 그동안 물량 중심의 하드웨어적 도시 관리 정책으로 역사와 문화 자원의 가치와 활용 방안에 대한 연구가 부족했다. 지속 가능한 도시를 위해서는 무엇보다 지역의 뿌리에 대한 다양한 연구가 우선되어야 하며 많은 연구소와 단체에서는 이를 위한 연구가 이루어져야 한다. 부산시는 단기적인 성과를 내는 연구보다 지역 자원에 대한 기초 조사 연구에 보다 많은 투자와 관심을 보여야 한다.

둘째, 시민들의 일상적인 삶의 이야기들을 공모를 통해 발굴한다. 지난 2012년에 부산시는 직할시 승격 50년을 기념하기 위해 〈부산의 보물을 찾아라─부산 기네스 시민 공모 사업〉을 실시했다. '50여 년간 하루도 빠지지 않고 일기를 써 온 사람', '사랑하는 연인을 만나기 위해 부산에서 서울을 오가며 아반떼 차 한 대 값을 교통비로 지불한 사람', '50여 년간 외길 인생의 이발사' 등 도시브랜드 자원으로 활용할 수 있는 이야기들이 많았다. 도시브랜드는 크고 화려한 데서 그 가치가 높아지는 것이 아니다. 시민들의 일상적인 삶의 이야기를 공감하는 도시야말로 지속 가능한 경쟁력이 있는 도시이다.

셋째, 다양한 단체, 관련 연구소, 교육 기관 등과 편하게 소통할 수 있는 '스토리텔링 창'을 만들어야 한다. 도시의 이야기는 공학적인 접근만으로는 불가능하다. 도시 전체가 이야기로 넘쳐 나고 곳곳에서 인문학적 담론이 벌어지고, 예술 활동 공간이 많이 만들어 질 때 그 도시는 창조적인 브랜드 가치가 높아질 수 있다. 매달 또는 매주 정기적으로 만나서 이야기를 나누고, 이야기 소재를 공유할 수 있는 장을 만들 필요가 있다. 부산시는 이런 소모임의 활동을 지원하고 아이디어를 시 정책에 반영하여 시민들이 스토리텔러로서의 자긍심을 갖도록 해야 한다.

4. 결론

롤프 옌센은 미래 사회의 키워드는 '감성'이라고 했다. 이를 증명이라도 하듯, '이야기, 신화, 전설'등을 바탕으로 한 콘텐츠산업이 각광을 받고 있으며, 스토리 자원으로 활용할 수 있는 지역의 다양한 역사와 문화 자원들이 국가 경쟁력의 새로운 아이콘으로 등장하고 있다. 이성의 시대는 이제 '감성'의 시대에 의해 그 위력이 약화되어 가고 있다.

과학과 기술이 감성이라는 키워드와 융합하면서 '드림소사이어티'의 징후가 곳곳에서 나타나고 있다. 이에 따라 각 도시 정부들은 지역의 고유한 문화 자원을 활용한 정책 개발에 고심하고 있다.

부산시의 경우 아시안게임, 월드컵 경기, APEC 정상 회담과 같은 대규모 국제 행사를 성공적으로 치루면서 도시브랜드를 총체적으로 관리해야 한다는 목소리가 높아짐에 따라 도시브랜드는 전담 부서를 설치하여, 조례 제정, 민관협의체 기구 설립, 도시브랜드 중기 마스터플랜을 수립했다.

이 논문에서는 부산시가 추진하고 있는 도시브랜드사업을 중심으로 스토리텔링 기법을 적용한 사례를 분석했다. 도시브랜드사업 29개 중 5개 사업을 선정하여 부산시에서 매월 발간하고 있는 〈브랜드 파워링 뉴스레터〉에 게재된 내용을 참고했다. 단편적인 전달 위주의 홍보에서 벗어나 전래동화, 설화, 명작 등을 인용하여 도시브랜드사업과 연계함으로써 일반 시민들의 관심과 흥미를 유발시켰다.

앞으로도 이러한 스토리텔링 기법을 적용한 브랜드 정책을 위해 세가지 정책 대안을 제시했다. 첫째, 지역에 묻혀 있는 브랜드 자원을 발굴하기 위해 연구 활동을 적극 장려하고, 둘째, 시민들의 일상적인 삶을 브랜딩하기 위해 자원 발굴 공모 사업을 실시하고, 셋째, 스토리 관련 단체와 연구소 등과 협력적 네트워크 구축으로 〈스토리텔링 창〉을 만들고, 아이디어를 공유하는 것이다.

도시 공간에 대한 인문학적 성찰이 요구되고, 역사 문화 자원에 대한 가치가 새롭게 인식되는 이 시점에서 스토리텔링 기법은 도시브랜드의 가치를 공유하고 확산하는 데 중요한 수단이 될 수 있기를 기대한다.

• 참고문헌

이정훈·한현숙,『도시브랜드 정체성개발방법론 연구』, 경기개발연구원, 2007.

정영선,「스토리텔링기법을 활용한 경복궁 관광콘텐츠 개발에 관한연구」, 가톨릭대 대학원 석사학위논문, 2011.

Ralf Jensen,『드림소사이어티 : 꿈과 감성을 파는 사회』, 서정환 역, 한국능률협회출판, 2005.

지역 스토리노믹스 금맥 캐기
How to Find Vein of Gold for Region Storynomics

박창희

1. 들어가며

모든 지역은 각기 자기 이야기를 갖고 있다. 이른바 '지역 이야기'이다. 지역적 삶은 그 무엇으로도 대체될 수 없는 위대한 경험이다. 지역 공동체가 체험·공유한 경험은 그곳의 문화 원형 또는 문화콘텐츠의 원소스(재료)가 되기도 한다.

지역적 삶의 경험을 녹여 문화콘텐츠로 만들려는 시도가 곳곳에서 벌어지고 있다. 스토리텔링이라는 장치를 통해서다. 그러나 시도는 많지만 성공 사례를 만나기는 쉽지 않다. 게다가 각 지방자치단체나 공공기관들이 경쟁적으로 지역 스토리텔링을 외치는 바람에 스토리텔링 과잉·과소비를 우려하는 목소리도 들린다. 과유불급, 아무리 좋은 것이라도 넘치면 곤란한 것이다.

부산은 산과 강, 바다, 온천을 품어 예로부터 4포지향이라 불리었을 만큼 자연환경이 좋고, 그 속에 많은 이야깃거리를 간직하고 있다. 해양과 어촌이 품고 있는 포구 이야기, 6·25 피란민과 산복도로에 얽힌 사연, 임진왜란과 왜관, 개항 역사, 세계적인 항만물류도시로서의 역동성, 자갈치시장과 국제시장, 용두산과 민주공원, 갈맷길 스토리, 그리고 송상현·윤흥신·우장춘·김정한·이태석 등 역사 문화적 인물에 이르기까지 무궁무진한 스토리 소재가 산재해 있다. 부산국제영화제와 불꽃축제 등은 이미 그 자체로 세계적인 콘텐츠가 돼 있고, 나훈아·현철·설운도·최백호 등 인기 가수를 배출하고, 가왕 조용필을 키운 대중문화 메카로서의 위상도 부산의 훌륭한 스토리 감들이다.

하지만 '구슬이 서 말이라도 꿰어야 보배'라고 했다. 꿰지 않는 스토리는 그냥 이야깃거리일 뿐이다. 한두 번 듣고 잊어버리는 이야기는 사실 우리 주변에 쎄고 쎘다. 문화콘텐츠와 명품은 결코 그냥 태어나지 않는다. 스토리를 엄선·정제·가공해 마케팅하고 콘텐츠로 인정받을 때 스토리텔링은 완성된다.

2. 지역 스토리노믹스, 새로운 도전

스토리노믹스(storinomics)는 'story'와 'economics'의 합성어다. 우리말로는 '이야기 경제학', '이야기 경제', '이야기를 통한 가치창출' 정도로 풀이된다. 마케팅 전문가 수잔 기넬리우스의 저서 『스토리노믹스―상상력이 만드는 거대한 부의 세상』(미래의 창)에서 비롯됐으며, 아직 학술적 용어로 정착되지는 않았지만 문화산업적으로 폭넓게 용인되는 개념이다.

스토리노믹스는 이야기가 경제를 만나 이뤄내는 신나는 세상이다. 새롭고 창의적인 개념도 이야기로 만들어져야 설득력을 갖는다. 지금은 고인이 된 스티브 잡스는 애플사를 만들기 전 PC에 대한 아이디어를 가졌고 이를 이야기로 구성했다. 아이팟, 아이폰도 마찬가지다. 아이디어가 제품으로 구현되면 그것은 소비자의 욕구나 시대적 요청에 따라 이야기로 퍼진다. 어떤 아이디어라도 이야기 되지 않으면 전파되지 않는다. 또 이야기된다 하더라도 소비자에게 수용되지 않으면 별 볼 일이 없어진다. 그러니까 아이디어에 이야기가 결합되고 시장의 공감을 얻을 때 생산력이 되고 경제력이 된다. 이것이 바로 스토리노믹스다.[1] 우리가 21세기를 창의성의 시대, 크리에이티브 시대 혹은 감성지능 시대라고 말할 때 이것은 모두 스토리노믹스의 성공과 깊이 관련돼 있다.

스토리텔링, 이를 제대로 구현한 스토리노믹스는 문화콘텐츠산업을 꽃피우는 촉매다. 무엇보다 지역에서, 지역의 경험을 살려 새로운 가능성과 희망적 대안을 모색할 수 있어 지역을 살찌우는 소프트 파워 전략으로도 유용하다. 문제는 지역 자원을 어떻게 발굴, 가공해 활용하느냐이다.

이 글에서는 지역 스토리 자원을 발굴, 스토리노믹스로 연결하는 데 역점을 두고 지역 스토리텔링 모티프를 '스프링보드 스토리(springboard story)'[2]의 형태로 제시해 보려고 한다. 이 속에서 지역이 원하는 스토리텔링 금맥을 발견할 수도 있을 것이다. 먼저 지자체 스토리텔링 발굴, 활용 차원에서 부산 동구, 중구, 영도구, 강서구의 스토리 자원을 르포 형태로 리뷰한다. 이어 부산 곳곳에 산재한 핵심 스토리텔링 자원을 건축물(경관), 매체, 인물, 상품, 복합 콘텐츠 등 5가지로 유형화해 요점을 제시, 스토리노믹스로 가는 길을 모색해 보고자 한다.

---

1 최영일, 「이야기의 시대 스토리노믹스」, 『아이엠에드』, 2010.

2 스티브 데닝, 『스토리텔링으로 성공하라』, 안진환 역, 을유문화사, 2006, 75~102쪽.
  스프링보드 스토리(springboard story)는 스티븐 데닝이 활용한 용어이다. 청중들에게 참고가 되는 사례들을 제시함으로써 청중들이 거기에 스스로 의미를 부여하고 참여해 도약하게 하는 스토리텔링 기법을 말한다.

1) 주요 지자체에 숨은 스토리 보석들

(1) 부산 근대의 종가, 부산 동구

부산 동구는 '이바구 특별구'라는 별칭을 부여받고 있다. 산동네, 산복도로가 많아 살기 불편하고 낙후된 이미지가 강했던 동구 구석구석에서 숨겨져 있던 이바구가 발굴되면서 신선한 변화가 진행되고 있다. 동구는 부산의 근대사가 집약된 축소판이다. 범일동 증산(甑山)의 원래 이름이 부산(釜山)이란 데서 알 수 있듯, 동구는 부산의 종가라고도 할 수 있다.

① 초량 이바구길

부산 동구의 '초량 이바구길'이 뜨고 있다. 2013년 3월 동구가 지역의 골목 자원과 문화적 자취를 살려 개설한 테마 탐방로다. 길이는 부산역~망양로까지 약 700m이며, 톡톡 튀는 마케팅으로 매스컴의 집중 조명을 받고 있다.

이바구길은 부산역 앞에서 시작된다. 차이나타운에서 조금 걸으면 부산 최초의 물류창고인 옛 남선창고가 나온다. 부산항으로 들어온 물건들이 경부선을 타고 전국으로 흩어진 거점이었다. 함경도에서 온 명태를 보관했다고 일명 '명태고방'으로도 불렸다. 근처에는 옛 백제병원 건물이 있다. 부산 최초의 근대식 종합병원이 있던 곳으로 한때는 치안대 사무소와 중국 영사관으로 사용됐다. 한때 사용했던 시대의 흐름이 배어 있는 곳이다.

조금 오르면 만나는 초량초등학교는 나훈아 · 이경규 · 박칼린 · 이윤택 등 걸출한 스타들을 배출한 학교다. 길 맞은편 초량교회는 한강 이남 최초의 교회로 부산 임시수도 시절 이승만 대통령이 예배를 봤던 곳. 바로 앞 골목길에는 옛 풍경 사진과 그림을 전시해 놓은 골목길 갤러리가 있다. 여기서는 한국전쟁 피란민들의 애환이 서린 168계단을 만난다. 조금 더 오르면 이바구길을 안내하고 자료를 관리하는 '이바구 공작소'가 나온다. 그 옆에는 「기다리는 마음」을 쓴 김민부 시인의 이름을 딴 전망대가 있다.

망양로 꼭대기에는 '한국의 슈바이처'로 불린 장기려(1911~1995) 박사를 기리는 '더 나눔' 기념관이 있다. 이어 유치환(1908~1967)의 우체통이 기다린다. 우체통에 누군가가 읽을 편지를 넣은 뒤 까꼬막 게스트하우스나 마을 카페에서 부산항 야경을 감상하면 이바구길은 끝난다.

동구는 향후 이 '이바구길' 시설물 곳곳에 미술관 도슨트를 닮은 '이야기꾼'들을 배치해 관광객들에게 살아 꿈틀대는 '우리 이야기'를 하게 하고, KTX 등과 연계한 관광 상품도 만들 계획이다.

② 3부두, 그때 그 자리

장소와 시점을 옮겨 북항 재개발 지역으로 눈을 돌리면, 눈물 자국 선연한 부산항의 역사 한 자락을 만난다. 3부두, 바로 월남 파병 때 국군이 떠나고 돌아온 자리다.

> "아이고, 말도 마이소. 그때 생각하면 아직도 비장해지고 가슴이 먹먹허요. 전쟁터 가는 사람 기분은 안 당해보면 모르지. 그때 3부두는 정말 대단했어요. 중·고등학생들이 나와 '파병 환송식' 플래카드를 들고, 국기를 흔들며 노래 부르고, 팡파레 속에 한쪽에선 떠나는 사람, 보내는 사람이 갈라져 울고 불고 난리였지. 군 당국은 마음 약해진다고 가족도 못만나게 했어. 아, 그 자리에 천지개벽(북항 재개발)이 일어나고 있으니…."

월남전 참전용사인 임철석 씨의 회고다. 월남참전유공전우회 부산 북구지회 홍보국장인 임 씨는 1969년 12월 26일 부산항을 떠나 월남전을 치르고 1970년 12월 1일 귀국했다. 그는 부산항 환송식 때의 사진을 아직도 간직하고 있다.

우리나라는 미국의 요청으로 1965년부터 1973년까지 8년간 총 31만 2853명의 병력을 파견했다. 전쟁 수행 중 2만여 명이 죽거나 다쳤고, 아직도 수많은 이들이 고엽제 후유증이나 외상후스트레스장애(PTSD) 등으로 고통을 겪고 있다.

월남전이 한국 사회에 끼친 명암을 생각하면 파병 출발지인 부산항 3부두가 갖는 역사적 무게는 가볍지 않다. '울며 불며 헤어진' 그 날의 모습이 부산항의 시린 풍경이라면, 한국 청년들이 목숨을 걸고 이국땅에 들어가 국가 위상을 높이고 경제 발전의 토대를 놓았다는 것은 국가적 변화다. 당시 한국군은 이등병 기준으로 월 37달러를 받았다(미국군의 20분의 1 수준). 반면 장교들에게 베트남은 군수품 차떼기 등 기회의 땅이었다. '짜옹한다(윗 사람에게 잘보이려고 호의를 베푼다)'는 베트남 단어가 말해주듯, 우리 사회 부패의 시작도 베트남전에서 찾을 수 있다.

③ 동구의 역사 인물들

부산 동구는 부산 근대사의 종가답게, 많은 역사 인물들이 명멸했다. 이들 인물을 짚어보면, 동구의 근대성과 국제성이 읽히고 미래 좌표가 엿보인다.

임진왜란 때 부산진성을 사수하다 순절한 정발 장군과 일제 강점기 부산경찰서에 폭탄을 투척한 박재혁 의사(범일동)가 우선 꼽힌다. '독도 지킴이' 안용복의 출생지가 '동래부 부산면 좌천1리 14경3호(현 범일5동 매축지9길)'라는 것도 눈길이 간다.

한국의 슈바이처 장기려 박사가 청십자의보조합을 출범시킨 곳이 초량동이며 일신기독병원을 설립, 평생 헌신을 한 매혜란 여사가 활동한 곳이 좌천동이다. 반독재 민주운동가 박기출과 격동기의 정치인 허정이 각각 초량동 출신이다.

또 소설『찔레꽃』의 작가 김말봉(좌천동)과 국민 가곡〈그네〉의 작곡가 금수현(경남여중 교장 역임), 청마 유치환(경남여고 교사 역임, 수정동에서 타계) 선생이 동구를 거쳐갔다. 동명목재를 설립한 강석진 회장이 좌천동, 범일동에서 기업의 기틀을 세운 것도 특기할만 하다.

6·25 전란 와중에 화가 이중섭이 예술혼을 불태운 곳이 동구 범일동이며, 통일교가 '토담집'을 짓고 새로운 종교를 싹틔운 곳 또한 동구 지역이다.

동구의 역사 인물들은 활동 반경이 단순히 동구에 국한되지 않는다. 저마다 동구의 근대성과 국제성을 이야기 하고 있을 뿐 아니라, 일부는 미래를 예지한다.

스토리텔링 포인트

　단편적이고 파편적인 이바구길의 스토리를 하나로 꿰는 전략이 필요하다. 특히 장기려, 유치환, 김민부 등 누구 한명이라도 확실한 스토리텔링을 통해 완성도 높은 문화콘텐츠로 만들어야 한다. 트로트의 제왕 나훈아 스토리를 발굴, 음악당이나 기념관이라도 만들면 많은 사람이 찾을 것이다.

(2) 재미난 중심, 부산 중구

부산 중구는 인구 5만이 채 안되는 '미니 구(區)'지만, 그 어느 곳보다 역동적이고 재미가 있는 곳이다. 그 재미의 본질은 사실 부산 사람들조차 잘 모른다. 인구는 2012년말 기준 4만 9407명으로 역대 최저치로 떨어졌으나, 거리와 상가들은 놀라우리만치 활력이 있다.

① 중구 골목투어

골목은 '산복도로 르네상스 정책'이 발견해낸 문화상품이다. 초량 이바구길 못지 않게 부산 중구의 골목 구석구석에도 매력적인 이야깃거리가 숨어 있다.

부산역에서 접근이 쉬운 중부경찰서 옆 반달계단. 아래서 보면 반달 형태이고, 위에서 보면 갑판 위에서 바다를 보는 형상이다. 반달계단을 타고 올라 동광동 인쇄 골목 쪽으로 간다. 소라계단이 나타난다. 소라계단을 타고 오토바이 한 대가 '팔팔하게' 올라온다. 소라처럼 생긴 원추형 곡면 계단이기에 가능한 장면이다. 이어 40계단과 40계단 문화관을 만나고, 본격 인쇄골목으로 접어든다. 인쇄골목은 인쇄 출판 관련 200여 개 업소가 몰려 있는 부산 인쇄업의 본산. 2012년 10월 이곳에서 거리 갤러리 행사가 열렸다. 그 성과가 지금 골목 곳곳에 벽화로, 그림으로, 조형물로 전시돼 있다. 거리 갤러리 덕에 삭막한 도심이 푸근해졌다.

백산기념관을 지나 타워호텔 뒤편 용두산 입구에 약조제찰비 안내판이 서 있다. 17~19세기 초량왜관이 있던 때 한일간 교역 질서를 잡기 위해 세워졌던 비석이다(실제 비석은 부산박물관에 가 있음). '경계를 넘는 자, 암거래를 하는 자는 모두 사형에 처하고 효수한다'는 대목이 섬뜩하다. 바로 옆에는 왜관의 우두머리가 있었다는 관수가 터(부촌 식당 자리로 추정)가 있고, 일제시대 초기에 놓여진 '37계단'이 세월을 견뎌내고 있다.

② 속닥거리는 골목과 시장들

중구 일대는 오랜 세월 자리를 지켜가며 자연스럽게 형성된 정감이 넘치는 골목이 즐비하다. 대표적인 곳이 국제시장 일대다. 골목들이 촘촘히 얽혀 있고 14개 주제별로 특화돼 있다. 가방 골목, 그릇 골목, 부품 골목, 갈비 골목, 꽃 골목, 먹자 골목, 문구 거리, 보세 골목, 신발 골목, 안경 골목, 전자 골목, 조명 골목, 족발 골목, 팥죽·팥빙수 골목… 이곳의 골목은 '종 다양성' 면에서 아마 전국 최대 최고일 것이다. 길을 잃어도 이쪽 저쪽을 돌다보면 통한다.

국제시장 옆 창선동 먹자 골목은 수십 년간 먹는 문제를 '시장 논리로' 해결해 온 곳. 주인도 손님도 앉은뱅이 의자에 앉아서 먹을거리를 즐긴다. 바로 옆의 깡통시장은 한국전쟁 직후 미제 군용 물자와 함께 온갖 상품들이 밀수입되면서 형성된 시장. 부평동시장의 죽집 골목은 잣죽, 깨죽, 호박죽, 팥죽, 녹두죽, 콩죽, 수수죽, 흰죽 등 뭍에서 나는 거의 모든 죽을 파는 골목이다. 당연히 세상의 죽 이야기가 여기에 다 모인다.

시장 하면 자갈치시장이 빠질 수 없다. 자갈치는 가장 부산답고, 부산같고, 부산스러운 시장이다. 자갈치를 말하지 않고 중구를, 부산을, 대한민국을 얘기할 순 없다. 부산 MBC의 고발 프로그램 〈자갈치 아지매〉와 27년 역사의 극단 '자갈치'는 '자갈치'란 이름이 이미 사회화 되었음을 말해준다.

③ 광복로 르네상스

롯데백화점 광복점 맞은편의 광복로 일대를 걷다 보면 유럽의 어느 도심에 와 있는 듯한 착각에 빠진다. 광복로가 확실히 '살아났다'. 해운대 센텀시티와 마린시티가 좋다고 하지만, 그곳에서 찾을 수 없는 묘한 매력이 광복로에 있다. 아마 도시의 품격과 재미, 전통 때문일 것이다.

광복로 부활의 신호탄은 지난 2007년 시행된 광복로 시범가로 조성 사업. 거리의 얼굴인 간판이 바뀌자 찾는 사람들의 표정이 달라졌다. 지난 2009년에는 동아대 부민캠퍼스가 들어서 '젊은 손님'들이 가세했고,

거가대교 개통과 더불어 롯데백화점 광복점이 문을 열면서 시너지 효과가 나타났다.

지난 연말 열린 광복로 트리축제에는 연인원 500만여 명이 찾았다고 한다. 믿기지 않는 숫자다. '광복로 문화포럼' 측은 대략 1800억 원의 경제 효과를 거둔 것으로 자체 분석했다. 광복로 일대의 땅값도 최근 천정부지로 오르고 있다.

> **스토리텔링 포인트**
>
> 자갈치 스토리텔링을 통해 킬러 콘텐츠를 만들어야 한다. 17~19세기 조선 속 일본인 마을이었던 초량왜관을 관광 교육 자원으로 만드는 작업도 필요하다.

(3) 이야기 보물섬, 영도구

부산 영도는 '이야기 보물섬'이라 불릴 만큼 스토리 자원이 다양하다. 지명 유래가 된 절영마(絕影馬)는 그림자를 끊어 먹을 정도로 빠르게 달린다는 말로, 실제 영도 목마장에서 사육됐다. 일제시대 '절(絕)'자가 달아나고 '영도'가 된 것도 한자 뜻처럼 묘하다. 멋진 경관에 왕의 전설까지 간직한 태종대는 생명력 넘치는 관광지다.

① 그림자 끊어먹는 절영마

그래, 나 절영마야. 이래봬도 절영산(絕影産) 족보있는 명마라구. 적토마, 적로, 조황비전, 절영, 대완마 같은 『삼국지』에 등장하는 준마들이 내 친구들이야. 절영(絕影)은 조조의 애마라고 하지. 그림자조차 끊어먹을 정도로 빠른 말! 절영마의 이름을 거기서 따왔냐고? 하하, 중요한 건 이름이 아니라 절영도(絕影島)가 명마 산지라는 것, 그것이 오늘날 영도의 유래가 됐다는 것일 테지. 우리 문헌에 다 나오는 얘기지.

#1. 후백제 왕 견훤이 고려 태조 왕건에게 환심을 사기 위해 절영마 한 필을 보냈어. 보내고 보니 아차, 그게 아니야. 어느 술사가 말하기를, 절영마를 주면 후백제가 망한다는 거야. 그래서 견훤이 스타일 구기며 돌려주기를 청했지. 배포가 큰 왕건은 껄껄 웃으며 말을 돌려주었다지. 『삼국사기』

#2. 신라 성덕왕도 절영마를 아꼈어. 중추절에 왕이 월성봉두에 올라 달을 구경하며 술잔을 기울이고 있었어. 그러다 대아찬 김윤중을 불렀어. 김윤중은 김유신의 손자야. 왕이 말하지. "과인과 경들이 무사태평한 것은 모두 윤중의 조부 덕이니…." 하시고는 윤중에게 절영산 말 한 필을 하사했다는군. 『동국여지승람』

이만하면 내 족보를 알겠지. 영도는 삼국시대 때부터 국마장으로 이용됐다더군. 지리적·환경적으로 말 사육 조건이 좋았지. 영도는 삼한시대에는 변한, 신라 때는 거칠산국의 속령, 고려 때는 동래현, 조선조에는 동래부에 속했어. 임진왜란 후에는 공도책(空島策)에 따라 무인절도가 되었고, 1881년에야 절영도진(첨사영)이 들어섰어.

일제 강점기에는 일본인들이 영도를 목도(牧島)라 부르며 이곳에서 다시 말을 길렀어. 여기서 길러진 군마가 만주 등지로 가서 그들의 침략전쟁에 이용됐다지. 하고 보면, (절)영도, 목도란 말 속에는 명마 산지라는 뜻이 고스란히 숨어있는 거지. 일제 때까지도 명마(절영마)가 적국에 넘어가면 나라가 망한다는 이야기가 나돌았다고 하지. 견훤과 왕건의 거래에서 보듯, 절영마는 한 나라의 흥망과 국운을 상징하는 의미로도 해석될 수 있지.

절영! 이 정도로 역사적이고 시적인 지명은 무조건 살려내야지. 근래에 비석이네, 산책로네 하며 내 이름이 되살아나는 분위기라 기가 좀 살아요. 중리산 기슭의 영도 승마장을 영화 재현의 거점으로 살릴 수도 있겠지. 암, 살려야지. 절영마를 영도 콘텐츠로 살려보라구!

② 태종대, 삶의 희망을 지피는 곳

태종대는 천하의 명승이다. 산과 바다, 절경(신선대, 자살바위, 주전자섬), 길(탐방로), 절(태종사, 구명사), 등대, 배(유람선), 특미(불타는 조개구이), 즐길거리(다누비, 전망대)…. 게다가 역사성과 상징성까지 갖췄다. 세상 어디에 이런 곳이 있을까.

태종대 지명 유래에는 우리 역사상 태종(太宗)이란 이름을 가진 임금 2명이 등장한다.

> '삼국 통일의 위업을 이룬 신라 29대 태종무열왕이 이곳에 와서 활을 쏘고 말을 타며 군사 조련을 했다 하여 태종대라 부른다. 가뭄이 들면 동래부사가 이곳에서 기우제를 올렸다.' (『동래부지』)

> '속전하기를 신라 태종무열왕이 대마도를 토벌할 때 어가를 멈추고 머물렀던 곳이다.' (안정복 『동사강목』)

> '조선 3대 임금인 태종이 이곳에서 활을 쏘아 포장과녁을 맞춘 곳이라 하여 태종대라 한다. 가뭄을 들면 이곳에서 기우제를 지낸다.' (『영도구지』)

조선 태종은 '태종우(太宗雨)'를 내리게 한 왕이다. 때는 1419년, 태종 치세 말년. 나라에 큰 가뭄이 들었다. 태종과 대소신료들은 비 오기만을 기다렸다. 음력 5월 초열흘날에 태종이 승하하자, 마침내 비가 왔다. 사람들은 이 비를 태종우라 이름했다. 비를 오게 한다는 점에서 태종대와 태종우는 모티브가 일맥 상통한다.

③ 자살바위와 모자상

태종대 스토리 속에는 악명 높은 자살바위도 있다. 현재 태종대 전망대가 있는 곳으로, 1970년대엔 한 해 30여 명이 몸을 던져 큰 사회문제가 됐다. 자살이 끊이지 않자 '다시 한번 생각해 보세요!'란 웃지 못할 문구가 내걸리기도 했다. 그런데 이 문구가 되레 자살을 부추겼다는 얘기가 있으니 지독한 아이러니다. 1976년엔 태종대에 구명사(救命寺)란 절이 들어서 생명의 소중함을 일깨우고 죽어간 고혼을 달랬다. 그 후 부산시가 전망대와 모자상(母子像)을 세운 후 자살이 줄어들었다고 한다.

극복해야 할 스토리란 점에서 태종대를 주목하면 주변의 섬도 예사롭게 보이지 않는다. 태종대 전망대 앞의 주전자 섬이 그런 경우다. 일명 유분도(鍮盆島), 생도(生島)라 불리는 주전자섬엔 3가지 금기가 전해져 온다. 용변 금지, 발화 금지, 성교 금지다. 왜 이런 금기가 생겨났을까. 섬의 형태가 제기를 닮았기 때문에 최대한 부정을 삼가고 신성한 분위기를 유지해 자연성을 지키자는 의미가 아닐까. 이렇게 풀어내는 것도 스토리텔링이다.

스토리텔링 포인트

　태종대 스토리텔링의 주제는 통합과 생명력이다. 통일을 이룬 태종무열왕이 그렇고, 기우제나 태종우가 그렇다. 생도는 '숨쉬는 섬'이 아닌가. 옛 자살바위의 '자살'을 뒤집어 '살자'로 바꾸고, 이곳에 번지점프대를 설치하는 것도 흥미로운 역발상이 될 수 있다. 태종대에서 전 지구적 기후 변화를 얘기하는 '기우제 축제'를 열수도 있다. 이곳에서 개인과 나라의 건강과 국운을 빌고, 지구 지키기의 메시지를 발신케 하는 것이다.

　영도에는 절영마나 태종대 같은 스토리텔링 특급 소재가 적지 않다. 영도다리, 봉래산, 신선 이야기, 산제당 아씨, 깡깡이 아지매 등이 그러하다. 새로운 발상과 아이디어를 결합해 이를 하나 하나 문화콘텐츠로 만들면 영도는 정말 '이야기 보물 섬'으로 거듭날 수 있다.

---

(4) 강서구의 5감 스토리

강서(江西); 낙동강 하구의 서쪽에 자리한 고장. 부산 강서는 서울 강서만큼 유명하지도, 번화하지도 않다. 그래서 그냥 '강서'라면 십중팔구 서울을 떠올린다. 외곽지, 시골, 신 개발지, 낯설음…. 이런 게 부산 강서의 이미지다. 그러나 조금만 파고들면, 이곳에 대자연과 인간의 숨막히는 교섭과 응전이 켜켜이 농축돼 있음을 알게 된다. 부산을 흔히 4포지향(산, 강, 바다, 온천을 품은 고장)이라 일컫지만, 강서는 한술 더 떠 5포지향이다. 산, 강, 바다에 더해 들과 섬이 있다. 강서의 스토리는 대부분 자연 미인이다. 자연이 빚어 발효시켰기에 거부감이 없다. '강서 5 감 스토리'를 찾아가본다.

① 강

강서는 강으로 시작해 강으로 끝난다 거대한 델타지형에 크고 자은 샛강과 물길들이 형·아우·누이·동생 하며 혈맥처럼 이어져 흐르고 있다. 이들 천태만상의 물길은 죄다 남해로 들어 '큰 평화의 바다(태평양)'가 된다.

강서의 강은 예로부터 삼분수(三分水)·삼차강(三叉江)이라 불렸다. 낙동강, 서낙동강, 평강천을 이름이다. 이들 강으로 맥도강, 순아천, 조만강, 지사천 등이 어미 찾듯 모여든다. 모래섬에 붙어 사람들이 농사를 짓고부터 강서의 생활사는 홍수와의 투쟁사가 된다. 제방은 그러한 투쟁의 산물이다. 제방 길이로 보면 강서구는 국내 지자체 중 최다 최대라고 한다. 1930년대에 여러 갈래 낙동강을 하나로 만드는 일천식(一川式) 공사가 제방 조성의 서막이다. 이때 낙동강 본류가 구포~사하 쪽으로 바뀐다. 이후 둔치도 윤중제(가락동 둔치도 60여만 평의 얼안을 감싸안은 제방), 명지 호안둑(신포, 하신, 순아 3구간의 긴 제방), 신호 호안둑(옛 염전 둑 길), 녹산 해안둑(성산 2구~녹산~송정을 잇는 해안제방)이 속속 조성됐다. 조선 말 축조된 산태방둑(김해 불암에서 가락 죽림까지)

을 빼곤 모두 1930년대 일제강점기 수리조합 주도로 지어졌다. 제방과 함께 주민들의 이주, 개척, 개간도 본격화됐다.

② 섬

강서는 섬의 고장이다. 줄잡아 30개가 넘는다. 이들 섬은 하중도(河中島)와 해중도(海中島)로 구분된다. 대저도는 낙동강 대 삼각주로서 지형적으로 섬이다. 조선 중기 이전까지 김해평야 대부분은 바다였다. 서낙동강의 둔치도, 중사도(中沙島)는 형태가 오롯한 하중도이며, 낙동강 하구의 진우도, 장자도, 신자도, 백합등, 새등은 살아 움직이는 섬들이다.

가덕도는 대표적인 해중도다. 신항이 들어선 후 섬 아닌 섬이 되었지만, 장엄한 자연미와 독특한 역사를 품고 어촌의 삶이 끈덕지게 유지되는 곳이다. '가덕도가 있기에 서부산이 완성된다'는 말은 부산의 미래를 시사한다. 가덕도는 다시 눌차도, 호도(虎島), 대죽도(大竹島), 중죽도(中竹島), 미박도(未泊島), 토도(土島), 입도(立島), 흐레미, 구레미 같은 섬들을 자식처럼 거느리고 있다.

녹산수문의 노적봉(露積峰)은 원래 성산마을 뒷산 의성봉의 줄기였지만, 1934년 수문이 들어서면서 강과 바다에 면하여 솟은 섬처럼 바뀌었다.

③ 산

강서의 산은 서부산권의 울타리를 형성한다. 서쪽에서 달려온 낙남정맥의 산군이 강을 건너지 못하고 문득 멈추니 불모산-보개산-봉화산-칠점산-덕도산-연대봉이다. 풍수가들은 강서의 산들을 산경표의 개념을 동원해 낙남정맥의 끝맺음, 응혈처(凝血處)로 읽는다. 지세발복의 길지라는 것이다. 한반도의 남단, 육지와 바다가 만나는 곳. 삼천리 장맥(長脈)과 천삼백리 장강(長江)이 마침내 달림을 멈추고 새 기운을 불어

넣고 있으니 어찌 명당이 아니랴. 서부산을 대한민국 미래의 땅으로 읽는 건 확대해석인가.

보개산(478m)은 강서의 주산이다. 흥미로운 전설이 있다. 2000여 년 전 가락국의 왕비가 된 허황옥이 김수로왕과 만나 초야를 보낸 곳이 보개산 자락의 명월사지(현 흥국사)라고 한다. 수로왕의 로맨스는 시공을 초월하는 원천 스토리가 될 수 있다.

가덕도 연대봉(459m)과 녹산 봉화산(278m)도 명산의 조건을 두루 갖췄다. 연대봉은 국토 최후의 보루이자 전략 요충지. 봉화산의 원래 이름은 성화예산(省火禮山). 자연미가 빼어난 이들 산에 봉수대가 들어선 게 우연이 아니다. 성냥불을 대면 타오를 이야기 몇 자락을 끄집어내야 한다.

칠점산(七點山)을 놓칠 수 없다. 김해평야 중심부에 점점이 수놓인 7개의 봉우리를 일컫는 칠점산은 가락국의 거등왕이 신선을 불러 노닐고, 금(琴)을 잘 타 왕후가 된 김해 기생의 전설을 간직하고 있다. 또 정몽주, 안축 등 내로라는 문사들이 칠점산을 노래했다. 전설을 깨워 숨쉬게 하는 것이 숙제다.

④ 들

강서의 얼안은 넓고 깊다. 부산 전체 면적의 약 1/3이다. 강서의 핵심은 국토 남부의 곡창 김해평야 지대다. 들의 깊이는 수억 년 지구지층의 퇴적 역사다. 혹자는 '김해평야가 어디 있지?' 한다. 김해평야가 아니라 '강서평야'라 불러야 한다는 목소리가 있다. 1978년 행정구역 개편 이후 강서 땅이 됐기 때문이다. 헷갈리는 대로 놔두는 것도 스토리가 된다.

평야는 크게 북부의 과수지대, 중부의 도작지대, 남부의 소채지대로 나뉜다. 대저1동과 강동동 위쪽에서는 일제 때부터 과수 재배가 성행해

한때 대저 배는 '부'의 상징이었다. 곡창 김해평야는 이젠 옛말. 30여년 간 주민 삶을 옥죄었던 그린벨트가 풀렸고, 이곳에 360만 ㎡ 규모의 에 코델타시티가 추진되고 있다. 낙동강 델타의 상전벽해를 예고한다.

⑤ 바다

해륙수의 만남, 넓은 갯벌, 긴 해안선은 강서 바다가 주는 선물이다. 낙동강이 무진장 운반해오는 토사 덕에 완만하게 뻗은 간석지의 폭이 10리를 넘고, 그 속에 다종다양한 어패류, 해초류가 붙어 자라니 천혜 의 철새 먹이터다.

바다와 접한 명지, 녹산, 천가동(가덕도)에는 지금도 어촌경제가 돌 아간다. 가덕도 대항마을의 '숭어들이 축제'는 어로 전통을 지키면서 관 광자원으로 활용한 본보기다. 인근의 외양포 일제시대 포진지는 다크 투어리즘(어두운 역사를 소재로 한 관광)의 명소로 부각되고 있는 곳. 하루빨리 외양포 100년 스토리를 써야 한다.

가덕도는 더 이상 고립된 섬이 아니다. 거가대교가 가덕도를 관통해 해저터널로 이어졌으니, 가덕도는 확실히 바다에 '빨대'를 꽂은 셈이다. 이야기의 심해 확장이다.

⑥ 강서 지명고

강서에는 강(江), 수(水), 사(沙) 자가 들어간 이름이 유난히 많다. 대저 (大渚. 큰 물가), 평강(平江), 강동(江東), 가락(駕洛. 큰 물가에 있는 나라), 명지(鳴旨. 먼 바다에서 들리는 파도 소리), 그리고 대사(大沙), 중사(中沙), 사리(沙里), 사두(沙 頭) 등이 그렇다. 대부분 지형 형성과 연관이 있다.

'신(新)'자는 신생 지대를 말해준다. 대저1동의 신작로(新作路), 신덕(神 德), 신촌(新村), 대저2동의 신정(新亭), 신흥(新興), 명지동의 신포(新浦), 중신 (中新), 하신(下新), 녹산동의 신호(新湖), 신명(新明) 등이 그러하다. 자고 나면 없던 땅이 생기니 놀랍고 신기했을 법하다.

'덕(德)'자가 많은 것도 특징이다. 덕도(德島), 덕두(德頭), 신덕(新德), 사덕(沙德), 덕포(德浦)에 '덕'이 들어가 있다. 강변 모래톱에 배를 대는 곳을 '둔덕' '언덕'이라 하는데, 여기서 따온 '덕'자에 풍성한 느낌을 주는 한자를 갖다 붙인 지명이 아닐까 추정한다.

대저, 대지(大地), 대사(大沙), 대항(大項), 대부(大富), 대평(大平)처럼 '큰 대(大)' 돌림 지명도 적지 않다. 신(新)자처럼 신기하고 놀라서 붙인 이름 같다.

정감이 가는 우리말 지명도 많다. 가덕도의 새바지는 해풍이 불어오는 '샛바람맞이'에서 나왔고, '목넘어(項越)'는 눌차의 작은 언덕 고개를 말한다. 녹산의 '너더리'는 너덜강에서, '가리새'는 강과 강이 갈리는 그 사이를 뜻한다. 대저2동 설만(雪滿)은 눈처럼 흰 마을, 가락동의 식만(食滿·밥만개)은 먹을 것이 가득한 마을, 시만(詩滿)은 시정이 넘치는 마을이다.

지명만 유심히 봐도 강서 스토리가 보인다.

스토리텔링 포인트

5포지향 강서 전체를 이야기하는 것은 너무 무겁다. 강서의 '섬 아닌 섬'들 중 한두 곳을 선택하거나, 허황옥 전설이 흐르는 보개산, 거문고 타는 신선이 살았다는 칠점산 이야기를 적극 활용할 수 있다. 강서 지명 중 식만(食滿)과 시만(詩滿)마을의 유래를 파헤치고 지역민 이야기를 보태어도 재미있을 것 같다.

2) 스토리노믹스를 위한 지역 자원의 활용

(1) 건축물(경관)

① 영도다리

'금순아~ 어디로 가서~ 길을 잃고 헤매였더냐. 영도다리 난간 위에 ~ 초생달만 외로이 떴다.' 국민 가수 현인이 불러 공전의 히트를 기록한 가요 〈굳세어라 금순아〉 가사 일부다. 이 노래의 배경이 된 영도다리는 강한 역사성과 상징성을 갖는 부산의 장소 콘텐츠 중 하나다. 일제 강점기인 1934년 11월 개통된 영도다리는 부산 중구에서 바다를 가로질러 영도를 잇는 우리나라 최초의 연륙교(連陸橋)이자 유일한 도개교(跳開橋)였다.

한국전쟁 때는 몰려든 피란민이 전쟁으로 인해 헤어진 가족 친·인척, 연인 등을 만나려고 다리 밑을 찾으면서 '우리나라 1호 만남의 광장' 역할을 하며 근대사의 아픔을 고스란히 간직하고 있다. 교량이 노후화되자 부산시는 결국 4차로의 다리를 해체하고 도개 기능을 살린 6차로의 신설 교량을 2007년 착공해 2013년 11월 복원, 개통했다.

외형에만 치중할 게 아니라 영도다리의 정치적 함의도 챙겨볼 필요가 있다. 영도다리의 도개기능을 강조한 나머지 관광 부분에 집착하면 할수록 우리의 기억은 이른바 '식민지 근대'의 기술과 이성에 포획되고 만다는 점이다.[3] 영도대교를 원형 그대로 복원한다는 것은 식민지 근대의 파편을 재현한다는 의미가 내포돼 있다. 뿐만 아니라 도개교로서의 영도다리에는 식민지, 근대, 과학 기술, 그리고 6·25동란기의 만남과 상봉 등 시대적 변화와 과제가 복합적이고 중층적으로 얽혀 있다. 그렇

3　조정민(부산대 HK교수), 「부산 역설의 공간 : 근현대 장소성 탐구─영도다리」, 『국제신문』, 2013. 9. 4.

다고 과거에 묶여 미래로 나아가는 일이 지체되어선 안 될 것 같다. 중요한 것은 이러한 부분까지 스토리텔링이 놓쳐서는 안 된다는 점이다. 스토리텔링은 그 장소에 스민 미세한 표징과 내면의 DNA까지 잡아낼 때 감동을 줄 수 있다.[4]

스토리노믹스 포인트

민족의 애환이 가득 서린 영도다리는 그동안 영화, 연극, 뮤지컬, 문학 작품의 소재, 축제 등 다양한 콘텐츠로 활용돼 왔다. 영도구는 영도다리 입구에 국민가수 현인의 〈굳세어라 금순아〉 노래비를 세우고 소공원을 조성했는가 하면, 매년 9월 영도다리 축제를 열고 있다. 이와 별도로 부산 서구는 송도해수욕장에서 해마다 '현인가요제'를 열어 신인 가수를 뽑는다.

일제시대부터 활동해온 악극단 '효하선'은 한국전쟁 시기에 〈굳세어라 금순이〉를 모티프로 삼아 악극을 재창작하여 한국 악극사에 길이 남을 레퍼토리를 남긴다.[4] 이 작품은 악극의 쇠퇴와 함께 잊혀졌다가 1995년 극단 '가교'에 의해 다시 한번 부활한다.

영도다리는 문화상품으로서만이 아니라, 관광, 교육, 전시, 게임, 축제상품으로 재개발할 수 있다. 〈굳세어라 금순아〉로 인해 일약 한국의 명소가 된 영도다리는 '만남과 재회의 1번지' '들리는 다리(도개교)로서의 볼거리'가 있다. 여기에 국제시장과 자갈치시장, 제2롯데월드(롯데백화점 광복점), 용두산 공원 등을 연계한 관광 쇼핑벨트를 만들 수도 있을 것이다. 변하는 시대와 신세대적 감각에 맞는 악극이나 뮤지컬 등 새로운 문화상품도 필요하다. 영도다리는 원 소스 멀티 유스로 활용할 수 있는 스토리텔링의 모델이다.

② 신선대

신선대(神仙臺)는 부산 남구 용당 해안의 맹물(물 흐름이 빠른 곳이란 의미) 끝에서 옛 동명목재와 솔밭이 자리했던 현 신선대 부두까지의 해

---

4   정봉석, 「부산의 문화콘텐츠와 스토리텔링」, 『지역문화 재인식을 위한 인문학강좌 자료집』, 동아대, 156쪽.

안 절벽과 산정을 총칭한다. 신선대는 해운대 이기대 태종대 몰운대와 함께 부산 5대로 꼽히며, 1972년 부산시 기념물 제29호로 지정됐다.

신선대란 지명은 이곳 산봉우리의 무제등이란 큰 바위에 신선의 발자국과 신선이 탄 백마의 발자취가 있다 하여 붙여졌다. 옛날 신선들이 신선대에서 주연을 베풀 때면 풍악소리가 용당포까지 들려왔고, 신라의 대학자 최치원이 여기서 신선으로 화했다는 전설도 남아 있다.

| 조선과 영국의 첫 만남지

1797년 10월 14일(정조 21년), 동래 용당포 앞바다에 정체불명의 배 한 척이 나타났다. 용당포의 한 어민이 이를 발견하고 급히 동래부에 신고한다. 급보를 접한 동래부는 봉화를 올리고, 관리를 보내 사태를 파악한다. 경상도 관찰사 이형원(李亨元)은 발견 경위 등을 장계에 적어 조정에 올린다.

> '배에는 서양인들이 타고 있습니다. 배에 다가가 어디서 온 누구인지, 표류하여 이곳에 온 연유를 물었습니다. 역관을 통해 우리말과 중국어, 청국어(만주어), 일본어, 몽고어로 의사 소통을 시도해 보았으나 모두 알아듣지 못했습니다. 붓을 주어 글을 써 보라고 하였더니 글자의 모습이 구름이 핀 먼산과 같았고, 그림을 그리는데도 도무지 무슨 뜻인지 알 수가 없습니다…'
>
> 『조선왕조실록』, 정조21년 10월 25일)

이양선(異樣船)이었다. 당시 영국 프랑스 미국 등 구미 열강은 항로 개척과 통상을 위해 조선 연해를 출몰하고 있었다. 조선은 서학의 전파 등을 우려해 외국과의 통교를 엄격히 차단했다. 용두산 일대에 왜인들이 거주하는 초량왜관이 있었으나 대포를 장착하고 천리경, 나침반 등을 갖춘 범선은 분명 낯선 존재였다. 조선측 관리들의 잔뜩 긴장했으나, 이 배를 처음 접한 용당포 주민들은 의외로 담담했다. 낯설지만 신기했고,

언어 불통 속에서도 적대감은 보이지 않았기 때문이었다.

　이 범선은 윌리엄 로버트 브라우턴(William Robert Broughton, 1762~1821) 함장이 지휘하는 87톤급 영국 해군 탐사선 프로비던스(Providence)호였다. 프로비던스호는 일본 유구열도 해역을 탐사하다 좌초된 후 부속선을 이용해 마카오로 들어가 전열을 정비하여 대원 35명을 싣고 조선 근해로 들어왔다. 정박지를 물색하다 해안의 불빛을 발견한 이들은 1797년 10월 13일 일몰 후 동래 용당포(신선대)에 닿았다.

　이 같은 사실은 1804년에 런던에서 출간된 브라우턴 함장의 항해일기에 고스란히 소개돼 있다. 이 항해일기는 부산항을 서구 열강에 처음 알리는 계기가 됐고, 서구의 조선경략 길잡이 역할을 하게 된다. 용당포(신선대)에서의 한 · 영 첫 만남이 '역사적'이고 '세기적'인 이유다.

(2) 매체

① 동래부사 접왜사도(東萊府使 接倭使圖)

　조선 후기 동래부와 대일 교역장소였던 초량왜관 간의 관계와 접촉 상황을 보여주는 사료 중에 〈동래부사 접왜사도〉라 불리는 그림이 있다. 동래부사가 왜사(倭使), 즉 일본사절을 접대하는 내용을 담은 10폭짜리 병풍 그림이다. 그림은 동래부사가 왜사를 맞이하러 가는 행렬, 초량객사에서 왜사의 숙배, 연대청에서 행해지는 왜사에 대한 연향 등 세부분을 마치 드라마처럼 그려놓았다. 그림에는 형형색색의 깃발이 이끄는 떠들썩한 행차, 일본 사신의 낯선 차림새, 화려한 향연 등의 볼거리들이 파노라마처럼 펼쳐져 있다.

　그림 속의 등장 인물은 대략 150명. 긴 행렬 속에 19~20세기 동래부에서 살았던 거의 모든 직책의 상하 관원과 관기, 악사, 소동 등이 나타나 있고, 일본 사신에 대한 접대 의식과 당시의 복식, 음식, 음악, 춤사

위까지 표현돼 있다. 구경꾼은 보이지 않지만, 전체적으로 한편의 파노라마 영상물 같은 당시 종합 풍속도 재현이다.

〈동래부사 접왜사도〉는 지역 스토리텔링으로 풀어내기에 적합한 조건을 거의 다 갖췄다. 크게는 한일관계사를 조명하여 한일 양국간 우호 증진에 기여할 수 있고, 지역의 특수성이 반영돼 있다는 점에서 지역사 규명 및 교육 자료로도 유효하다. 이를 이벤트나 축제, 공연물, 인쇄물 등으로 변용할 경우 다양한 문화관광콘텐츠가 만들어질 수 있다.

국립중앙박물관 소장 〈동래부사 접왜사도〉 1~5폭

국립중앙박물관 소장 〈동래부사 접왜사도〉 6~10폭

스토리노믹스 포인트

동래부사와 부산첨사가 참여하는 이 거대한 행렬과 노정에 대해 역사적 · 지역적 의미를 부여해 가칭 '부산대로(釜山大路)'라는 이름을 붙일 수도 있을 것이다. 부산의 지난 역사와 미래 희망의 길을 여는 역사의 큰 길(大路)을 만들 경우 지역의 정체성을 살리면서 관광 콘텐츠화 하는 일석이조의 효과를 기대할 수 있다.

왜관을 통한 조선과 일본 간 교류에 무게를 두고 이 길의 전부 또는 일부를 가칭 '한일 성신(誠信)의 길'로 명명할 수 있다. 이곳에서 〈동래부사 접왜사도〉 행렬을 재현하는 이벤트를 펼치는 방안도 생각할 수 있다. 그림 속에서 이 행렬이 지나는 지역은 동래구, 연제구, 부산진구, 남구, 동구, 중구 등 6개 구이다. 행렬의 규모나 길이, 내용으로 보면 '부산대축제'로 승화시킬 수도 있을 것 같다.

축제와 별개로 〈동래부사 접왜사도〉를 활용한 테마 거리 조성, 공연물 또는 영화, 만화도 나와야 할 것이다. 〈동래부사 접왜사도〉가 다양한 형태로 문화콘텐츠화 되면 지역의 문화관광 활성화는 물론, 지역민의 자긍심이 고취되고, 한일 양국 간 우호 및 신뢰 또한 증진될 수 있을 것이다.

② 금샘과 빔어사

부산을 '물의 도시', '신화의 도시'라 일컬을 때 그 신화적 탯줄은 금정산 금샘(金井)에 가닿는다. 금샘은 금빛이 도는 하늘우물이다. 상상해 보자. 하늘우물에서 금빛 물고기(金魚)가 놀고, 그 물이 차고 넘쳐 동네(동래, 동구)의 우물이 되고, 땅속 수맥을 타고 흘러 계곡을 이루고, 강을 만들고, 도시를 적시며 종래 바다가 되는 이치를 말이다. 이렇게 보면 금샘은 아름다운 부산을 신화적 · 미학적으로 완성시키는 상상력의 원천이다.[5]

금샘은 금정산 정상인 고당봉(801m)의 동쪽 산마루 암괴류 사이에 숨어 있다. 보기에 따라 형상이 춤을 춘다. 화강암의 거대한 석인(石人) 같기도 하고, 하늘에서 찧는 돌확 같기도 하다. 어찌보면 촛대 같고 어찌보니 우뚝 선 남근석 같아 보인다.

이 금샘에 신라 문무왕과 의상대사가 와보았다는 전설이 전한다.

---

5 「텔미스토리(10)-금샘」, 『국제신문』, 2012. 9. 13.

'…저 동해에 왜구의 10만 병선이 칼춤을 추며 다가온다. 나라가 위태롭다. 어쩌면 좋은가. 신라 문무왕이 의상대사를 불러 금샘 아래에서 칠일칠야 화엄경을 독송하게 한다. 마침내 원력이 작용해 왜적이 물러난다. 그리고 범어사가 세워진다.'

(범어사 창건 사적 · 1746년)

세종실록지리지(1454년)에는 '금빛 물고기가 오색 구름을 타고 범천(梵天)에서 내려와 놀았다고 하여 금정(金井)이란 산 이름과 범어사란 절 이름이 지어졌다'고 해 놓았다. 범어사 창건과 관련해 중요한 정보를 제공해준다.

금샘의 물은 범어사를 거쳐 세상으로 흘러간다. 범어사의 선방 밑을 감돌아 나온 물은 대성은수(大聖隱水)란 이름을 얻어 동래구로 스며든다. 복천 옥샘 골샘 같은 전통 우물들이 금샘과 직·간접 연이 닿아 있다. 이 물이 다시 온천천과 수영강을 이루고 부산항으로 나아간다. 금샘이 바다도시의 원천이 되는 셈이다.

스토리노믹스 포인트

금샘에서 퍼올릴 수 있는 상상력은 우주적이다. 신화의 탯줄, 지명의 산실, 염원의 기도처, 믿음의 화석, 조화의 근원…. 이쯤되면 원 소스(one source)의 필요충분조건을 다 갖췄다. 이를 멀티 유스(multi use)로 풀어내는 일이 남았다. 금샘 설화를 단순히 지역설화로 볼게 아니라, 바다도시의 원천, 신화의 탯줄, 조화의 근원으로 해석할 수 있다면, 여기에 더해지는 콘텐츠는 그야말로 글로벌 익사이팅(global exciting) 콘텐츠가 되지 않을까 한다.

③ 죽성 어사암

부산 기장군 기장읍 죽성리 두호마을 일대에는 기이한 형태의 바위들이 있다. 마을 북쪽에 학처럼 생긴 큰 바위가 있고, 남쪽에는 매처럼 생긴 큰 바위가, 죽성천 해변에는 용머리처럼 생긴 큰 바위산이 있어 마을 사람들은 이를 각각 학바위(黃鶴臺), 매바위(어사암), 용머리(龍頭臺)라고 부르고 있다.

이 가운데 어사암(御使岩)이라 불리는 매바위 전설이 독특하고 재미있다.

조선 고종 20년인 1883년 기장현 독이방(禿伊坊, 지금의 기장 문동리)에 있는 해창(海倉)에서 양곡을 가득 실은 조운선이 부산포로 가다가 이곳 앞 바다에서 풍랑을 만나 매바위에 부딪쳐 바위 위에 반쯤 얹혀 있었다.

조운선의 곡식을 본 어민들은 굶주림에 지친 나머지 관아에 신고도 하지 않고 저마다 곡식을 훔쳐 집집마다 숨겼다. 이 일이 화근이 돼 어민들은 남녀노소 할 것 없이 모두 기장 관아에 끌려가 구금됐고 훔친 곡식은 모두 압수됐다.

뇌옥에 갇힌 어민들은 형틀에 매달려 매질을 당하고, 피가 튀고 살이 떨어져 그 자리에서 죽은 사람도 생겨났다. 다리가 부러진 자도 있었고, 장형을 심하게 당해 장독에 고통을 받는 사람도 적지 않았다.

조정에서는 이 도난과 가혹한 고문사건을 조사하기 위해 1883년 이도재(李道宰, 1848~1909)를 암행어사로 임명해 기장현에 파견했다. 어사가 진상조사에 착수하자 어촌 주민들은 기장 관기로 있는 월매를 시켜 어민들의 어려운 사정을 얘기하고 관아의 가혹행위가 심했고, 도난량도 보고된 것처럼 그렇게 많지 않았다는 사실을 진정하게 하였다. 월매는 어민 편을 들어 애교로써 어사 이도재가 어민 편을 들도록 간청했다.

현장 조사를 하러 이곳 매바위에 온 어사에게 월매는 미색으로 온갖 아양을 부리면서 춤과 노래로 어사를 즐겁게 하였다. 이곳 매바위의 절경과 월매의 아양에 흥겨워진 어사는 그 자리에서 "하늘이 텅 비었으니 보이는 것이 없고, 사나운 바다는 시객을 위해 춤을 추는데, 저 멀리

돛단배는 언제 무사히 돌아오려나"라는 오언절구시를 짓고 '어사암(御使岩)'이라는 글자를 매바위에 새겼다. 이로 인해 매바위는 '어사암'이라 불리게 되었으며, 그 덕택으로 어민들은 관아로부터 형벌과 조사를 면하게 되었다.[6]

두호마을 어민들은 어사 이도재의 후덕한 인품과 공덕을 잊지 못해 1883년 '수사이공도재생사단(繡史李公道宰生祀壇)' 비석과 사당을 지어 그의 생일 때마다 제사를 지냈다. 선정의 상징인 이 생사단비는 지금 동부리 기장초등학교 앞 비석군 속에 이전돼 있다. 세월이 흘러 '어사암'이라 새겨진 글자가 마모되자 이곳 어민들은 어사 이도재의 은공과 월매의 공로를 못 잊어 매바위에 '이도재'와 '기월매'라는 글자를 새겼다. 그 글자는 지금도 남아 있다.

스토리노믹스 포인트

어사암 스토리는 그 자체로 흥미로워 콘텐츠로 빚어내면 관광상품이 될 수 있다. 이를 역할극 대본으로 만들어 어사암 앞(두모포 별신굿터)에서 현장극 또는 역할극 놀이를 할 수 있다. 현지 횟집 등 음식점과 연계해 월매 체험(시 짓기, 월매의 상 입어보기 등)을 하게 하는 것도 한 방법이다.

(3) 인물

① 조용필

부산은 가왕(歌王) 조용필을 성장시킨 도시다. 조용필은 가요계의 살아있는 전설이자 대한민국 최고의 가요 콘텐츠다. 20세기 말에 가왕이었던 그는 21세기 초에도 여전히 가왕이다. 누구도 이의를 달지 않는다.

6 「주영택이 발로 찾은 전설보따리〈27〉 암행어사 이도재와 어사암」, 『국제신문』, 2012. 6. 4.

10년 만에 내놓은 신작 앨범 〈Hello(헬로우)〉가 대히트 하면서 조용필과 '위대한 탄생'의 전국 투어 콘서트는 연일 만원사례다. 15년 만에 일본 원정 콘서트도 갖는다. 전성기 가왕의 면모가 되살아나고 있다.

조용필과 부산은 관계가 각별하다. 불후의 명곡인 〈돌아와요 부산항에〉 때문이다. 경기도 화성 출생인 조용필은 무명 가수 시절 미8군 주변 음악 클럽에서 활동하다 부산으로 활동 무대를 옮겼다. 1970년대 '그림자'라는 밴드를 이끌고 그가 일했던 부산 광복동 일대의 나이트클럽은 춥고 배고픈 무대였다. 그는 한겨울에도 가끔씩 양말을 신지 않고 무대에 올랐고, 부산 바닷가의 매운 칼바람에도 얇은 셔츠 하나만 걸친 채 돌아다녔다고 한다.

그런 그를 일약 스타로 둔갑시킨 것이 〈돌아와요 부산항에〉였다. 때마침 재일동포 고향 방문단이 부산항에 속속 들어오면서 시기적으로 노래가 맞아떨어진 측면도 있었다. 이러한 바람을 타고 〈돌아와요 부산항에〉는 1976년 부산의 다방가와 유흥가를 장악하고, 급기야 경부선을 타고 서울로 퍼져갔다. 소리 소문도 없이 레코드 판매고가 10만 장을 훌쩍 넘어섰다. 가요계의 지각 변동을 예고하는 사건이었다. 〈돌아와요 부산항에〉의 등장은 서울을 중심으로 문화가 발신되는 한국사회의 통념을 깬 지방발 문화 혁명이라 할 수 있다.

〈돌아와요 부산항에〉는 제목부터 스토리텔링이 되고 있다. 가사에 등장하는 동백섬, 오륙도, 연락선, 갈매기는 그대로 부산이요 부산다움의 상징들이다. 노래를 듣고 있으면 부산항에 대한 그리움이 사무친다. 어찌보면 조용필은 부산을 위해 하늘이 내린 가수 같기도 하다. 그런데도 부산은 조용필을 활용하지 못하고 있다.

스토리노믹스 포인트

조용필은 부산이 '팔아먹을 수 있는' 최고 최대의 콘텐츠다. 무명 시절 조용필의 활동을 추적해 조명하고, 그가 연주하던 곳, 그가 즐겨찾던 곳, 시련에 직면해 한잔 술을 들이키던 곳, 그의 부산 친구와 음악적 동지, 젊은 적 사랑을 찾아 헤매던 곳 등이 모두 훌륭한 스토리텔링 소재가 된다.

스토리노믹스 차원에서 보면, 부산 북항 재개발 지역에 '조용필 뮤직홀'을 만드는 것도 대안이 될 수 있다. 미국 뉴욕의 카네기홀 같은 웅장함과 권위, 품격을 갖춘 홀을 지어 부산의 대중문화 및 관광 아이콘으로 삼자는 것이다. '조용필 뮤직홀'에는 한국의 최고 가수, 아시아권의 특급 뮤지션, 세계적 전설들이 오를 수 있다. 대중문화가 흥한 도시 부산. 시민들의 신명과 도시의 에너지를 결집시킬 용광로(콘텐츠)가 바로 '조용필 뮤직홀'이 될 수 있다.

(4) 상품

① 기장미역 & 젖병등대

'기장미역'은 이미 전국적인 브랜드다. 기장미역으로 미역국을 끓여 보면 풀처럼 풀어지지 않고 쫄깃쫄깃하면서 탱탱한 맛이 살아있다. 그 이유는 기장 바다의 자연환경에서 찾을 수 있다. 미역은 물살이 약간 거친 연안에서 잘 자란다. 특히 바닷물이 위아래로 뒤섞여 유기물이 풍부하게 떠돌아다니는 바다의 미역이 좋다. 기장의 앞바다는 파도에 항상 일렁인다. 봄과 가을에는 난류와 한류가 교차하며 플랑크톤이 가득 찬다. 기장의 바다가 봄과 가을에 멸치를 끌어모으는 것도 이 플랑크톤 때문이다. 이런 바다에서 배양된 미역이기에 맛이 좋을 수밖에 없다.

기장미역은 자연산이 아닌 양식이다. 그렇다고 맛이 덜한 것은 아니다. 미역은 보통 1년생이다. 봄에 미역 줄기 아래에 미역귀라는 주름진 덩이가 생기는데, 여기에서 유주자(遊走子. 무성세포로 정자와 난자가 되기 전의 상태)가 방출되어 수정을 한다. 이 수정란이 바위에 붙어 미역으로 자란다. 이것이 자연산 미역, 일명 돌미역이다. 1960년대 이전에는 모두 자연산이었으나 1980년 이후 양식업이 성행하여 요즘은 거의 대부분이 양식이다.

(5) 복합 콘텐츠

① '대중문화 메카' 프로젝트

부산은 대중문화가 흥한 도시다. 1980년대 초반 일본에서 건너온 가라오케가 부산에서 가지를 쳐 전국으로 퍼져나간 것은 잘 알려진 사실이다. 부산 KBS가 운영하는 노래교실에는 한 번에 3000~5000명이 모여든다고 한다. 아마 세계적으로 이런 곳은 드물 것이다. 크고 작은 노래교실이 연중 불황을 모르고 성행하는 곳도 부산이다. 6 · 25 동란기에는 전쟁가요를 비롯, 만남과 사랑, 이별을 노래한 많은 가요들이 부산에서 만들어졌거나 불려지면서 히트곡이 됐다. 부산을 직간접 소재로 한 대중가요들은 〈굳세어라 금순아〉, 〈이별의 부산정거장〉, 〈경상도 아가씨〉, 〈용두산 엘레지〉, 〈해운대 엘레지〉, 〈돌아와요 부산항에〉, 〈부산 갈매기〉 등 이루 헤아릴 수 없이 많다. 한때 가요계에서는 '대중가수로 성공하려면 부산으로 가라'는 말이 나왔을 정도로 부산은 대중가요와 강한 친연성을 보여주고 있다. 한국 대중가요계를 호령하는 나훈아, 현철, 설운도, 최백호 등 살아있는 가요계의 전설들이 부산 출신이라는 것도 주목할 부분이다.

스토리노믹스 포인트

부산을 소재로 하거나 노래한 대중가요들은 부산의 분위기와 대중 정서를 반영하고 있어 지역 콘텐츠로 만들기에 좋은 문화적 자산이다. 아쉽게도 부산은 아직 이 부분에 대한 창의적 기획력과 투자 의지를 보여주지 못하고 있다. 스토리노믹스의 보고가 잠자고 있는 셈이다. 북항 재개발 지구나 해운대에 규모가 있는 '트로트하우스'를 짓거나 '대중문화박물관' 건립을 적극 검토할 필요가 있다.

② 해운대

부산하면 떠오르는 것은 단연 '해운대'다. 2010년 부산발전연구원이 내외국인 및 해외 투자자 2150명을 상대로 벌인 설문조사를 보면 가장 먼저 떠오르는 부산 이미지로 내국인은 '해운대'(42.3%), '자갈치시장'(9.5%), '바다'(8.6%)를, 국내 거주 외국인은 '바다'(23.0%), '해운대'(12.5%), '해변'(10.5%)을 꼽았다. 전반적으로 장소성이 강조되고 있음을 알 수 있다.

그런데 '왜 해운대인가'에 대한 세부 분석이나 전략은 보이지 않는다. 그냥 뭉뚱그려 '해운대 바다가 좋다'는 식이다. 외국인들이 해운대보다 바다 이미지를 먼저 떠올린 것도 이 때문으로 보인다. 바깥에 내놓고 자랑할 수 있는 해운대 콘텐츠가 뭔지 심각하게 고민해 보아야 한다.

스토리노믹스 포인트

해운대에 콘텐츠가 없는 건 아니다. 동백섬의 누리마루, 최치원 이야기, 달맞이 고개의 문탠로드(산책로), 다양한 갤러리들, 김성종 추리문학관, 장산과 장산국 이야기, 청사포의 전설 등은 하나하나가 명품이 될 수 있는 원석들이다. 이들 콘텐츠가 잘 알려진 해운대와 결합되면 브랜드 가치가 썩 달라질 수 있다.

오늘날 '해운대(海雲臺)'라는 이름을 있게 한 해운 최치원만 하더라도, 정작 해운대에서는 동백섬에 동상 하나만 달랑 세워져 있는 반면, 중국 양저우(揚州) 시는 최치원 기념관 방송특집물, 책자 캐릭터 등을 만들어 교육·관광 자원으로 적극 활용하고 있다. 만년에 최치원은 경주, 부산 해운대와 신선대, 양산 임경대, 함양, 충주, 가야산 홍류동 등에 발자취를 남겼다. 이곳을 '최치원 방랑 인문학 루트'로 개발해도 좋을 것이다.

3. 스토리노믹스 성공을 위한 과제

지역 스토리노믹스 성공 사례들의 특성을 분석해 보면, 대체로 다음과 같은 공통점을 발견한다.

① 지역자원의 원형(본질)을 최대한 날것 그대로 활용하고 있다.
② 전통과 집단의 기억을 환기하여 공유 가치를 부여하고 최대한 감성적 공감대를 형성하고 있다.
③ 스토리텔링에 체험이 녹아들게 한다. 맛, 재미, 놀이 등 유희적 요소를 가미하여 이야기가 교류, 소통될 수 있는 장치를 만든다.
④ 스토리텔링을 바탕으로 축제, 테마 공원, 뮤지컬이나 드라마 등으로 확장한다.

⑤ 일회성, 일과성 스토리텔링에 그치지 말고 지속가능한 재생산 시
   스템을 만든다.

이와 함께 참신한 아이디어와 날카로운 기획력, 예산이 수반된 실행
력이 따라야 스토리노믹스는 성공한다.

민관이 합심해 '부산형(지역형) 스토리노믹스'의 틀과 전략을 만드
는 것이 중요하다. 이를 위해서는 중·장기적 정책 프로그램이 가동돼
야 한다. 먼저 '부산형 스토리텔링 DB 및 스토리텔링 플랫폼' 같은 장치
가 필요하다. 여기 저기 산재해 있는 지역의 문화 원형과 스토리 자원을
주제별 유형별로 한곳에 정리하고 이를 활용 가능한 모드로 만드는 시
스템이다. 이를 위한 전문가 포럼 및 네트워크도 함께 돌아가야 할 것이
다. 나아가 이 모든 것을 기획하고 관리, 교육, 실행, 마케팅까지 담당할
전문기관이 설립돼야 한다. 지역별로 설립돼 있는 콘텐츠진흥원 같은
것이다. 부산에도 이런 기관이 반드시 필요하다. 이러한 조건들이 갖춰
지고, 시민적 관심과 공감대가 형성될 때 부산은 사시사철 이야기가 흐
르고, 콘텐츠가 숨쉬는 재미있고 신나는 '스토리시티(Story-city)'로 거듭
날 것이다.

• 참고문헌

김동철, 「동래부사접왜사도 기초적 연구」, 『역사와 세계』 37, 2010.

김영순, 『스토리텔링의 사회문화적 확장과 변용』, 북코리아, 2010.

김정희, 『스토리텔링-이론과 실제』, 인간사랑, 2010.

김탁환, 『세이크-영혼을 흔드는 스토리텔링』, 다실책방, 2011.

양흥숙, 「조선후기 동래 지역과 지역민의 동향-왜관 교류를 중심으로」, 부산대 박사
　　　학위 논문, 2009.

윤지영, 「도시콘텐츠를 스토리텔링 하자」, 『BDI포커스』 제149호, 2012.

이대범 외, 『디지털 스토리텔링』, 북스힐, 2008.

정창권, 『문화콘텐츠와 스토리텔링』, 북코리아, 2009.

최　탁, 『스토리텔링의 비평적 고찰』, 헤밀기뮤니게이션, 2013.

홍숙영, 『스토리텔링, 인간을 디자인하다』, 상상채널, 2011.

Jonah Sachs, 『스토리 전쟁-이야기 종결자가 미래를 지배한다』, 김효정 역, 을유문화
　　　사, 2013.

Ralf Jensen, 『드림 소사이어티』, 서정환 역, 한국능률협회, 2005.

강문숙

부산대학교 대학원에서 유아교육전공 교육학석사, 교육공학전공 이학박사 학위를 취득했다. 현재 한국국제대학교 유아교육과 교수이다.

구종상

동서대학교 영상매스컴학부 교수 및 동서대학교 스토리텔링연구소 소장으로, 2008년 8월부터 (사)부산콘텐츠마켓조직위원회 집행위원장을 맡고 있으며 2011년 4월부터 (사)국가미래연구원 방송통신분과위원회 위원, 5월부터 방송통신심의위원회 위원, 2012년부터 (사)부산스토리텔링협의회 이사 및 스토리텔링연구소 소장, 2013년 6월부터 중국 길림애니메이션대학교 객좌교수, 8월부터 코리아콘텐츠협의회 회장, 9월부터 (사)독립제작사협회 자문위원으로 있다.

김원우

2010년부터 2013년까지 KT 창의경영센터 팀장을 역임했으며 현재 KT 경제경영연구소 PEG(Project Expert Group) 팀장으로 있다. 디지에코 FutureUI연구포럼 시삽 및 네이버 Creative Idea Frontiers Café 시삽이며 2009년 『전자신문』에 〈상상을 현실로〉 주간칼럼을 기고했으며 2008년부터 2010년까지 『주간기술동향』에 CEO창조경영 칼럼을 기고했다.

김정희

부산평화방송 PD로, KBS 부산, 부산 MBC, KNN 구성작가로 있다. 한국방송작가협회 회원이며 동서대학교 스토리텔링연구소 객원연구원, 동명대학교 강사이다.

김태훈

경남도민일보 문화부 기자 및 한국문화콘텐츠진흥원 음악산업팀장을 역임하였으며 현재 지역 스토리텔링 연구소장으로 있다.

박선미

동의대학교 대학원에서 신문방송학 박사학위를 받았으며 동의대학교 신문방송학과 강사, 동서대학교 스토리텔링연구소 객원연구원, 영상물등급위원회 영상콘텐츠소위원회 위원으로 있다.

박수홍

부산대학교 교육학과 교수로 동 대학원 멀티미디어 협동과정, 국제교육개발협력협동과정 교수로 있다. 한국기업교육학회 수석 부회장 및 국제협력 위원장이며 부산유비쿼터스도시협회 부회장, 대한사고개발학회 편집위원장으로 있다.

박창희

부산대학교 영문학과와 부산대학교 예술대학원을 졸업하였다. 『국제신문』 선임기자이며 사단법인 부산스토리텔링협의회 상임이사로 있다. 저서로 『나루를 찾아서』 『영남대로 스토리텔링』 등이 있다.

안청자

1987년 부산시에서 공직에 입문하여, 2000년부터 도시공간 관련업무(건축 주택), 도시마케팅(컨벤션유치), 도시디자인(도시경관) 업무를 거쳐 현재 도시브랜드 사무관으로 재직 중이다. 부산외국어대학교 국제지역통상 대학원에서 '북미인디언 축제'를 연구했으며, 부경대학교 국제지역학 대학원에서 박사과정(미국학)을 수료했다. 지역학의 장점인 학제간 연구를 바탕으로 통합적인 관점에서 실무에 활용할 수 있는 도시브랜드 가치제고와 도시마케팅 전략을 연구하고 있다. 연구 논문으로 「시민참여를 통한 공공디자인 활성화 방안」 「부산광역시 공공디자인 인적 역량 강화 방안 연구」 「부산의 정체성 확립과 도시브랜드 가치제고 방안」 등이 있다.

윤기헌

직업 만화가로 활동하다 일본 세이카대학에서 풍자만화로 석사학위를, 경북대에서 동아시아 근대만화사로 박사학위를 받았다. 현재 부산대학교 디자인학과 애니메이션 전공 교수이다.

윤지영

가톨릭대학교 문화정책연구소 수석연구원, 국가지역경쟁력연구원 연구기획실 수석 전문위원을 역임하였으며, 현재 부산발전연구원 광역기반연구실 연구위원이다.

채영희

부경대학교 국어국문학과 교수로 아시아스토리텔링 연구소장을 역임하였으며 현재 문화융합 연구소장이다.

최성욱

동아대학교 산업공학과를 졸업하여 부경대학교 컴퓨터공학과에서 석사학위, 한국해양대학교 전자통신공학과에서 박사학위를 받았다. 1999년부터 2005년까지 한국해사정보통신(주) 대표이사, 알시스퀘어 대표로 있었으며, 2000년부터 2007년까지 동명대학교 멀티미디어학과 겸임교수, 동아대학교 경영정보학과 초빙교수를 역임했다. 2007년부터 현재까지 (재)부산인적자원개발원 선임연구위원으로 재직 중이다.

김학수 책임편집

부산대학교 대학원에서 박사과정(영상정보협동과정)을 수료했다. 현재 동서대학교 스토리텔링연구소 객원연구원이다.